試験＞

　近年の1次〔　　〕問として、ただ知識を問うのではなく、知識の本質を問う問題が多く出題されており、出題形式が「知識確認型」から「実務思考型」へ変化しています。

　その背景として、現在、中小企業庁は中小企業診断士を積極的に活用し、中小企業を支援する動きが出てきているということが挙げられます。厳しい日本経済の中、中小企業は非常に厳しい環境にあります。そのため、中小企業診断士は、いかに知恵を出して問題を解決していくかが求められており、1次試験も単なる暗記、知識詰め込みでは対応が難しい応用問題が出題されるようになってきています。

　このような状況の下、従来の知識網羅型のテキストではなく、各科目の重要項目を整理した『出る順中小企業診断士 FOCUSテキスト＆WEB問題』を開発しました。従来のインプット重視のカリキュラムからアウトプットへ比重を置いたことが、幸いにも多くの受験生の方々から好評をいただきました。

　また、引き続き独学の受験生や他校の受講生の方々からは「『出る順中小企業診断士 FOCUSテキスト＆WEB問題』が欲しい」という要望をいただいておりましたので、今回、2025年版を発刊することとなりました。

＜本書の使用方法＞

　『2025年版 出る順中小企業診断士 FOCUSテキスト＆WEB問題』を有効に活用するために、Web上に本テキスト使用ガイダンスを公開いたします。以下のURLからアクセスいただきますようお願いいたします。また、二次元コードからもアクセスいただけます。

https://www.lec-jp.com/shindanshi/book/member/

2024年6月吉日

株式会社　東京リーガルマインド
ＬＥＣ総合研究所　中小企業診断士試験部

本書の効果的活用法

『FOCUSテキスト＆WEB問題』を効果的に使って学習を進めるために、各テーマごとの基本的な学習の流れを解説いたします。

使い方 STEP 1 要点を捉える

『FOCUSテキスト＆WEB問題』は、まず「テーマの要点」を把握することから始まります。体系図とあわせてテーマの要約を簡潔に説明していますので、セットで理解するようにしてください。

また、学習後の復習や、本試験直前のスピードチェックも、このパートを読み返すだけでよいように設計されています。

使い方 STEP 2 過去問に挑戦する

要点をつかんだら、すぐに「過去問トライアル」で基本的な過去問に取り組んでください。問題は初めての方でも取り組みやすいように、最も基本的な過去問をチョイスしています。

なお、解答は各テーマの最後に記載しています。

第3分野　事業戦略

2 競争優位構築のための基本戦略 ポーターの3つの基本戦略

学習事項 コスト・リーダーシップ戦略、差別化戦略、集中戦略

このテーマの要点

競争優位構築のための3つの基本戦略をつかむ

全社戦略の実現に向けて、個別の事業展開を考えるのが事業戦略です。競合他社に対して競争優位性を構築するための競争戦略は、事業戦略の中心的なテーマです。

ここでは、競争優位を築くポーターの3つの基本戦略（コスト・リーダーシップ戦略、差別化戦略、集中戦略）を確認していきます。

全社戦略 → 事業戦略 → 競争戦略 → ポーターの基本戦略

過去問トライアル	平成22年度　第2問 優れた業績をあげている企業の特徴（ポーターの3つの競争戦略の視点）
類題の状況	R03-Q7　R02-Q4　H28-Q5　H28-Q6　H24-Q5　H23-Q5 H23-Q6　H19-Q6　H16-Q3

どの業種にもいわゆる勝ち組と負け組が見られる。激しい競争にもかかわらず他社よりも優れた業績をあげている企業の特徴に関する記述として、最も不適切なものはどれか。

ア　ある通信機器メーカーでは、生産を国内工場に集約して生産現場で厳格な品質管理体制をとり、堅牢な機器と先進的なデータ処理を売りに、顧客の信頼を得ながら業界水準よりも高い価格で売り上げを伸ばしている。

イ　ある町工場では単品物の受注に特化しているが、熟練を活かした加工技術を武器に、あらゆる注文に応えられる受注生産体制を敷いて、特定業種にこだわらない取引先を確保している。

ウ　個食で食品を製造販売しているある企業では、顧客からのダイレクトな注文や問い合わせに応えるべく、コールセンターの充実を図るとともに、それを基にした顧客データベースを活かして、逆に顧客への情報発信を行い、顧客との強い信頼関係の構築を目指している。

エ　創業間もない中小化粧品メーカーでは、肌に潤いを与える希少な天然素材を活用した高価な基礎化粧品に絞り込んで、全国的な広告宣伝と大手百貨店や量販店

＋1STEP　類題に挑戦する

「過去問トライアル」には、テーマに関連する他の「類題」が示されています。テーマを一通り学習したら、類題にチャレンジしましょう！

いつでもどこでもチャレンジできるように、問題と解説はWEBで公開されています。二次元コードをスマホで読み取れば、すぐにアクセスできます！

なお、令和5年度（R05-Q○○）の後に「（再）」とあるのは、12月に沖縄で実施された再試験の問題です。

過去問に続いて、テーマに関連する理論や知識が、コンパクトに詰め込まれています。限られたスペースで多くの情報を伝えるために図や表を多く用いて構成されていますので、効率よくインプットすることができます。

への出店を目指してい：

オ　激しい価格競争と急激な利益率低下のため大手の電子機器メーカーが撤退した市場で、ある中堅メーカーでは海外企業からの低価格な中間財の調達と自社が得意とする実装技術を活かして、実用本位の機能に絞り込んだ低価格製品で安定した売り上げを確保してい

2 ポーターの3つの基本戦略

1 ポーターの3つの基本戦略

ポーターは、競争優位を築く3つの基本戦略（Three Generic Strategies）を唱えています。下記の図表はこの基本戦略のフレームワークであり、横軸で競争優位の源泉を低コストと差別化に区分し、複数で競争の範囲を区分しています。

通常は、下の2つの象限（コスト集中、差別化集中）を合わせて集中戦略とし、差別化戦略とコスト・リーダーシップ戦略を含めた3つを基本戦略としています。企業は、この3つの基本戦略のうち少なくとも1つの分野において卓越した戦略を構築することが、競争優位に立つために必要であるとされています。

【3-2-1 3つの基本戦略】

		競争優位のタイプ	
		低コスト	差別化
標的市場の幅	広い（全市場）	コスト・リーダーシップ戦略	差別化戦略
	狭い（特定市場）	集中戦略	
		（コスト集中）	（差別化集中）

[1] コスト・リーダーシップ戦略

コスト・リーダーシップは、競合他社よりも原材料・生産・流通・販売・管理などのコストを低く抑えることを追求します。業界全体を対象に、規模の経済や経験曲線効果もしくは学習効果などにより、コスト優位のポジションを獲得するものです。

同じ業界内で複数の企業がこの戦略を追求すると業界全体が過度の価格競争に陥る危険性があります。

シェアの獲得を最優先に置くため、標準化による効率化や大量生産によるコスト低減などが課題となります。

[2] 差別化戦略

差別化戦略は、顧客に対して競合他社とは異なる価値を提供する戦略です。製品やサービスなどで競合他社と差別化を図り、特異なポジションを獲得するものです。

略の方向性は、製品やサービスの他、デザインやアフターサービス、ブ　地条件、販売チャネルなど多様です。この戦略を実現することができる　略価格競争を回避し、高いプレミアム価格（割増価格）を顧客に提示する　す。

に模倣されないことが成功の要件となるため、他社にはない付加価値を　かどうかが課題となります。

3 事業戦略

は、ニッチ戦略、焦点化戦略、特化型戦略とも呼ばれます。コスト集中　中に分類され、特定の市場セグメントや流通チャネルなどに集中してコ　図るか、差別化を図っていくか、もしくはその両方を目指すものです。　を目指す企業は、業界全体における競争優位は構築できなくても、特定　て競争優位を獲得することができます。

　野に集中させるため、　一定規模以上の市場規模を持つもので、自社の強　できる分野を選択することが課題となります。

word

　先駆けて市場に参入することで享受できるメリットのこと。（同義語：　益）

　優位　　業に比べて投資リスクの抑制などを享受できるメリットのこと。

過去問 トライアル解答　エ

ク問題

　うな差別化による優位をつくるかを考える際には、通常、環境の変化だ　く自社の強みと顧客の範囲をどのように捉えて定義するかが重要であ　　⇒

問題を解いた後だからこそ、知識の吸収も促進されることを実感するでしょう。過去問で実際に問われた知識と、その周辺の知識をあわせて理解するため、一般的なテキストと比べて知識の定着度が断然違います。

以上で、このテーマの学習が一通り終了いたしました。次のテーマの学習に進んでください！

購入者サポート 専用WEBページのご案内

『FOCUSテキスト＆WEB問題』は、WEBと連動した新しいテキストです。

専用WEBページを用意しており、「過去問トライアル解説」や「類題」の閲覧・演習をはじめとする様々なサポートのご利用が可能です。

 ## 全テーマ詳細解説付きWEB問題【DL対応】

本書記載の「過去問トライアル」の解説の閲覧や、「類題」の演習をすることができます。本書ではテーマごとに「過去問トライアル」を要点・基礎知識とセットで用意（一部テーマはオリジナル問題でカバー）。WEBでは過去問の詳細解説を見ることができます。

さらに、「過去問トライアル」には類題の出題年・問題番号が表記されています。これらの問題と解答解説も公開しています。

これらはPDFでのご利用も可能ですので、通勤中や外出先での学習にお役立てください。

 ## テーマ別ポイント解説動画【無料視聴】

本書に収録されている全テーマのポイント解説動画を公開します。

LEC講師陣が「このテーマの要点」を中心に、本書を読み進めていくにあたってのポイント、注意点などを簡潔に解説し、「FOCUSテキスト＆WEB問題」での学習をサポートします。
※ご利用には、会員・Myページ登録が必要です。
※2024年8月下旬より順次公開予定です。

 ## 応用編テキスト＋5年分の1次試験過去問【DL対応】

『FOCUSテキスト＆WEB問題』（企業経営理論）の応用編書籍を2点と、『令和2年度～令和6年度1次試験科目別 過去問題集』（企業経営理論）の合計3点をWEB上で無料提供します。PDFでのご利用も可能です。
※ご利用には、会員・Myページ登録が必要です。
※2024年12月下旬より順次公開予定です。

 ## 令和6年度1次試験解説動画【無料視聴】

直近の本試験過去問を分析することは、試験対策として必須といえます。LECでは過去のデータや令和6年度本試験リサーチ結果を踏まえ、各科目の担当講師による重要問題を中心にした解説動画を配信します。
※令和6年度中小企業診断士1次試験終了2ヶ月後より配信開始予定です。

ご利用方法

サポート①：全テーマ詳細解説付きWEB問題【DL対応】
サポート②：テーマ別ポイント解説動画【無料視聴】
サポート③：応用編テキスト＋5年分の1次試験過去問【DL対応】

1 以下の二次元コードかURLから「企業経営理論 ログインページ」にアクセスしてください。

【企業経営理論】

URL：https://www.lec.jp/shindanshi/focus2025/kigyou/

2 以下のID・PASSを入力して専用WEBページにログインし、案内に従ってご利用ください。

【企業経営理論】

ID：shindanB25

PASS：kigyou

※②・③のご利用には会員・Myページ登録が必要です。

サポート④：令和6年度1次試験解説動画【無料視聴】

以下の二次元コードかURLから専用WEBページにアクセスし、「令和6年度1次科目別解説動画」をご視聴ください。

URL：https://www.lec-jp.com/shindanshi/book/member/

購入者サポート専用WEBページの
閲覧期限は **2025**年**11**月**23**日迄です。

Contents

目次

はしがき

本書の効果的活用法

[購入者サポート]専用WEBページのご案内

経営戦略論

経営組織論

マーケティング論

経営戦略論

経営と企業活動

経営と企業活動

1 各テーマの関連

経営と企業活動

　　　　経営計画　　　　1-1　戦略策定の基本プロセス

　　　　　　　　　　　　1-2　経営計画とマネジメントサイクル

　経営と企業活動の分野では、経営目的に基づき経営目標を達成するための戦略を策定する「1－1　戦略策定の基本プロセス」、そして、策定された戦略を適切に実行するための「1－2　経営計画とマネジメントサイクル」について学習します。一言に戦略といっても、戦略の階層ごとに捉える視点が異なります。上位戦略は抽象度の高い視点に基づいて策定されるのに対し、下位戦略に行くに従って上位戦略を実現するための個別具体的な戦略が策定されます。また、策定された戦略を実行していくためのスケジュールを示すものが経営計画です。経営計画は計画期間の違いによって策定すべき目標値などが異なりますが、どの経営計画においてもマネジメントサイクルに沿って「計画」→「実行」→「統制」が繰り返されます。

2 出題傾向の分析と対策

① 出題傾向

#	テーマ	H26	H27	H28	H29	H30	R01	R02	R03	R04	R05
1-1	戦略策定の基本プロセス				1						1
1-2	経営計画とマネジメントサイクル										

② 対策

　経営と企業活動の分野では、「経営計画の策定と実行」、「経営計画技法や管理技法」に関する内容が出題されています。「戦略策定の基本プロセス」については、直接的な内容が問われることはほとんどありませんが、頻出論点である事業ドメインと企業ドメインとの違いなど、「2－2　ドメイン」と深い関連性のある分野な

ので、並行的に学習していきましょう。また、「戦略策定の基本プロセス」は2次試験との関連性が高い内容なので、意識して学習に取り組みましょう。

第1分野　経営と企業活動

1 経営計画
戦略策定の基本プロセス

学習事項 戦略策定の基本プロセス，戦略の階層

このテーマの要点

戦略策定の基本プロセスについて理解する

　企業が、経営理念に基づきビジョンの
実現を目指していく中で戦略策定が重要
な要素となります。というのも、絶えず
環境が変化する中で、競争関係にある企
業に対する持続的な優位性を構築してい
くことや、限られた経営資源で企業とし
ての力を最大限に発揮するためには、何
を選択し注力していくかという方針が重
要となるためです。

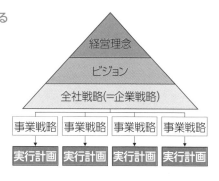

　経営理念やビジョン、戦略には右図のような階層があり、ここではそれらの戦
略がどのようなプロセスで策定されるかについて学習します。

過去問 トライアル	平成14年度　第1問
	経営計画
類題の状況	R05-Q1(再)　H29-Q12　H25-Q1　H20-Q1　H19-Q1　H19-Q2 H16-Q7　H15-Q14

　経営計画が有効であるための前提条件として、最も適切なものはどれか。

ア　経営計画策定は本社の企画スタッフが担当するので、それ以外の部署は関与すべきではない。

イ　経営計画の責任はトップが負うが、策定プロセスでは企画スタッフを中心にして関連部署が参加する。

ウ　経営計画は全社的な戦略デザインであり、具体的な実行プログラムを含む必要はない。

エ　経営目標は全て数値化されなければならない。

1 戦略策定の基本プロセス

　経営者の意思・社長の夢によって描かれる戦略と、現実とのギャップは少なからず存在します。

　下の図表は、実際に策定された戦略と、現実とのギャップが確認された場合に、そのギャップを埋めていく一連の活動を示した流れ図です。

　経営理念やビジョンを前提として、外部の環境分析と自社の強み・弱み等の内部分析を行い戦略の策定を図ります。策定された戦略をもとに経営計画が策定され、マネジメントサイクルに基づいて経営計画が実施されることになります。

【1-1-1　戦略策定の基本プロセス】

✍ Keyword

▶ **分析麻痺症候群**

　分析を重視するあまり現場の実情を軽視してしまうことや、現場の状況を感じ取る能力が劣ってしまうことをいいます。

戦略とは、「自社の事業をどう定義し、何をどうやるのか」の基本方針であり、企業が競争優位性を保つためには、「何をして、何をしないか」を選択していくことが重要となります。

戦略は、複数事業部を抱える立場に立つ場合と、個別の一事業部の立場に立つ場合で異なります。よって、戦略には以下の図表のような階層があり、企業戦略（全社戦略）は、会社全体で何が重要かを決め、複数ある事業の中でどの事業に注力し、どの程度資源を投入するのかを決めます。一方、事業戦略は、個別事業単位で成果を出すために、自社が強みを持てる領域を選択します。機能別戦略は、各事業の製造や営業といった機能ごとに、「何をして、何をしないか」を選択し実行していきます。

上位戦略である企業戦略は抽象度の高い視点で策定され、下位戦略に行くに従って個別具体的に策定されます。

【1-1-2　戦略の階層】

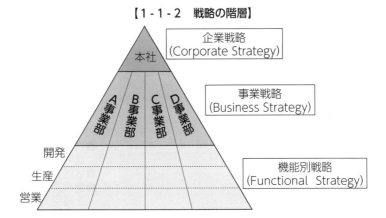

過去問　トライアル解答　**イ**

☑チェック問題

経営理念やビジョン、戦略といった階層において、上位にある概念ほど、変更が頻繁に行われる。　　　　　　　　　　　　　　　　　　　　⇒×

▶　上位にある概念よりも下位にある概念の方が頻繁に変更されるため誤りである。例えば、一般的に経営理念は頻繁に変わらないが、事業ごとの戦略は年単位などで変更される。また、上位の概念はある程度幅を持たせて定義されるが、下位の概念にあるほど個別具体的に定義される。

MEMO

2 経営計画
経営計画とマネジメントサイクル

学 習 事 項 経営計画，変化に対応する経営計画立案手法，ＰＤＳサイクル，バランス・スコアカード

このテーマの要点

経営計画についての理解を図る

企業は、経営目的に基づき策定された経営目標を達成するため、組織や経営資源をどのように活用していくかを、経営計画に示すことが必要となります。経営計画の実施段階では、ＰＤＳからなるマネジメントサイクルに基づいて、計画、実行、統制を繰り返します。

ここでは、長期的、短期的な期間に応じた経営計画の意義とその評価方法についての理解を図ります。また、現在のように環境変化の激しい状況で有効となる、環境変化に対応した計画立案について学びます。

過去問 トライアル	平成18年度　第7問
	ＰＤＣサイクル
類題の状況	－

経営計画を策定し、それを遂行し、成果を検証し、次期の経営計画に生かすというＰＤＣ（Plan→Do→Check）サイクルは、実際にはこの順番通りにうまく回らないことが多い。最近では、ＰＤＣサイクルがうまく回らない理由を明らかにし、そのことを前提にした経営計画のあり方が検討されるようになったが、このような状況に関する記述として、最も不適切なものはどれか。

ア　計画通りに物事が運ばない事態に直面すると、計画に見落としや情報不足があったと考え、前よりも精緻な分析に基づく計画を策定するという悪循環に陥ることが問題になってきた。

イ　計画にない想定外の試みや新機軸が現場から創発する可能性を織り込んだ経営計画が策定されるようになった。

ウ　計画にも増して実施段階から得られる知識を重視して、学習プロセスを介在させて、ＰＤＣサイクルを回すことが行われるようになった。

エ　先端技術の展開や経済のグローバル化など、これまでとは異質な大きな環境変化が起こっており、そのため、予測や分析が困難な要因が計画に強く影響するようになった。

オ　ビジョンや経営目標の共有が重要であるという理解が進展しており、それに基

づいて戦略課題を現場に下ろし、成果主義で業績管理を行うことが広く行われており、経営計画は効果を発揮できず、無視されるようになってきた。

1 経営計画

❶ 長期経営計画

経営ビジョン実現のために、5年～10年の長期的視野にたって設定される計画です。企業の経営戦略を具体化するものであり、ドメインの方向づけとなるなど、企業経営に影響を与える重要な計画となります。

❷ 中期経営計画

長期経営計画に基づき作成され、さらに具体化した3年～5年程度の期間で実行する計画です。ここでは、売上高などの具体的な目標値を設定します。後述する短期経営計画で、その目標値に向かってさらに具体化されていきます。

❸ 短期経営計画

計画期間が1年以内、もしくは半年などの短期間に実行されるための計画で、上記で設定した中期経営計画の実現に向けて、具体的かつ詳細に設定されるものです。

2 変化に対応する経営計画立案手法

❶ コンティンジェンシー・プラン

企業にとって起こり得る悪影響等の不測の事態をあらかじめ想定し、万一不測の事態が発生した場合にとるべき行動方針・計画等をあらかじめ策定することにより対応を図るものです。コンティンジェンシー・プランを策定するためには、日頃から情報収集や分析能力の強化を図る等、企業内の危機管理システムを構築しておく必要があります。

❷ ローリング・プラン

ローリング・プランとは、あらかじめ対応策を策定しておくコンティンジェンシー・プランとは異なり、企業が策定した短期経営計画や中長期経営計画などを定期的に見直し、環境に適合させていくものです。

♂ Keyword

▶ 経営計画の問題点

・過去の実績を重視しすぎると、計画が現状維持的なものとなるため、環境の変化に対応しにくくなる。

・管理サイクルが短くなると、柔軟な対応が図りにくくなり、従来のやり方を選択する傾向が強まってしまう。

---

3 PDSサイクル

①計画（Plan）	将来における企業の目標を達成するための活動計画を立案する。
②実行（Do）	Planに基づき組織を構成し、指揮・命令のもとに計画を遂行する。
③統制（See）	実行過程が計画に適合しているかどうかチェックし実現に導く。

経営計画は、上記のような循環過程の枠組みに基づいて行われることが必要です。

「統制」により計画と実績の比較、および未達成の場合に原因の追究を行い、次期計画へのフィードバックを行うというプロセスにより、PDSサイクルを循環させていきます。

【1-2-1　マネジメントサイクル】

🔑 Keyword

▶ PDCサイクル

Plan（計画）→Do（実行）→Check（評価）のプロセスで計画を進める手法であり、マネジメントサイクルの1つです。

4 バランス・スコアカード

　バランス・スコアカードとは、1992年にハーバードビジネススクールのロバート.S.キャプラン教授と、コンサルタント会社社長のデビッド.P.ノートン氏によって提唱されたものです。

　企業が経営計画を実行した際の評価指標であり、4つの視点（財務の視点、業務プロセスの視点、企業成長と学習の視点、顧客の視点）から企業の業績を評価するものです。従来の過去の業績を表す財務的視点だけではなく、将来を見通した企業成長と学習の視点や、顧客の視点などの非財務的視点を含み、それらのバランスを総合的に評価して、将来のあるべき姿や経営ビジョンを実現するための指針とします。

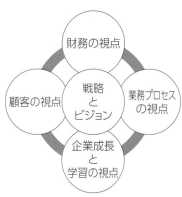

財務の視点	財務的に成功するために、ステークホルダーに対して、どのように行動すべきか。
業務プロセスの視点	株主と顧客を満足させるために、どのような業務プロセスに秀でるべきか。
企業成長と学習の視点	ビジョンと戦略を達成するために、どのように人材教育と変革能力を強化すべきか。
顧客の視点	ビジョンと戦略を達成するために、顧客に対してどのように行動すべきか。

過去問 トライアル解答　　**オ**

☑チェック問題

　企業は規模を拡大するにつれ、生産の効率化や事業領域の調整、資金繰りや設備投資などあらゆる事業活動を計画的に進めることが重要になる。長期経営計画はそのための代表的なものである。ただし、本社の企画部門が中心になって策定した計画は、生産や営業の現場の声が反映されにくいことから、現場の挑戦意欲をそぎ、現場では受容されにくい傾向がある。　　　　　　　⇒○

第 **2** 分野

全社戦略

全社戦略

1 各テーマの関連

　全社戦略の分野では、企業が成長・発展していくために外部環境の変化に対応し、企業が目指す方向を正しく定めていく必要があります。この企業行動への方向性や指針を与えるものが経営戦略です。この経営戦略策定においては、「2－1　環境分析」（ＳＷＯＴ分析）で自社を取り巻く環境面の分析を行い、企業の内部で培った中核的能力（「2－3　コア・コンピタンス」）を踏まえて「2－2　ドメイン」を設定し、持続的な競争優位を構築する必要があります。複数の事業を展開する企業では、自社の経営資源の効果的な配分（「2－4　事業ポートフォリオ」）に向け、製品と市場の「2－4　事業ライフサイクル」を意識しつつ、「2－5　成長戦略」、「2－6　組織間取引」、「2－7　グローバル化」といった成長戦略を描いていきます。

2 出題傾向の分析と対策

① 出題傾向

#	テーマ	H26	H27	H28	H29	H30	R01	R02	R03	R04	R05
2-1	環境分析			1	1					1	
2-2	ドメイン		1	1	1		1				1
2-3	コア・コンピタンス		1	1	1	2	1	2	1		2
2-4	事業ポートフォリオと事業ライフサイクル	2	1	1	1		1		1	1	1
2-5	成長戦略	1	1		1	1		1	1	1	
2-6	組織間取引			3	3	2	1	1			1
2-7	グローバル化	2	1		1	1		3		1	2
2-8	ゴーイングコンサーン	1			1	1			1		1

② 対策

　全社戦略の分野は、毎年のように出題されています。過去の出題傾向としては「ドメインの定義と再定義」、「企業ドメインと事業ドメイン」、「コア・コンピタンス」に関する内容の出題が多いです。コア・コンピタンスに関しては、情報的経営資源の特徴やＶＲＩＯアプローチが頻出論点です。その他、「ＰＰＭ（プロダクト・ポートフォリオ・マネジメント）」、「成長戦略」に関する内容も定期的に出題されていますが、基本的な知識を問われる問題は少なく、企業の具体的な戦略に沿った応用問題が多くなっています。「組織間取引」は、市場取引、内部化、戦略的提携を行う場合のそれぞれのメリットとデメリットを整理しましょう。グローバル化については、中小企業の海外進出戦略などが官公庁の出版物から出題される場合が多いので、中小企業白書などでチェックしておきましょう。

第2分野　全社戦略

1 企業の方向性を決める 環境分析

学習事項 SWOT分析，クロスSWOT分析，マクロ環境分析

このテーマの要点

企業を取り巻く経営環境を把握する

企業の方向性を決めるには、現実を正しく認識することが必要です。このような状況を把握するための分析を環境分析といいます。自社を取り巻く外部環境および内部環境に着目し、モレなくダブリ

【SWOT分析】

	好影響	悪影響
内部環境	強み (Strength)	弱み (Weakness)
外部環境	機会 (Opportunity)	脅威 (Threat)

なく分析を行うために、ツールとしてフレームワークを利用します。本テーマでは、環境分析のフレームワークとして、SWOT分析とマクロ環境分析を学びます。

過去問トライアル	平成13年度　第4問　（設問2）
	環境分析
類題の状況	R04-Q3　H29-Q31⑶　H28-Q8　H19-Q6

経営計画の策定では、まず企業のビジョンを具体化する目標を設定することが重要である。①目標の設定に際しては、業績の将来予測、企業を取り巻く環境の分析が重要になる。特に環境のあり方は目標の実現可能性を左右するので、環境の分析は計画策定時のみならずその実行に際しても怠ることなく常に多面的に分析されなければならない。

しかし、企業を取り巻く環境は多元的かつ複雑である。そこで一般に影響の程度に注意してどの企業にも共通するマクロな一般環境と、自社の事業活動に第一義的な影響を与えるミクロな製品市場環境を区別して分析することが行われている。

②一般環境では内外の経済、社会・文化、政治や法律、技術などが幅広く分析される。環境のトレンドについては、しばしば時代を象徴するキーワードが用いられており、その意味するところに注意しておくことは大事である。

他方の③製品市場環境は、自社の事業と密接に結びついており、企業の活動領域全般にわたってそれぞれの部署でも日常的に分析、検討がなされている。市場の動向、取引関係の変化、技術動向、さらには業界を取り巻く法的規制や政策の動向などが取り上げられる。

いずれの環境の分析でも重要なことは、自社の事業の機会と脅威をみきわめて、

事業を成功に導く環境要因を識別することである。そのために企業はさまざまな環境分析手法を発展させている。

次の文章は地方の縫製メーカーが昨今のマクロな環境の変動を分析して、経営計画にそれを反映させる場合を想定したものである。

下線部②を参照しながら、環境分析の態度として最も適切なものを選べ。

ア 繊維産業なのでIT（情報技術）やグローバル化の動向について調べるつもりはない。

イ アジアから低価格な繊維製品の輸入が急増しているので、国の貿易政策や為替動向に注意するとともに、業界と共同歩調をとって状況の推移から眼を離さないようにする。

ウ アウトレットモールが評判だが、著名なブランド製品を生産していない自社に影響はないので注目する必要はない。

エ 地元の財界活動や政治活動に熱心に関わって、地元の名士として知られるようになるように心がけている。

1 SWOT分析

SWOT分析とは、企業を取り巻く外部環境に潜む機会（Opportunity）や脅威（Threat）を発見するとともに、組織の内部環境にある自社の強み（Strength）と弱み（Weakness）を評価し、これら4つの要素をもとに環境分析を行うツールです。SWOT分析の目的は、外部・内部環境の現在の姿を正しく把握することにより、成功要因や自社にとっての事業機会を導きやすくすることにあります。

【2-1-1　SWOT分析】

	好影響	悪影響
内部環境	強み (Strength)	弱み (Weakness)
外部環境	機会 (Opportunity)	脅威 (Threat)

2 クロスSWOT分析

クロスSWOT分析とは、SWOT分析をベースとして強み・弱みの内部環境と、機会・脅威の外部環境をクロスさせて、様々な戦略オプションを検討する手法です。

クロスSWOT分析では自社の現状分析をもとに、それぞれ4つの戦略オプションが生まれます。これらの戦略オプションから自社の大きな戦略の方向性を絞り込み、新たな事業展開を図ります。

【2-1-2　クロスSWOT分析】

	機会 (Opportunity)	脅威 (Threat)
強み （Strength）	自社の強みで取り込むことのできる事業機会は何か？	自社の強みで脅威を回避できないか？
弱み （Weakness）	自社の弱みで事業機会を取りこぼさないためには何が必要か？	脅威と弱みの遭遇により最悪の事態を招かないためには？

3　マクロ環境分析

　マクロ環境分析とは、企業を取り巻く外部環境のうち、自社での統制は不可能であるが、企業活動に影響を及ぼす要因を分析することをいいます。分析の際には、自社の事業に関係のある主要な要因や環境変化に絞り込むことがポイントになります。

　代表的なものとして、政治的（Political）環境、経済的（Economic）環境、社会的（Social）環境、技術的（Technological）環境の4つの環境分野それぞれの頭文字をとった、PEST分析があります。

【2-1-3　PEST分析】

政治的環境	法規制	税制	法改正	外交
経済的環境	景気	消費性向	金利	雇用
社会的環境	倫理観	生活観	価値観	ライフスタイル
技術的環境	インターネット	バイオテクノロジー	ナノテクノロジー	特許

♂ Keyword

▶　ミクロ環境分析

　顧客動向、競合動向等、企業経営に直接的に影響を与える要因ではあるが、自社が働きかけて影響を及ぼすことも可能とされる環境を分析すること。

過去問　トライアル解答　**イ**

☑チェック問題

　代替品は、大きな技術の変化や消費者のニーズの変化によってこれまでにない新商品として登場し、既存の商品に取って代わる脅威になることがあるので、技術や市場のマクロなトレンドを見失わないように注意しなければならない。

⇒○

MEMO

2 企業の方向性を決める
ドメイン

学 習 事 項 ドメイン，ドメインの定義要件，ドメイン定義の留意点，物理的定義と機能的定義，複数次元によるドメイン定義

このテーマの要点

事業領域を定める

　企業は企業目標を定め、その目標の達成に向かって事業を展開していきます。その目標の達成を図るためには、自らが有する経営資源をその目標に対して集中して活用する必要があります。

　そこで重要となるのが、事業領域の設定です。本テーマでは、この事業領域（ドメイン）について学びます。

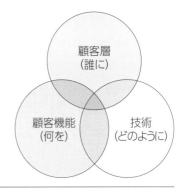

過去問 トライアル	平成23年度　第1問
	ドメインの定義と再定義
類題の状況	R05-Q1　R01-Q1　H29-Q1　H28-Q1　H27-Q2　H25-Q5 H24-Q1　H17-Q7　H14-Q9(2)

　ドメインは全社レベルと事業レベルに分けて考えられるが、ドメインの定義ならびに再定義に関する記述として、<u>最も不適切なものはどれか</u>。

ア　D.エーベル（Abell）の「顧客層」「顧客機能」「技術」という3次元による事業ドメインの定義では、各次元の「広がり」と「差別化」によってドメインの再定義の選択ができる。

イ　事業ドメインは将来の事業展開をにらんだ研究開発分野のように、企業の活動の成果が外部からは見えず、潜在的な状態にとどまっている範囲も指す。

ウ　自社の製品ラインの範囲で示すような事業ドメインの物理的定義では、事業領域や範囲が狭くなってT.レビット（Levitt）のいう「近視眼的」な定義に陥ってしまうことがしばしば起こる。

エ　全社ドメインの定義によって企業の基本的な性格を確立できるが、製品やサービスで競争者と競う範囲は特定できない。

オ　単一事業を営む場合には製品ラインの広狭にかかわらず事業レベルの定義がそのまま全社レベルの定義となるが、企業環境が変化するためにドメインも一定不

変ではない。

1 ドメイン

「ドメイン」とは、事業領域のことであり、組織が対象とする事業の広がりを指すものです。ドメインを定義することによって、メンバーの向かう方向性を合わせることができるとともに、メンバーの注意を狭い範囲に限定させないというメリットがあります。ドメインの設定は、広すぎず狭すぎず、適度な広がりをもって定義することが重要です。

ドメインには、全社レベルのものや事業レベルのものが存在します。全社レベルのドメインは包括的に示されることが多いですが、直接的に個々の事業戦略を実行するために必要となる事業ドメインは個別具体的に規定される必要があります。

① ドメインの定義要件

- 適度な広がりがあること
- 将来の事業の方向性を視野に入れたものであること
- ドメインとの関連で自社が保有すべき中核能力を規定すること
- 企業内外の人々の納得性を有すること

② ドメイン定義の留意点

ドメインを設定する際は、自社の求める方向を見定めて、現在保有している経営資源および外部資源の活用を考慮した上で、どの領域で自社の強みが発揮できるなど、外部環境および内部環境を注意深く分析して、決定する必要があります。

ドメインの設定が適切でない場合、下記のようなリスクが生じる可能性があります。

【2-2-1　ドメインの範囲】

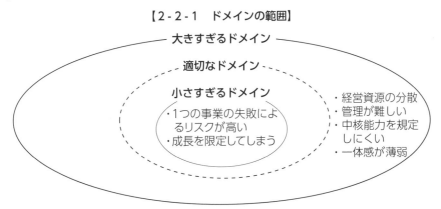

③ ドメインの意義

ドメインを設定する意義として、次のようなものが挙げられます。

意思決定者の注意を限定する	事業活動の「領域」を定め、意思決定者の注意を限定する ・分散化の回避 ・過度の集中化の回避
蓄積していく経営資源の方向性を定める	企業が事業を展開する上で必要とされる経営資源（スキルや能力、技術を含む）の指針を提供し、メンバー間の共通理解を促すだけでなく、「中核能力（コア・コンピタンス）」の規定に密接に関連する
組織の一体感を作る	・経営者がドメインを定義（内的アイデンティティ） 　→企業のメンバーの一体感形成を促進する ・企業がドメインを定義（外的アイデンティティ） 　→企業の社会的な存在意義を明確にする

また、内的アイデンティティを「経営者側の定義」、外的アイデンティティを「メンバーの定義（環境側の定義）」とも呼び、外的アイデンティティと内的アイデンティティが形成されること（または両者の共通の認識）を「ドメイン・コンセンサス」と呼びます。

⚷ Keyword

▶　事業ドメイン

事業部門の活動領域。企業ドメインに対するサブ・ドメインです。エーベルが唱えた複数次元のドメインは市場セグメンテーションの考え方とも共通点があり、企業ドメインより事業ドメインの定義として有用といえます。

▶　ドメインの広がり

ドメインは、下記の3次元において、プラスとマイナスの両面を有します。
(1) 空間の広がり（狭い 対 広い）
(2) 時間の広がり（静的 対 動的）
(3) 意味の広がり（特殊 対 一般的）

2　物理的定義と機能的定義

ドメインの定義方法は、物理的定義と機能的定義に分けられます。レビットは、製品や技術は時代とともに陳腐化するため、より環境変化に対応しやすい市場の本質的なニーズの面（機能的定義）から事業を定義する方がよいとしています。また、物理的定義により自らのドメインを狭めてしまう過ちを「マーケティング近視眼（マーケティング・マイオピア）」と形容しています。

物理的定義	製品・サービスそのもの、あるいは製品・サービスの基盤となる技術によって物理的な面からドメインを示す方法です。 例）鉄道産業において、自らの事業を「鉄道」と定義すること。
機能的定義	製品・サービスが提供する機能・価値によってドメインを示す方法です。 例）鉄道産業において、「輸送サービス」と定義すること。

3 複数次元によるドメイン定義

エーベルは、顧客層、顧客機能、技術の3つの次元により、ドメインを規定しています。現在、このエーベルの唱えた定義は最も代表的な定義として取り上げられています。

顧客層（誰に）	対象とする市場
顧客機能（何を）	製品やサービスが満たすべき顧客のニーズ
技術（どのように）	「技術」の面から取り組む事業範囲

4 ドメインの再定義

ドメインは、市場環境の変化に合わせて、見直しと再定義を行うことが必要となります。何をすべきかを決めるだけの創業時のドメイン定義に比べ、ドメインの再定義には以下の問題点があるため、一般にドメインの再定義の方が難しいといわれています。

① 再構築には時間を要する。
② 再定義前より魅力がなくなる可能性がある。
③ 再定義による事業活動の変更に対して顧客の理解を得られない可能性がある。
④ 慣れ親しんだ仕事が変わることに対する従業員の反抗があり得る。

過去問 トライアル解答　エ

☑チェック問題

企業は戦略的適応を図るために、既存のドメインを見直し、それを再定義することが重要であるが、再定義されたドメインで事業がうまく進展しないことがしばしば見られる。これにはいくつかの理由が考えられるが、その理由としては、ドメイン再定義に伴う事業活動の変更について顧客の理解を得るのが難しいため、慣れ親しんだ仕事の仕組みを変更することへの従業員の抵抗が起こるからといったものがある。　　　　　　　　⇒○

3 企業の方向性を決める
コア・コンピタンス

学習事項 経営資源，コア・コンピタンス，ＶＲＩＯフレームワーク，バリューチェーン（価値連鎖）

このテーマの要点

企業の経営資源から競争優位の源泉をつかむ

ここでは、企業の持つ独自の経営資源による資源展開によって、中核的能力（コア・コンピタンス）を形成し、持続的な競争優位を構築しようとする考え方、リソース・ベースド・ビューを中心に学びます。企業の保有する経営資源、特にコア・コンピタンスとはどのようなものか、ＶＲＩＯフレームワークやバリューチェーン（価値連鎖）の視点から確認していきます。

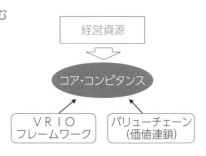

過去問トライアル	平成24年度　第3問
	情報的資源
類題の状況	R05-Q2　R05-Q3(再)　R03-Q4　R02-Q1　R02-Q10　R01-Q4 H30-Q2　H30-Q3　H29-Q3　H28-Q8　H27-Q3　H25-Q6 H23-Q3　H22-Q3　H20-Q2　H19-Q4　H18-Q5　H17-Q2 H16-Q11　H15-Q7(1)　H15-Q8(3)

現代の企業において、経営資源の利用と蓄積は、経営戦略の策定と実行にとって重要である。経営資源は、通常、人的資源、物的資源、資金、情報的資源に区別される。情報的資源に関する記述として、最も不適切なものはどれか。

ア 企業活動における仕事の手順や顧客の特徴のように、情報的資源は日常の企業活動を通じて経験的な効果として蓄積される。

イ 企業活動における設計図やマニュアルのように言語や数値化されているような情報は、熟練やノウハウなどよりも模倣困難性が高くない。

ウ 企業にとって模倣困難性の低い情報的資源が競争にとって重要ならば、特許や商標のような手段で法的に模倣のコストを高める必要はない。

エ 企業の特定の事業分野における活動で蓄積された情報的資源の利用は、その事業に補完的な事業分野に限定されない。

オ 企業のブランドやノウハウのような情報的資源は、その特殊性が高いほど企業に競争優位をもたらす源泉となる。

1 経営資源

　バーニーは、経営資源を「すべての資産、ケイパビリティ、コンピタンス、組織内のプロセス、企業の特性、情報、ナレッジなど企業のコントロール下にあって、企業の効率と効果を改善するような戦略を構想したり実行したりすることを可能にするもの」と定義しています。（『企業戦略論』　ジェイ.B.バーニー　上p.243）

【2-3-1　経営資源の分類】

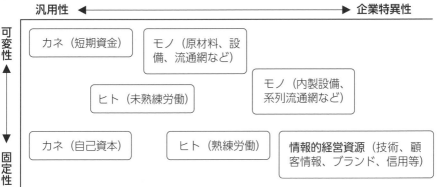

⚿ Keyword

▶　**パス依存性（経路依存性）**
　経営資源の蓄積は企業独自の歴史的な経験により形成されます（歴史的経験に依存する）。

▶　**ケイパビリティ**
　企業が経営資源を組み合わせたり活用したりすることができる組織的な能力です。

2 コア・コンピタンス

　コア・コンピタンスとは、ハメルとプラハラードによって提唱された概念で、「顧客に対して、他社には真似のできない、自社ならではの価値を提供する企業の中核的能力」を指します。
　これは内部の経営資源を重視した考え方（リソース・ベースド・ビュー）であり、彼らは企業の持続的優位性の源泉をコア・コンピタンスに求め、以下の3つの条件を提示しています。

- 多様な市場へのアクセスを可能にする
- 最終製品が消費者の利益に貢献する
- 競争相手が模倣しにくい

3 ＶＲＩＯフレームワーク

ＶＲＩＯは、以下の４つの問いへの答えによって、企業の経営資源やケイパビリ
ティ（組織的な能力）が強みなのか弱みなのかを判断するフレームワークです。

【2-3-2　ＶＲＩＯフレームワークと企業の強み・弱みとの関係】

価値が あるか	希少か	模倣コスト は大きいか	組織体制は 適切か	強みか、弱みか
NO	−	−	NO	弱み
YES	NO	−	↑	強み
YES	YES	NO	↓	強みであり、固有のコンピタンス
YES	YES	YES	YES	強みであり、持続可能な固有のコンピタンス

4 バリューチェーン（価値連鎖）

　製品やサービスは原材料の獲得や製造、販売、アフターサービスといった事業活
動が垂直的に連鎖しています。この垂直的に連鎖する事業活動全体をバリュー
チェーン（価値連鎖）と呼びます。ポーターの提唱するバリューチェーン（**次ページ**）
では、企業が提供する製品やサービスは、原材料から完成品に至る連鎖に沿って価
値が付加されると考えます。バリューチェーンは企業の持つ経営資源やケイパビリ
ティの影響を受けるため、同じ製品のバリューチェーンであっても企業によって集
中する部分は異なります。

　この活動を機能ごとに分析することで、どの部分に強みや弱みが存在するのか、
そしてそれがどの部分の付加価値によって生み出されているのかを明確にすること
ができます。バリューチェーンは、事業戦略の有効性や改善の方向性を探るのに活
用されるツールです。

　バリューチェーンは、バリューチェーンを構成する活動の結びつき方も付加価値
を生み出す源泉になると考えられます。例えば、トヨタ自動車では、価値活動と価
値活動のつなぎ目に注目して、「購買」活動と「製造」活動のつなぎ目を「かんば
ん方式」でつなぎ、在庫の削減を実現しています。

【2 - 3 - 3　バリューチェーン】

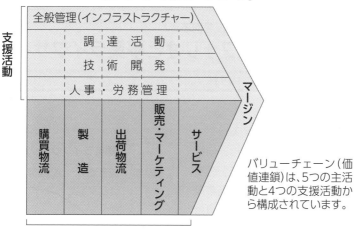

バリューチェーン（価値連鎖）は、5つの主活動と4つの支援活動から構成されています。

主活動における主要な活動例
○購買物流：購買、部品や半完成品、資材の購買、在庫
○製造：製造
○出荷物流：完成品保管や配送
○販売・マーケティング：販売・マーケティング
○サービス：ディーラーサポートや顧客サービス

過去問　トライアル解答　　**ウ**

☑チェック問題

　経営資源やケイパビリティに経済価値があり、他の競合企業や潜在的な競合企業が保持していないものである場合、希少性に基づく競争優位の源泉となり得る。　　　　　　　　　　　　　　　　　　　　　　　　　　　　⇒○

2　全社戦略

企業のバランスと成長を図る

4 事業ポートフォリオと事業ライフサイクル

学 習 事 項 事業ライフサイクル，ＰＰＭ（プロダクト・ポートフォリオ・マネジメント）

このテーマの要点

事業資金の最適配分を考える

複数の事業を経営する企業は、自社の経営資源を効果的に各事業に配分する必要があります。ここでは、各事業をキャッシュフローの観点から、資金を生み出す事業、投資すべき事業などに区分し、それらをバランスよく組み合わせて事業を行うためのツールである、プロダクト・ポートフォリオ・マネジメント（ＰＰＭ）について学びます。また、ＰＰＭを活用して事業ポー

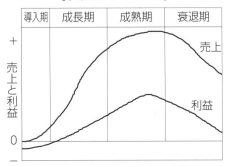

【事業ライフサイクル】

トフォリオを考える上で必要な知識として、事業ライフサイクルについても学びます。

過去問 トライアル	平成24年度　第7問 ＰＰＭ（プロダクト・ポートフォリオ・マネジメント）
類題の状況	R05-Q2(再)　R04-Q2　R03-Q2　R01-Q2　H29-Q2　H28-Q2 H27-Q1　H26-Q1　H26-Q6　H25-Q2　H25-Q6　H14-Q5 H14-Q6

戦略事業単位とプロダクト・ポートフォリオ・マトリックスに関する記述として、最も適切なものはどれか。

ア 資金の投入によって成長市場で競争優位の実現を期待できる「金のなる木」の選択は重要であり、競争優位性を期待できない「負け犬」事業からは事業担当者へのインセンティブを考慮して撤退を検討する必要がある。

イ 戦略事業単位の責任者は、当該事業の成功に必須の技術、製造、マーケティングに関して、計画の範囲内で自由に対処できる。

ウ 「花形商品」の事業は、「負け犬」ではなく「問題児」の中の特定の事業に対する集中的な投資の主要な資金供給源として重要である。

エ プロダクト・ポートフォリオ・マトリックスの考え方は、外部からの資金調達

を考慮して低コスト戦略を重視している。

オ プロダクト・ポートフォリオ・マトリックスの考え方は、主として事業の財務面だけではなく、事業間のマーケティングや技術に関するシナジーも重視している。

1 事業ライフサイクル

事業ライフサイクルは、製品や市場には必ず誕生から衰退までの流れがあるとする考え方です。その段階は導入期、成長期、成熟期、衰退期の4つに区分されます。

導入期	事業の認知度が低く売上が低く、広告費などの費用がかさむ時期である。開発費用を支出したものの生産量が少なく、大量生産によるコストメリットが活かせない状態であり、利益はマイナス状態となる。
成長期	事業への参入企業が増加し競争が激化する時期である。導入期に比べ広告費などの支出が増加するが、売上の急上昇により利益も獲得できる。生産量の増大により、コストメリットが出てくる時期である。
成熟期	市場への浸透も一段落し、売上高は緩やかな上昇を経て高い状態を維持する時期である。市場規模の変動は少なく、各企業は市場占有率の最大化を図る。その中で、競争に敗れた企業は市場から撤退し、勝ち組同士のシェア争いとなる。事業規模はすでに大きく、広告費用や生産コストは低い状態となり、安定した事業運営ができる時期である。
衰退期	事業が縮小傾向に入り、売上高の減少とともに利益も低下する時期である。新規投資はほぼ不要となるが、キャッシュを生み続けることができるリーダー企業を除く競合企業の多くが撤退していく。次世代の事業へ資金をシフトさせていく必要がある。

2 PPM（プロダクト・ポートフォリオ・マネジメント）

　PPMは、ボストン・コンサルティング・グループが1960年代終わりに提唱したもので、企業が複数の事業（SBU：戦略的事業単位）を行う場合に、各事業に最も効果的に経営資源を配分するための分析手法です。縦軸を市場成長率、横軸を相対的市場占有率とする4象限の表に自社の各事業や製品等を明示し、自社の事業ポートフォリオを把握して戦略的意思決定を行います。

【2-4-1　PPM】

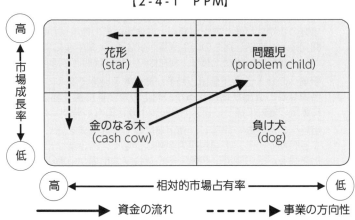

問題児	資金の流入が少ないが、多くの設備投資や販売促進費用などが必要となり、資金流出が多い。問題児を花形にシフトさせるには、市場成長率が高い間に、自社の相対的市場占有率を高める必要がある。その前に市場成長率が鈍化すると、花形や金のなる木にはなれず、負け犬になってしまう。
花形	売上が急速に拡大し、資金流入が多い。しかし、競合の参入も多いため、その対策として広告費や営業費などの資金流出も多く、大幅な資金獲得は難しい。花形は、市場成長率が鈍化した際に、金のなる木にシフトするよう、相対的市場占有率を高い状態で維持することが必要となる。
金のなる木	市場占有率が高いため資金流入が多いが、資金流出が少ないため、大幅な資金獲得が可能となる。獲得した資金は、問題児に投資し花形への移行を図るか、花形へ投資し金のなる木へのシフトを図ることが必要となる。
負け犬	挽回の余地がないため、早期に撤退を検討すべき事業に位置づけられる。

● OnePoint　PPMの名称

　PPMは、理論全体をいう場合は「プロダクト・ポートフォリオ・マネジメント」ですが、その中の図表2-4-1自体については、「プロダクト・ポートフォリオ・マトリックス」といいます。

⚷ Keyword

▶　PPMへの批判と限界

・軸を高低2分割するだけでは単純すぎる。

・市場成長率は製品需要の伸びを示すだけで、製品供給増による販売価格低下を考慮できていない。

・相対的マーケット・シェアは製品の多属性化や代替品の多様性に対応しにくい。

・製品カテゴリーの設定のやり方で、市場成長率、相対的市場占有率の数値や事業の位置関係が変わってしまう。

・投資対象としての財務的観点からしか分析していないため、技術・ノウハウといった事業間の経営資源のシナジーを考慮していない。

・PPMは既存SBUについての分析のため、新事業展開には使用しづらい。

・負け犬事業のスタッフ等にモラール低下などが発生する恐れがある。

・金のなる木からは資金の回収しか行わないので、衰退を早める恐れがある。

過去問 トライアル解答　**イ**

☑チェック問題

　多角化には事業領域をダイナミックに組み替えて、戦略行動の機動力を高める狙いが含まれている。これを事業領域ごとに経営資源の集中と分散の論理のあり方を明確にしたのがPPM（プロダクト・ポートフォリオ・マネジメント）である。ただし、PPMは分析的な方法であるが、新事業の探査機会が不足している。　　　　　　　　　　　　　　　　　　　　　　　　　　　⇒○

5 企業のバランスと成長を図る
成長戦略

学習事項 アンゾフの製品市場マトリックス，シナジー，多角化戦略

このテーマの要点

自社が成長するためにはどうすればよいか

本テーマでは、企業が事業拡大を図るために必要となる戦略分類の手法について学びます。ここでは最もよく活用される手法として知られる、アンゾフが唱えた製品市場マトリックスについて学

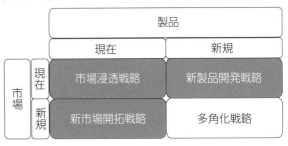

びます。さらに、製品、市場ともに新たな分野を対象とする多角化戦略について学習を深めます。

過去問トライアル	平成20年度　第4問
	成長戦略
類題の状況	R04-Q1　R03-Q1　R02-Q5　H30-Q1　H29-Q30(2)　H27-Q10 H26-Q5　H24-Q2　H20-Q4　H18-Q2　H16-Q5　H16-Q8 H14-Q6

企業の成長をめぐる戦略に関する記述として、最も適切なものはどれか。

ア 自社が優位を占める成長分野への他社の参入を防ぐために、積極的に生産の増強を図ったり、広告宣伝などのマーケティング活動を展開して、市場支配力を強める戦略を追求する。

イ 社内の研究開発能力が不十分な場合、外部から技術導入を図ったり、重要な技術部品を社外から調達せざるをえないので、低価格戦略しかとりえなくなる。

ウ 多角化は成長には有効であるが、総花的な戦略を強めて、企業の競争優位を喪失させるので、収益を悪化させることになる。

エ リストラクチャリングは自社の強みを喪失させるので、既存事業分野の価格競争や技術開発競争が激化しているときには回避しなければならない。

1 アンゾフの製品市場マトリックス

アンゾフは、事業拡大を図るための基本戦略を図表2-5-1のように、2つの軸（製品、市場）を用いて表現しています。

【2-5-1 アンゾフの製品市場マトリックス】

		製　品	
		既存	新規
市場	既存	市場浸透戦略	新製品開発戦略
	新規	新市場開拓戦略	多角化戦略

［1］ 市場浸透戦略

既存市場に既存製品を投入する戦略です。既存市場での自社事業の占有率を拡大していくため、販売促進活動などによる売上向上や設備投資による生産性向上などを図る戦略です。

［2］ 新製品開発戦略

既存市場に新製品を投入する戦略です。既存市場での新たな需要を喚起するため、新たな製品を開発して相対的市場占有率拡大を図る戦略です。

例えば、任天堂はゲーム市場でファミリーコンピューター（ファミコン）を投入していましたが、同じ市場にニンテンドーDS、さらにはニンテンドースイッチという新製品を投入して大成功を収めています。

［3］ 新市場開拓戦略

新規市場に既存製品を投入する戦略です。既存製品の認知度を活かして、新たな市場に投入して周辺需要の拡大を図る戦略です。

例えば、ソニーはテープレコーダーを音楽大学などに販売していましたが、それを小中学校など学校教育分野全体への展開を図り、市場を拡大しました。

［4］ 多角化戦略

新製品を新規市場に投入する戦略です。多角化はその進出方法により様々な機会やリスクが存在するため、慎重な対応が必要となります。

2　シナジー

　シナジーとは、資源展開やドメインの決定から得られる相乗効果のことです。1
＋1＝2ではなく、3にも4にもなるという効果です。

　企業は、成長戦略を考える際にシナジー効果が働くか否かを十分に検討する必要
があります。シナジー効果が高い事業ほど、既存事業の強みを活かせるため、成功
に至る可能性が高まるといえます。

　一方、シナジー効果が働かない事業は既存事業の影響が少ないため、事業リスク
の分散を図る視点でメリットがあるといえます。

3　多角化戦略

　多角化戦略は、既存事業の周辺事業分野、または関係のない新たな事業分野に進
出し、企業の成長・拡大を図る戦略です。

　多角化戦略は関連多角化と非関連多角化に分類されます。一般的に、現在展開し
ている事業と関連の深い事業へ展開する関連多角化の方が、成功する確率は高いと
されています。

[1]　多角化のメリット

経営活動における スキルの共有	複数の事業で活用できる経営資源やスキル・ノウハウ等を活用して新たな事業分野に進出することで、シナジー効果を発揮した事業展開を図ることができます。
事業リスクの分散	ある事業が環境変化により業績悪化に至っても、他に関連のない事業を行っていればその業績悪化を補うことが可能になります。したがって、既存事業とは関連のない分野への進出により複数事業への展開を図ることは、事業リスクの分散につながります。 一方で、既存事業との関連が薄い非関連多角化は、既存事業の経営資源やスキルなどを活用しにくく、競合企業との競争に打ち勝つのは難しいとされています。
経営資源の有効活用	企業が余剰経営資源を保有している場合、その資源が新規事業に活用できるものであれば、経営資源の有効活用を図ることができます。

♂ Keyword

▶　多角化のデメリット

　複数の事業を展開する中で、「自社のビジネスは何か」を表現するのが難しく
なるため、ドメインの曖昧化や経営資源の分散を招きやすい。

[2] 多角化の類型

多角化戦略は、多角化する市場や製品分野により下記のように分類することができます。

水平的多角化	既存市場と同様な顧客に対し、販売面のシナジーが期待できるような分野で新しい事業を展開すること。 例：呉服⇒宝石
垂直的多角化	既存市場の川上や川下に進出することである。流通網を確保することで競争力の向上が期待できる。 例：小売⇒卸売
集中的多角化	企業が持つ既存製品の技術や販売網のどちらか、もしくは両方に関連性のある分野に進出すること。 例：化粧品メーカー⇒医薬品
集成的多角化	既存製品の技術や販売網などとは全く関係ない、新しい分野への進出である。リスクが大きい多角化であり、コングロマリット化ともいわれる。 例：衣服⇒食品など

2 全社戦略

♂ Keyword

▶ **垂直的多角化の種類**

卸売業から小売業のように流通経路の下流への多角化を前進的多角化といい、卸売業から製造業のように流通経路の上流への多角化を後進的多角化という。

過去問 トライアル解答 ▷ ア

☑チェック問題

事業構想に合わせて不採算分野を縮小し、成長分野への経営資源の重点投入を図ることは、リストラクチャリングのあり方として適切である。　⇒○

このテーマの要点

組織間取引をどのように構築するか

企業が資源を獲得するためには、企業の内部で調達することと外部から調達することの２通りが考えられます。前者では主に垂直統合という手段が採用され、後者では市場取引という手段が採用されます。

一方で、両者のメリットとデメ

【資源の調達方法】

垂直統合	自社の活動範囲の拡大 （内製化・M＆Aなど）
戦略的提携	垂直統合と市場取引の中間 （技術提携、共同開発など）
市場取引	市場による調達 （外注、購買など）

リットにはトレードオフの関係があるため、中間的な位置づけとして戦略的提携があります。

過去問 トライアル	平成25年度　第４問
	戦略的提携
類題の状況	R05-Q7　R04-Q6　R02-Q6　R01-Q5　H30-Q6　H30-Q7 H29-Q4　H29-Q5　H29-Q6　H28-Q3　H28-Q4　H28-Q9 H24-Q9　H23-Q8

他社と連携を考慮する企業にとって、企業としての独立性を維持し、企業間に緩やかで柔軟な結びつきをつくるには、戦略的提携が有効な戦略オプションのひとつである。戦略的提携に関する記述として、<u>最も不適切なものはどれか。</u>

ア 企業の評判に悪影響が起こる可能性は、戦略的提携における裏切りのインセンティブを抑制する要素となる。

イ 戦略的提携が希少性を有しても、低コストでの代替が可能であれば、その戦略的提携は持続的な競争優位をもたらさない。

ウ 戦略的提携によって、新たな業界もしくは業界内の新しいセグメントへ低コストで参入しようとするのは、企業間のシナジーを活用する試みとなる。

エ 戦略的提携を構築する際、その主要な課題はパートナーが提携関係を裏切る可能性を最小化しつつ、提携による協力から得られる恩恵を最大限に享受することである。

オ 内部開発による範囲の経済を実現するコストが戦略的提携によるコストよりも

小さい場合、内部開発は戦略的提携の代替とはならない。

1 市場取引

　企業が資源を獲得するための手段には、外部からの調達による**市場取引**と自社内で調達する2通りの手段があります。特に後者の自社内で調達する場合において、取引関係にある活動単位に進出することを**垂直統合**といいます。両者には下表に示すようなトレードオフの関係があります。

	市場取引	垂直統合
メリット	・活動集約によるコスト低下 ・専門化による独自能力の向上 ・競争圧力による価格低下・品質向上	・取引コスト節約 ・情報活用
デメリット	・機会主義的行動のリスク	・専門業者の規模の経済が得られない ・競争圧力を活用できない

[1] 市場取引のメリット

活動集約による コスト低下	例えば、自動車メーカーが市場取引によって部品を購入する場合、部品専門業者の規模の経済を享受することができます。
専門化による 独自能力の向上	例えば、サプライチェーンを構成する各企業が分業によって特定の活動に特化することで、専門化による独自能力の向上につながります。
競争圧力による 価格低下・品質向上	市場では複数の供給業者が競争しているため、競争圧力によって価格の低下や品質の向上に向けた取引先の行動を誘発することができます。

[2] 市場取引のデメリット

機会主義的行動の リスク	機会主義的行動とは「自己の利益を悪がしこいやり方で追求すること」を指し、そのような取引先の行動を防ぐために、信頼できる取引先の選定に向けた情報収集、契約締結、履行監視といったコストを要します。 このようなコストの総称を「取引コスト」といいます。

● OnePoint 　取引コストの規定要因

　取引コストの規定要因には、(1)情報の不確実性・複雑性、(2)少数主体間での取引、などがあります。例えば、製品やサービスの特徴に関して買い手が十分な情報を持たない不確実性の高い状況下では、売り手は高く売ろうとする機会主義的行動をとりやすくなります。また、売り手側が少数の企業で占められているような場合、市場のメカニズムが有効に機能せず、売り手側の企業同士による「暗黙の結託」が発生しやすくなります。

　このような状況下で取引コストは上昇し、取引コストが大きくなりすぎて市場取引のメリットをも相殺してしまう場合には、垂直統合などで活動を内部化することが合理的となります。

2 　垂直統合

[1] 垂直統合のメリット

取引コストの節約	取引相手が担当していた活動を内部化することにより、組織内におけるコントロールと調整が可能となるため、取引コストを節約できます。
情報活用	例えば、メーカーが川下側の流通業者を傘下に収めることで、需要や消費者の情報を活用できるといったことが該当します。また、範囲を広げた活動をメンバーが現場で経験することにより、重要な技術ノウハウを蓄積するなど、情報の質の向上にもつながります。

[2] 垂直統合のデメリット

活動集約による効率性・競争圧力が得られない	垂直統合のデメリットは市場取引のメリットと裏返しの関係にあり、専門業者の規模の経済を得られないことや、競争圧力を活用できない点があります。

3 　戦略的提携

　市場取引と組織（垂直統合など）の中間形態として、戦略的提携があります。戦略的提携とは、企業の独立性を維持したまま、企業間にゆるやかで柔軟な結びつきを形成することを指します。バーニーの定義では「2つもしくはそれ以上の独立した組織が、製品・サービスの開発、製造、販売などに関して協力する場合」としています。バーニーは戦略的提携を大きく3つのカテゴリーに分類しています。

業務提携	互いに株式を持ち合わず、独立した組織もつくらずに契約を通じて企業間の協力を図る
業務・資本提携	契約による協力関係を補強するため、一方が提携パートナーの所有権に投資する、または相互に投資し合う
ジョイント・ベンチャー	提携パートナー企業が共同で投資して独立した組織をつくり、得られた利益はパートナーで共有する

[1] 戦略的提携のメリット

戦略的提携のメリットは、市場取引と垂直統合の中間にあり、規模の経済の追求、競合からの学習、リスク管理とコスト分担、暗黙的談合の促進、低コストでの新規市場参入、新しい業界・セグメントへの低コスト参入、業界やセグメントからの低コスト撤退、不確実性への対処、が挙げられています。

[2] 戦略的提携の課題

戦略的提携は、ゆるやかな結びつきを持つ反面、その関係の微妙さゆえに難しさが生じます。具体的には、競争相手同士が提携する場合には、お互いが常に裏切るという可能性を持っています。また、異質な企業文化を背景としているために、協働がうまくいかないケースも多く見られます。

4 M&A（合併・買収）

垂直統合を行う手段1つにM&A（Merger & Acquisition：合併・買収）があります。M&Aは多角化を追求する企業にとっても有力なオプションといえます。
アメリカ公正取引委員会（FTC）では、以下の5つに分類しています。

垂直型合併	供給者や販売先（顧客）を買収
水平型合併	競合企業を買収
製品拡張型合併	既存製品を補完する製品ラインを得るための買収
市場拡張型合併	新たな市場を得るための買収
コングロマリット型合併	買収・被買収企業間に戦略的な関連性のない買収

⚡ Keyword

▶ 取引特殊的資産への投資

　市場取引を行う場合、特定顧客との取引にしか活用できない「取引特殊的」な資産への投資を行うと売り手の交渉力は著しく低下します。これは、買い手側の「値下げに応じなければ発注を取り消す」といった機会主義的行動を誘発するリスクが高まるためです。この場合、取引特殊的資産への投資を行った売り手企業は、埋没費用となるよりは赤字であっても受注して投資資金を回収した方がよいと考え、買い手の要望する価格で受注せざるを得ない状況となります。こうした状況のことを「ホールドアップ」といいます。

▶ 前方（後方）統合

　垂直統合を行う場合、流通段階の川下側に活動範囲を広げることを前方統合といい、川上側に活動範囲を広げることを後方統合といいます。例えば、メーカーが卸売企業を買収することは前方統合に該当します。

▶ コングロマリット

　対象とする市場のコア・コンピタンスなどには直接関連性のない事業を抱えた複合企業のことです。

過去問 トライアル解答 ▶ **オ**

☑チェック問題

　垂直統合により取引コストの削減や情報の有効的な活用が期待できるが、内製化前の市場取引を通して享受していたメリットを失う可能性も高い。　　⇒○

第2分野 | **全社戦略**

7 全社戦略のトレンド
グローバル化

学習事項 企業の海外進出，統合と現地適応、新興国市場のグローバル戦略

このテーマの要点

企業の海外進出

近年、一国の国境の枠を超えた経営活動が広がりを見せています。これまでは多国籍経営、国際経営と呼ばれてきましたが、最近ではグローバル経営と呼ばれるようになっています。

企業の海外進出には、輸出、海外直接投資、ライセンシングなどの形態がありますが、それらは企業の事業段階や提供する製品・サービスの特性などによって異なります。また、グローバル戦略を立案していく上では、本国で統合された製品やサービスを世界的に展開していく場合と、あるいは現地に適応し最適化した製品やサービスを個別に展開していく場合で得られるメリットなどが異なります。

また、さらに近年では、新興国市場に向けたアプローチが普及しており、従来の新興国市場の定義が捉え直されているので注意しましょう。

過去問トライアル	平成21年度　第2問
	グローバル化
類題の状況	R05-Q12　R05-Q10(再)　R04-Q11　R02-Q8　R02-Q12 R02-Q17　H30-Q13　H29-Q13　H27-Q11　H26-Q11 H26-Q33　H25-Q9　H24-Q10　H23-Q11　H21-Q5　H20-Q6 H20-Q9　H19-Q9(3)　H16-Q6　H15-Q11

一般に企業はグローバル化するにつれて、海外でも研究開発活動を展開するようになる。このことについて説明する記述として、<u>最も不適切なもの</u>はどれか。

ア　海外研究開発拠点の設置は、海外市場や海外生産への依存度が高くなると増える傾向が見られるが、進出先の研究開発力が劣っているとその傾向は弱まる。

イ　企業が海外研究開発拠点を設けるのは、技術移転、海外子会社の要請、現地の研究能力や技術の獲得などのためであるが、逆に国内で研究開発の規模の経済が大きい場合や技術ノウハウの保護を重視する場合、海外研究開発拠点の開設に消極的になりやすい。

ウ　国の差異を利用してグローバルに技術ノウハウを蓄積することによって、研究開発のグローバル・シナジーが実現される可能性が高い場合、海外研究開発拠点の設置が見られる。

エ 米国企業では既に1960年代に海外研究開発拠点の設立が見られるのに対して、日本企業のそれは1980年代に入ってから多くなるが、いずれも企業の海外進出が本格化したことと関連している。

オ わが国では研究開発能力の低い産業分野に海外研究開発拠点を設ける例が増加しており、近年食品や繊維などの分野の中小企業が海外研究開発拠点を開設する傾向が強まっている。

1 企業の海外進出

企業の海外進出には、輸出、海外直接投資、ライセンシング（技術供与）の3つがあります。当初は輸出が重要となりますが、グローバル化の進展に伴って海外直接投資の重要性が高まります。これらに比べ、ライセンシングの重要性は相対的に低いといえます。

輸出	自社製造輸出をするかOEM（Original Equipment Manufacturer: 相手先ブランド製造）にするか、販売面で他社の販売網を活用するか自社の販売網を使うか、現地企業との販売協調をするかなどを選択する必要があります。
海外直接投資	どの地域を選択・重視するか、完全所有か合弁か、新設かM＆Aか、現地市場志向か輸出志向か、海外の証券市場で株式上場を行うか否かなどを選択する必要があります。
ライセンシング	技術供与の対価として、金銭を受けるライセンシングにするか別のライセンシングを受けるクロス・ライセンシングにするかなどを選択する必要があります。

2 グローバル企業の戦略マネジメント

グローバル戦略は大きく分けて、「現地適応」と「統合」に分かれます。現地適応とは、進出先の市場や文化などに最適化された戦略を進出先ごとに展開することを志向しますが、統合においては生産やマーケティング面で標準化や統合を図り、グローバル展開による規模の経済性を追求したり、イノベーションの効率的な展開を志向します。

近年では、現地適応と統合のバランスをとったモデルが提唱されています。

① ゴシャールの4類型

ゴシャールとバートレットは日米欧のグローバル企業を調査した上で、グローバル企業の経営モデルの類型化を試みています。

【2-7-1　ゴシャールの4類型】

グローバル組織	トランスナショナル組織
インターナショナル組織	マルチナショナル組織

縦軸：グローバル統合　横軸：現地適応

グローバル組織	グローバル統合度が高く、ローカル適応度が低いタイプで、各国市場に標準化した商品を展開します。グローバルレベルの効率性を達成するために、本社に集約された経営を通じ、コスト優位性を築く戦略をとります。
マルチナショナル組織	グローバル統合度が低く、ローカル適応度が高いタイプで、各国市場の違いに対応して事業を展開します。強力な現地子会社を持つなど、国別に競争優位を追求する戦略をとります。
インターナショナル組織	グローバル組織とマルチナショナル組織の中間に位置づけられます。本社の持つ知識や能力、技術を各国へ移転・共有して適用させることで、世界規模の学習を通じ、売上向上やコスト削減を図る戦略をとります。
トランスナショナル組織	グローバル統合の効率性とローカル適応の競争優位性を同時に実現していくことを志向するタイプです。本社と海外子会社、あるいは子会社同士に相互依存性を持たせ、ナレッジや能力の共同開発を進めます。また、本社は各国に経営資源や能力を分散させつつ、各国子会社は専門的立場から世界的に統合されたオペレーションを展開します。

② パールミュッターのEPRGプロフィール

企業のグローバル化の発展段階を示すものとして、パールミュッターはEPRGプロフィールという4つの分類を提唱しています。それぞれ本国志向型（Ethnocentric）、現地志向型（Polycentric）、地域志向型（Regiocentric）、世界志向型（Geocentric）に分類されます。このうち世界志向型の企業では、「収益性と現地での受容」が同時に重視され、ゴシャールの4類型におけるトランスナショナル組織と類似のコンセプトを持ちます。つまり、これらを含め類似のコンセプトが多く提唱されており、統合と現地適応との両立がグローバル経営の課題となっています。

本国志向型 (Ethnocentric)	経営の意思決定をすべて本国で行い、現地ではローカル人材は登用せず、本社がコントロールする志向にある企業。多くの日本企業が該当。
現地志向型 (Polycentric)	現地での意思決定に権限委譲するタイプ。
地域志向型 (Regiocentric)	アジア圏、北米圏といった地域単位での意思決定にシフトしたタイプ。
世界志向型 (Geocentric)	グローバルに経営資源を共有し、本国と外国の関連会社が全社的に統合された理想形を具現化しているタイプ。

3 新興国市場のグローバル戦略

　現代においては、アジアや南米など新興国市場の急速な成長が目覚ましく、それに伴いグローバル戦略の考え方も変化しています。同様に、安価な労働力や原材料の調達先という開発途上国に対する位置づけから、消費地、あるいはイノベーションの創出地として捉え直す戦略的なアプローチも提唱されています。

❶ BOP市場に対するアプローチ

　新興国市場の中でも、BOP（Bottom of the Pyramid）と呼ばれる市場が注目されています。BOPとは所得階層を構成するピラミッドの底辺を占める低所得者層を形容する言葉です。BOP市場は、従来は援助の対象として捉えられてきましたが、近年では潜在成長性を持つ新たな市場として捉え直されています。これらの市場では、地方ゆえの独占状態、モノや情報の不足、強力な中間搾取業者の存在など「貧しいがゆえの不利益」を被っているケースが多く、先進国の企業が適正な価格で製品・サービスを提供することで、それらの不利益を打破するチャンスとして捉えられています。

❷ 新興国発のイノベーション

　ダートマス大のビジャイ・ゴビンダラジャンらは、「途上国で生まれたイノベーションが先進国に逆流する」というコンセプトを唱え、リバース・イノベーションと名付けています。伝統的なグローバル戦略では、先進国向けに最適化した製品を新興国向けに改良するアプローチをとりますが、リバース・イノベーションでは、性能、インフラ、持続可能性、規制、好みなどの先進国と新興国とのギャップを解消すべく、白紙の状態からイノベーションに取り組むべきであると主張しています。そして、伝統的な考え方を捨て、新興国向けのソリューションをゼロから創造していく過程で先進国にも受容されるイノベーションが生まれるとしています。

過去問 トライアル解答　オ

　日本企業が海外への直接進出を始めた1960年代から1970年代には、欧米の企業と異なる海外直接投資の特徴が見られた。高度成長期の日本企業の基本戦略は、拡大を続ける巨大な国内市場への対応にあったため、海外進出よりも輸出による海外市場開拓を志向する傾向が強かったからである。現在ではそれらの特徴も薄らぎ、日本企業はグローバルな事業展開を目指すようになっている。

⇒◯

8 企業経営の最終目標
ゴーイングコンサーン

学習事項 事業再生，リストラクチャリング，事業承継

このテーマの要点

企業経営の最終目標

　ゴーイングコンサーンは、会計上では企業が将来にわたって継続していく前提のことであり、売上の大幅な減少や債務超過等によって企業の存続が危ぶまれないように企業が果たすべき社会的責任といえます。様々に立案される経営戦略や事業戦略は、ゴーイングコンサーンのためになされるということもできます。経営環境の悪化により業績が不振になることで、健全な企業経営が損なわれる危機に見舞われることがあり、事業再生やリストラクチュアリング策を講じて危機を回避することが必要になるときがあります。

　一方、中小企業経営の場合はゴーイングコンサーンに事業承継がかかわることもよくあります。所有と経営が実質的に一致している中小企業では、少子化や子どもが後を継ぎたくない等の理由で後継者不在となることが企業存続に大きな影響を与えます。

　本テーマでは、全社戦略の最後にゴーイングコンサーンのための戦略について学習します。

過去問 トライアル	平成26年度　第4問
	事業承継
類題の状況	R05-Q6(再)　R03-Q3　H30-Q4　H29-Q6

　A社は、現社長が高齢化したために、家族や親族以外の者への事業承継をＭＢＩ（management buy-in）によって行うことを検討している。ＭＢＩに関する記述として、最も適切なものはどれか。

ア 現社長と役員は、投資ファンドから資金を調達し、現経営陣を支援してもらう。

イ 現社長は、社外の第三者に自社株式を買い取らせ、経営を引き継いでもらう。

ウ 現社長は、投資ファンドに自社株式を買い取ってもらい、経営を外部から監視してもらう。

エ 現社長は、長く勤めた営業部長に自社株式を買い取らせず、経営を引き継いでもらう。

オ 現社長は、長く勤めた営業部長や経理課長に自社株式を買い取らせ、営業部長

に経営を引き継いでもらう。

1 事業再生

事業再生とは、地域経済活性化支援機構の定義では、「有用な経営資源を有しながら、過大な債務を負っている事業者について、債務を整理する等財務の再構築を図るとともに、事業の見直しや再構築によって、十分な事業利益の確保を図ること等により、事業が競争力を回復し持続可能になるようにすること」とあります。

具体的な手法としては、「事業を再構築して十分な利益が確保できるようにする」、「過大な債務の削減などにより財務体制を再構築する」などが挙げられ、金融機関への債務返済スケジュール見直し要請を含めた事業の全社的な体制の立て直しを図ることになります。

2 リストラクチャリング

リストラクチャリングとは、事業構造の再構築を意味します。多角化によって、組織がついていけずに硬直化したり環境変化への対応力が弱まったりして、計画通りの事業展開ができない場合があります。その対策として、環境変化に対応できるように組織構造や事業体制を再構築する必要があるのです。

また、景気後退局面などでは、収益性の低い既存事業の撤退・縮小により経営資源の効率的活用を図る場合にも、リストラクチャリングが行われます。

リストラクチャリングは、一般的には人員削減など否定的な言葉として使用されることが多いですが、本来の意味は企業の継続的発展を図るための事業構造の再構築です。

3 事業承継

中小企業は所有と経営が実質的に一致しているため、事業承継においては経営者が交代するだけなく株式の移行も不可欠です。後継者を親族内から選ぶ親族内承継が一般的ですが、少子化や子どもが後を継ぎたくない等の理由で後継者不在が大きな問題となっているため、親族以外の第三者へ承継させる手法も注目されています。この場合は経営権だけの承継ではなく所有権の移転も必要となり、M＆Aの形式をとることになります。このような手法として、誰に所有権を移転させるのかによって以下のような分類があります。

MBO （management buy-out）	会社の株式を役員に譲渡し、会社の所有権と経営権を移転させる
EBO （employee buy-out）	会社の株式を従業員に譲渡し、会社の所有権と経営権を移転させる
MBI （management buy-in）	投資家や投資ファンドに株式を譲渡し、譲渡先は外部から経営者を送り込み、経営改善を行って企業価値を高め、キャピタル・ゲインを狙う

4 ファミリー・ビジネスとスリー・サークル・モデル

　ファミリー・ビジネス（同族企業）とは、一族が株式または議決権の最大部分を握り、1人または複数の親族が経営の要職についている企業を指します。ファミリー・ビジネスを分析する基本的なモデルに、「ファミリー（家族）」、「オーナーシップ（所有）」、「ビジネス（経営）」からなるスリー・サークル・モデルがあります。ファミリー・ビジネスにかかわる人間はすべて、3つのサークルが作る7つのセクターのいずれかに該当します。

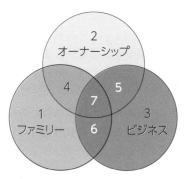

過去問 トライアル解答　　イ

☑チェック問題

　事業構想に合わせて不採算分野を縮小し、成長分野への経営資源の重点投入を図ることは、リストラクチャリングのあり方として適切である。　　⇒○

第 3 分野

事業戦略

事業戦略

1 各テーマの関連

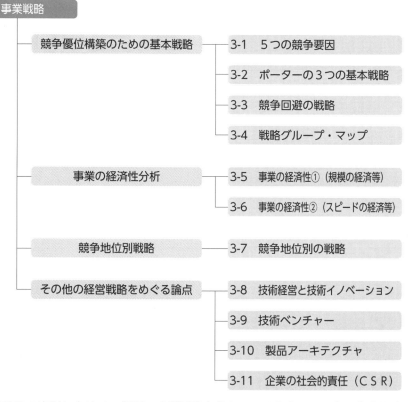

事業戦略

競争優位構築のための基本戦略 ── 3-1　５つの競争要因

　　　　　　　　　　　　　　　　3-2　ポーターの３つの基本戦略

　　　　　　　　　　　　　　　　3-3　競争回避の戦略

　　　　　　　　　　　　　　　　3-4　戦略グループ・マップ

事業の経済性分析 ── 3-5　事業の経済性①（規模の経済等）

　　　　　　　　　　3-6　事業の経済性②（スピードの経済等）

競争地位別戦略 ── 3-7　競争地位別の戦略

その他の経営戦略をめぐる論点 ── 3-8　技術経営と技術イノベーション

　　　　　　　　　　　　　　　　3-9　技術ベンチャー

　　　　　　　　　　　　　　　　3-10　製品アーキテクチャ

　　　　　　　　　　　　　　　　3-11　企業の社会的責任（ＣＳＲ）

　全社戦略の実現に向けて、個別の事業展開を考えるのが事業戦略です。事業戦略の分野では、各事業の特定分野の中で、どのように競争優位のポジションを構築していくのかを学習します。具体的には、競争要因の分析（「３－１　５つの競争要因」）、「３－２　ポーターの３つの基本戦略」、「３－３　競争回避の戦略」、「３－４　戦略グループ・マップ」といった基本理論を学び、競争のメカニズムを確認します。さらに、業界内でのポジションに基づく４つの戦略（「３－７　競争地位別

の戦略」）も解説します。その他、技術経営（MOT）における「3-8　技術経営と技術イノベーション」や「3-10　製品アーキテクチャ」、最近のテーマとして「3-9　技術ベンチャー」や「3-11　企業の社会的責任（CSR）」など経営戦略をめぐる論点を多面的に見ます。

2　出題傾向の分析と対策

❶ 出題傾向

#	テーマ	H26	H27	H28	H29	H30	R01	R02	R03	R04	R05
3-1	5つの競争要因	2	1				1	1	1		2
3-2	ポーターの3つの基本戦略			2				1	1		
3-3	競争回避の戦略				1	1					2
3-4	戦略グループ・マップ				1						
3-5	事業の経済性①（規模の経済等）	2			1		1				1
3-6	事業の経済性②（スピードの経済等）		1								
3-7	競争地位別の戦略				1					2	1
3-8	技術経営と技術イノベーション	2	1	1		3	1	1		2	2
3-9	技術ベンチャー	1	1		1	1					
3-10	製品アーキテクチャ		1	1	1		1				1
3-11	企業の社会的責任（CSR）	2				1			1	3	2

❷ 対策

　全体としては、「事業戦略論」と「技術経営（MOT）」が出題の大きな柱となっています。

　「事業戦略論」の出題傾向としては、「5つの競争要因」と「ポーターの3つの基本戦略」に関する出題が理論面では一番多いといえますので、まずはこの基本理論をしっかりと習得することが重要です。過去の出題では基本的な知識を問われる問題は少なく、企業の具体的な戦略に沿った応用問題が多くなっています。本テキストで取り上げた基本理論をしっかりと習得し、どの知識が使われているのかをつかむことが攻略のポイントとなります。

　「技術経営（MOT）」に関する問題は、現象面を含めたかなり幅広いテーマで毎年出題されています。技術経営の分野は、テクニカルタームも多く基本事項の理解

3

事業戦略

が難しい面もありますが、技術経営の現象面を把握するには基本事項の理解が不可欠なので、本テキストで取り上げた項目をきちんと理解できるようにしましょう。

　また、「企業の社会的責任」、「事業の経済性分析」も頻出論点であり、本テキストレベルの知識は習得して対応できるようにしてください。特に、「事業の経済性②」で取り上げられている「連結の経済」や「スピードの経済」は、2次試験の事例でもテーマとして出題されていることから、単に理論レベルでなくM＆Aなどの実例などと関連させて理解することが大切です。

MEMO

競争優位構築のための基本戦略

5つの競争要因

学 習 事 項 5つの競争要因

このテーマの要点

競争優位のポジションニングを構築する

企業が競争優位を確保するためには、魅力的な業界を選択し、その業界で有利なポジションを構築する必要があります。マイケル・ポーターの「5つの力」は、企業が位置する事業分野の競争要因を分析するフレームワークであり、業界を取り巻く外部環境も考慮に入れて、業界全体の収益性や競争優位のポジションを明確にします。

過去問 トライアル	令和元年度　第6問
	業界の構造分析
類題の状況	R05-Q3　R05-Q5(再)　R03-Q6　R02-Q3　H27-Q4　H26-Q2 H26-Q3　H23-Q4　H23-Q8　H22-Q10　H21-Q3　H19-Q3 H18-Q1　H18-Q3(3)　H18-Q5　H15-Q6　H14-Q9

「業界の構造分析」の枠組みに基づいて想定される、既存企業間での対抗度に関する予測として、最も適切なものはどれか。

ア　業界の成長率が高いと、製品市場での競合が激化して、業界全体の潜在的な収益性は低くなる。

イ　顧客側で生じるスイッチングコストが高い業界では、製品市場での競合が緩和されて、業界全体の潜在的な収益性は高くなる。

ウ　固定費が高い業界では、製品市場での競合が緩和されて、業界全体の潜在的な収益性は高くなる。

エ　事業戦略の方向性という点で、多様なバックグラウンドを有する企業が事業を展開する業界では、製品市場での競合が緩和されて、業界全体の潜在的な収益性は高くなる。

オ　退出障壁が高いと、製品市場での競合が緩和されて、業界全体の潜在的な収益性は高くなる。

1 5つの競争要因の特徴

　5つの力（Five Forces Analysis）とは、マイケル・ポーターが提唱した企業が位置する事業分野における競争要因を分析するフレームワークです。

　5つの力とは、①業者間の敵対関係、②新規参入の脅威、③代替品の脅威、④売り手の交渉力、⑤買い手の交渉力のことを指します。

【3-1-1　5つの競争要因】

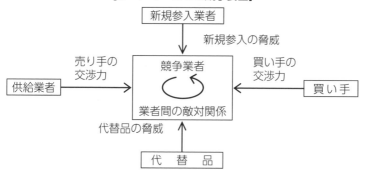

[1] 競争業者（業者間の敵対関係）

　①同規模の企業が多い、②市場の成長スピードが遅い、③固定費や在庫コスト負担が高い、④製品差別化がないか買い手変更のコストが低い、⑤生産キャパシティを小刻みに増やせない、⑥競争業者がそれぞれ異質な戦略を持つ、⑦戦略がよければ成果が大きい、⑧撤退障壁が大きい、などで競争が激化します。

[2] 新規参入業者（新規参入の脅威）

　①規模の経済性、②製品差別化、③巨額の投資、④仕入先を変えるコスト、⑤流通チャネルの確保、⑥規模とは無関係なコスト面での不利、⑦政府の政策、などで参入障壁が高まります（新規参入の脅威を抑制します）。※詳細は後述のテーマ「3－3　競争回避の戦略」で説明します。

[3] 代替品（代替品の脅威）

　①現在の製品よりも価格対性能比がよくなる傾向を持つ製品、②高収益をあげている業界によって生産されている製品、などで代替品の脅威が高まります。

[4] 買い手（買い手の交渉力）

　①買い手が少なく、売り手の総取引量の多くを購入する、②買い手の購入する製品が買い手のコストまたは購入物全体に占める割合が小さい、③買い手の購入する製品が標準品または差別化されていないもの、④買い手にとって取引先を変えるコストが安い、⑤買い手が川上統合に乗り出す姿勢を示す、⑥売り手の製品が買い手

の製品の品質に与える影響が小さい、⑦買い手が十分な情報を持つ、などで買い手の交渉力が高まります。

[5] 供給業者（売り手）（売り手の交渉力）

　①売り手が買い手側よりも少数の企業によって占められている、②別の競合する代替製品と戦う必要がない、③買い手が売り手にとって重要な顧客でない、④供給業者の製品が買い手の事業にとって重要な仕入品である、⑤供給業者グループの製品が差別化された特殊製品であって、他の製品に変更すると買い手のコストが増す、⑥供給業者が川下統合に乗り出すという姿勢を示す、などで売り手の交渉力が高まります。

過去問 トライアル解答　**イ**

☑チェック問題

　自社が必要とする部材の供給企業が減少すると、競合企業との競争のため調達価格がつりあがりやすいので、代替的な部材の調達や自社開発を検討することも視野に入れておくことが重要になる。　　　　　　　　　　　　　　⇒○

MEMO

2 競争優位構築のための基本戦略
ポーターの３つの基本戦略

学習事項 コスト・リーダーシップ戦略，差別化戦略，集中戦略

このテーマの要点

競合他社に打ち勝つための３つの基本戦略をつかむ

全社戦略の実現に向けて、個別の事業展開を考えるのが事業戦略です。競合他社に対して競争優位性を構築するための競争戦略は、事業戦略の中心的なテーマです。

ここでは、競争優位を築くポーターの３つの基本戦略（コスト・リーダーシップ戦略、差別化戦略、集中戦略）を確認していきます。

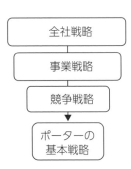

過去問トライアル	平成22年度　第2問
	優れた業績をあげている企業の特徴（ポーターの３つの競争戦略の視点）
類題の状況	R03-Q7　R02-Q4　H28-Q5　H28-Q6　H24-Q5　H23-Q5　H23-Q6　H19-Q6　H16-Q3

どの業種にもいわゆる勝ち組と負け組が見られる。激しい競争にもかかわらず他社よりも優れた業績をあげている企業の特徴に関する記述として、<u>最も不適切なものはどれか</u>。

ア ある通信機器メーカーでは、生産を国内工場に集約して生産現場で厳格な品質管理体制をとり、堅牢な機器と先進的なデータ処理を売りに、顧客の信頼を得ながら業界水準よりも高い価格で売り上げを伸ばしている。

イ ある町工場では単品物の受注に特化しているが、熟練を活かした加工技術を武器に、あらゆる注文に応えられる受注生産体制を敷いて、特定業種にこだわらない受注先を確保している。

ウ 健康食品を製造販売しているある企業では、顧客からのダイレクトな注文や問い合わせに応えるべく、コールセンターの充実を図るとともに、それを基にした顧客データベースを活かして、逆に顧客への情報発信を行い、顧客との強い信頼関係の構築を目指している。

エ 創業間もない中小化粧品メーカーでは、肌に潤いを与える希少な天然素材を活用した高価な基礎化粧品に絞り込んで、全国的な広告宣伝と大手百貨店や量販店

への出店を目指している。

オ 激しい価格競争と急激な利益率低下のため大手の電子機器メーカーが撤退した市場で、ある中堅メーカーでは海外企業からの低価格な中間財の調達と自社が得意とする実装技術を活かして、実用本位の機能に絞り込んだ低価格製品で安定した売り上げを確保している。

1 ポーターの３つの基本戦略

ポーターは、競争優位を築く**３つの基本戦略**（Three Generic Strategies）を唱えています。下記の図表はこの基本戦略のフレームワークであり、横軸で競争優位の源泉を低コストと差別化に区分し、縦軸で競争の範囲を区分しています。

通常は、下の２つの象限（コスト集中、差別化集中）を合わせて集中戦略とし、**差別化戦略**と**コスト・リーダーシップ戦略**を含めた３つを基本戦略としています。企業は、この３つの基本戦略のうち少なくとも１つの分野において卓越した戦略を構築することが、競争優位に立つために必要であるとされています。

【3-2-1　3つの基本戦略】

		競争優位のタイプ	
		低コスト	差別化
標的市場の幅	広い（全市場）	コスト・リーダーシップ戦略	差別化戦略
	狭い（特定市場）	集　中　戦　略	
		（コスト集中）	（差別化集中）

[1] コスト・リーダーシップ戦略

コスト・リーダーシップ戦略は、競合他社よりも原材料・生産・流通・販売・管理などのコストを低く抑えることを追求します。業界全体を対象に、規模の経済や経験曲線効果もしくは学習効果などにより、コスト優位のポジションを獲得するものです。

同じ業界内で複数の企業がこの戦略を追求すると業界全体が過度の価格競争に陥る危険性があります。

シェアの獲得を最優先に置くため、標準化による効率化や大量生産によるコスト低減などが課題となります。

[2] 差別化戦略

差別化戦略は、顧客に対して競合他社とは異なる価値を提供する戦略です。製品やサービスなどで競合他社と差別化を図り、特異なポジションを獲得するものです。

3

事業戦略

差別化戦略の方向性は、製品やサービスの他、デザインやアフターサービス、ブランド、立地条件、販売チャネルなど多様です。この戦略を実現することができる企業は、価格競争を回避し、高いプレミアム価格（割増価格）を顧客に提示することができます。

競合他社に模倣されないことが成功の要件となるため、他社にはない付加価値を提供できるかどうかが課題となります。

[3] 集中戦略

集中戦略は、ニッチ戦略、焦点化戦略、特化型戦略とも呼ばれます。コスト集中か差別化集中に分類され、特定の市場セグメントや流通チャネルなどに集中してコスト低減を図るか、差別化を図っていくか、もしくはその両方を目指すものです。

集中戦略を目指す企業は、業界全体における競争優位は構築できなくても、特定市場において競争優位を獲得することができます。

特定の分野に集中させるため、一定規模以上の市場規模を持つもので、自社の強みを発揮できる分野を選択することが課題となります。

⚷ Keyword

▶　先発優位

他社に先駆けて市場に参入することで享受できるメリットのこと。（同義語：先行者利益）

▶　後発優位

先発企業に比べて投資リスクの抑制などを享受できるメリットのこと。

過去問 トライアル解答　▶　エ

☑チェック問題

どのような差別化による優位をつくるかを考える際には、通常、環境の変化だけではなく自社の強みと顧客の範囲をどのように捉えて定義するかが重要である。　　　　　　　　　　　　　　　　　　　　　　　　　　　　　⇒○

3 競争優位構築のための基本戦略
競争回避の戦略

学 習 事 項 競争回避の戦略の特徴

(このテーマの要点)

戦わずして勝つ方法がある！

競争回避の戦略とは、既存企業が新規参入しようとしているライバル企業に対し、参入障壁を構築して新規参入を防止することです。

これは先に説明したマイケル・ポーターの5つの力のうち、「新規参入の脅威」に対してとる対策となります。

参入障壁の主なものは、規模の経済性、製品の差別化、初期投資額、流通チャネル、独占技術（特許等）、政府や法規制などがあります。

過去問 トライアル	平成18年度　第6問
	ライバルとの競争回避
類題の状況	R05-Q6　R05-Q4(再)　H30-Q5　H29-Q7　H23-Q4　H19-Q10 H14-Q9

　ライバルに勝つことが戦略の唯一の目的ではない。むしろライバルとの競争を回避し、自社独自の市場地位を強化して収益を獲得することが重要である。そのための方法として、最も不適切なものはどれか。

ア　限られた市場規模の業界に圧倒的な規模の新鋭設備を建設し、市場を占有して市場の魅力を削ぐ。

イ　競争優位の源泉となる生産工程をブラックボックス化し、コストと品質の強みを守る。

ウ　戦略的提携やM＆Aによって、鍵となる技術や資源を保有する他社を自社の影響下に囲い込む。

エ　低価格による競争力を武器に市場シェアを高めながら、高級ブランド・イメージを構築し、独自な市場地位を確立する。

オ　特許申請や社内ノウハウの管理を厳重に行って自社技術の漏洩を防いで、他社

の参入を阻止する。

1 競争回避の戦略の特徴

競争回避の戦略は、先に説明したマイケル・ポーターの5つの力のうち、「新規参入の脅威」に対してとる対策です。新規参入を防止する阻害要因として、下記のような参入障壁が考えられます。

[1] 規模の経済性

規模の経済性とは、一定期間内の生産量増加に伴い、製品1単位当たりのコストが低下することですが、規模の経済性が働いている業界に新規参入しようとすると、コストを低減させるために大量生産を行う必要があります。

新規参入時に大量生産を行うのは非常に困難を伴うため、新規参入者にとって参入障壁となります。

[2] 製品差別化

既存企業がすでに市場で認知されている製品分野に参入を図る場合、参入者は自社製品の優位性を伝えるために、莫大な費用をかけて宣伝活動等を行わなければならず、新規参入者にとって参入障壁となります。

[3] 初期投資額

参入時に、まだ成功するかわからない事業に対して巨額の投資を行わなければならない場合、そのリスクの高い投資は新規参入者にとって参入障壁となります。

[4] 流通チャネル

すでに既存企業により流通チャネルが確立されている場合、参入者がその流通チャネルへの参加に際し多額の費用が必要であったり、独自の流通網を構築しなければならない場合などは、新規参入者にとって参入障壁となります。

[5] 独占技術（特許等）

参入しようとしている業界が、特許などにより保護されている場合は、多額のライセンス料が必要となるなど、新規参入者にとってリスクが大きく参入障壁となります。

[6] 政府や法規制など

国などによって参入に対して許認可制度を適用している場合など、許可を得るまでの時間やコストが多大なものとなり、また、許可されるかどうか不明であることのリスクが、新規参入者にとって参入障壁となります。

3

事業戦略

☑チェック問題

　新規参入企業がもたらす追加的な生産能力は、消費者の購入コストの上昇を抑え、競合企業には売上の減少や収益性の低下をもたらすので、参入障壁の強固さや参入企業への業界の反撃能力を点検することが重要である。　　⇒○

競争優位構築のための基本戦略
4 戦略グループ・マップ

学習事項 戦略グループの特徴，戦略グループの形成要因，業界内の各戦略グループの競争要因

このテーマの要点

業界内で儲かるグループはどこか！

戦略グループとは、同一か類似の戦略をとっている企業のグループのことです。自社がどの戦略グループに入っているのかを認識する必要があります。

また、自社がある業界へ参入しようとするときに、戦略グループを分析し、自社の戦略に適合したグループを選択するのに役立ちます。

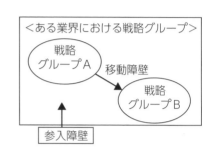

過去問トライアル	平成20年度 第3問
	戦略グループの形成
類題の状況	H29-Q32　H22-Q9

競争を通じて、同業者は似通った戦略をとるグループを形成することがある。このような現象や成立の理由に関する説明として、最も不適切なものはどれか。

ア ある製品分野の生産のために垂直統合を強めると、企業の生産体制や製品ラインは似通ってくるので、戦略グループが生まれやすくなる。

イ いったん戦略グループが形成されると、そのグループから他のグループへの移動は難しくなりがちであるが、グループ内では競争関係は緩和される。

ウ 顧客層と製品ラインの幅を考慮して、最適生産規模を追求したり、共通コストの節約を図ると、次第に一貫した戦略行動になるので、似通った企業の集団が生まれやすくなる。

エ 同一産業内に複数の戦略グループが存在することが少なくないが、これは市場の広がりと製品ラインの絞り込み等が異なるからである。

オ 同一産業内の戦略グループ間で収益が異なるのは、それぞれの戦略グループが直面する脅威と機会が異なるからである。

1 戦略グループの特徴

　戦略グループは、各々固有の移動障壁を持っており、強力な移動障壁を持つ戦略グループは収益性が良好である可能性が高いといえます。競争について言えば、同じ業界に複数の戦略グループがあると、競争は激化する傾向にあります。

　以下の図表は、戦略グループ・マップと呼ばれるものであり、戦略次元、ターゲットなどの軸を使って表します。同一グループに属する企業は、同じような戦略をとっているため、外部環境の変化や業界内での競合の変化に対して、同じような反応をする傾向があります。

【3-4-1　戦略グループ・マップ】

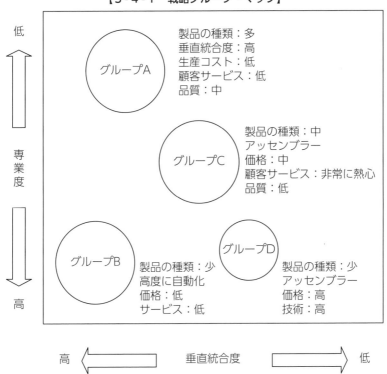

■移動障壁とは
・企業が戦略上、1つの位置から、別の位置へ移動することを妨げる要因

■移動障壁の構成要素
・経済的障壁（製品ラインの広さ、垂直統合の程度など）
・組織的障壁（組織構造や組織特性など）
・戦略的障壁（戦略間の差異など）

■移動障壁を高める主な要素
・規模の経済性
・経験曲線効果によるコスト優位
・高度な製品差別化
・長期安定した流通チャネルとの関係
・政府による法規制

2 戦略グループの形成要因

1つの業界内に戦略グループが形成される主な要因は次の通りです。
・企業の能力や経営資源に差がある、または、時間の経過とともに差が出てくることで、採用する戦略に違いが出る。
・リスクの多い投資を積極的に行う企業とそうではない企業など、企業の目標とリスクに対する考え方が異なる。

3 業界内の各戦略グループの競争要因

業界内の各戦略グループ間における競争の強さを決める要因には、次の4つがあります。
・各戦略グループのターゲット顧客層の重なり合う程度
・各戦略グループの製品差別化の程度
・戦略グループの数とその規模
・各戦略グループ間での戦略上の違いの程度

過去問 トライアル解答　**イ**

☑**チェック問題**

　同業者間に共通する戦略課題について協調を維持すると、やがて戦略の類似性が強まり、新規な戦略の展開が困難になる。　　　　　　　　⇒○

事業の経済性分析
事業の経済性①（規模の経済等）

学習事項 規模の経済，経験曲線効果，範囲の経済

このテーマの要点

コストの抑制には様々な方法がある！

戦略をコストの面から分析する考え方を「事業の経済性」といいます。「事業の経済性」には複数の考え方があり、業界の特性や時代の流れによって注目されるものが変化しつつあります。

ここでは、代表的な①規模の経済、②経験曲線効果、③範囲の経済について学習し、次のテーマで、④スピードの経済、⑤連結の経済を学習していきます。

過去問トライアル	平成14年度　第4問　（設問2）
	規模の経済性をもたらす生産効果
類題の状況	R05-Q4　R01-Q7　H29-Q8　H26-Q5　H26-Q7　H23-Q7 H19-Q3　H18-Q4　H16-Q1　H16-Q12

規模の経済性をもたらす生産効果として、原材料の投入量の伸び率に比べて製品の出荷量の伸び率が増大することが知られている。このような生産効果は一般にどのように呼ばれているか。最も適切なものを選べ。

ア　過剰生産　　イ　技術進歩　　ウ　最適操業度

エ　収穫逓増　　オ　労働生産性

1 規模の経済

規模の経済とは、「一定時点での生産量が大きくなるほど、製品1個当たりのコストが低下すること」をいいます。一般的には大規模な装置産業などで高い効果が生じると考えられます。「たくさん作って値段が下がった」とイメージするとよいでしょう。

換言すると、「大量生産で固定費を賄う」と表現することができます。例えば、ある工場で1日に1,000個の製品を作る場合の電気料金を考えます。工場の1日当たりの電気料金を1万円とすると製品1個当たりの電気料金は、10円(1万円/1,000個)になります。さらに多く作れば作るほど、工場の電気料金に対する製品1個当たりの負担額は少なくなります。

なお、原材料投入量の伸び率よりも製品出荷量の伸び率が増大することを収穫逓増といいます。

2 経験曲線効果

経験曲線効果とは、右グラフのようにある製品の累積生産量(経験量)が増加するにつれ、その製品の単位当たりのコストが低減することをいいます。

これは、労働者の習熟効果(学習効果)のみならず企業としての継続的なプロセス改善、設備改良、技術の進展などあらゆる要素が複合して起こると考えられています。

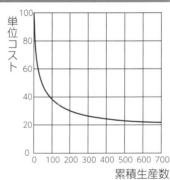

3

事業戦略

● OnePoint 経験曲線効果

ボストン・コンサルティング・グループの調査では、生産だけでなく販売・マーケティングなどの活動においても累積生産量が倍増するごとに、20%〜30%の割合でコストが減少するといわれています。

経験曲線効果が働く業界では、市場シェアを大きくするなど、競合他社に先駆けて生産ノウハウを積み上げ、コスト優位を築くことが重要となります。

規模の経済と同様、製品ライフサイクルが成長期を迎えるとメリットを生み出します。

　範囲の経済とは、「複数の事業を別々の企業が行った場合の総費用よりも、多角化した企業の内部で行った場合の総費用が低くなること」で、シナジーとほぼ同義の概念です。

　例えば、化粧品事業を行っている会社が健康食品事業を立ち上げる場合のように、同じ材料や同じ技術などがある場合には実質的な範囲の経済が見られます。言い換えると「経営資源の多重利用」とも表現できます。

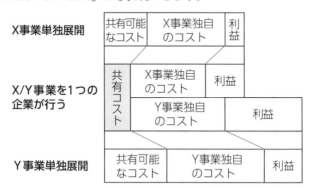

過去問 トライアル解答　**エ**

☑チェック問題

　最適生産規模を超えると、一般的に現有生産技術の生産性が低下し生産コストが上昇する。また、単一大規模設備に異なる技術を混在させると効率が低下することがあるので、新規技術は規模の経済を阻害することのない制御可能なものに限定されがちである。　　　　　　　　　　　　　　　　　⇒○

MEMO

6 事業の経済性分析
事業の経済性②（スピードの経済等）

学習事項 スピードの経済，連結の経済

このテーマの要点

スピードと外部連携で経営効率を高める！

戦略をコストの面から分析する考え方を「事業の経済性」といいます。「事業の経済性」には複数の考え方があり、業界の特性や時代の流れによって注目されるものが変化しつつあります。

前回は、①規模の経済、②経験曲線効果、③範囲の経済について学習しました。ここでは、④スピードの経済、⑤連結の経済を学習していきます。

過去問 トライアル	平成24年度　第4問
	タイムベース戦略（スピードの経済関連）
類題の状況	H27-Q5　H25-Q4　H21-Q17　H19-Q10　H18-Q3⑴ H17-Q6　H16-Q9　H15-Q10

いかに早く競争力のある製品を開発し、市場に供給するか、という時間をめぐる競争はタイムベース競争と呼ばれている。そのような競争をめぐる問題点や考慮すべき点に関する記述として、最も適切なものはどれか。

ア 商品購入時にユーザー登録をしてもらって利用特典を与える販売方式は、バージョンアップした自社商品への乗り換えを難しくするので、その企業の商品の普及スピードを鈍化させることになる。

イ 生産リードタイムの短縮によって、原材料の在庫の回転率があがるが、生産コストに変化はなく、収益も変わらない。

ウ 先発して市場に参入すれば、有利な立地や優秀な人材を先取りできるばかりではなく、市場動向に素早く対応して、売り上げが増大する可能性が高くなる。

エ 他社に先駆けて特許等で参入障壁を築いて防衛的地位を固めると、ニッチ市場に入り込んでしまい、市場の変化に取り残されてしまうことになる。

オ 他社の競合品よりも多くの量の自社製品をすばやく生産することを続けると、単位あたりコストが増大し、市場競争で劣位に立たされることになる。

1 スピードの経済

スピードの経済とは、情報の活用により不確実性をなくして無駄を取り除き、様々なスピードを上げることで得られる経済的な便益のことです。

これらのスピードには、情報獲得のスピード、仕事のスピード、商品回転のスピード、商品開発のスピードなどがあります。

現在、情報技術の急速な進歩によって情報の伝達速度は飛躍的に上昇しています。例えば、消費者が情報技術の急速な進歩に反応し、嗜好が変わり、ヒット商品が変化するとします。その場合、企業にはその消費者の変化に迅速に対応できる意思決定の'スピード'が要求されるため、対応できない企業は競争優位性を失うことになります。

2 タイムベース戦略

タイムベース戦略は、「スピードの経済」の概念に基づき、様々な時間を短縮することで経営効率を高めるだけでなく、効果的な顧客サービスも生み出します。

タイムベース戦略における時間短縮の効果には次の4つがあります。

- コストの削減（生産リードタイム短縮による原材料費の削減など）
- 売上の増大（開発・生産・販売のリードタイム短縮による売り損じの減少など）
- 利益率の向上（顧客への迅速なサービス、ブランド認知などによる付加価値の向上など）
- リスクの低減（生産リードタイム短縮による売れ残りリスクの低減など）

3 連結の経済

連結の経済とは、複数の企業組織間のネットワークの結びつきが生む経済的効果をいいます。

具体的には、連結によって複数企業が有機的に結合し、知識や技術など特に知的経営資源が共有される場合などに生じます。自社に不足する経営資源を企業外部の経営資源により補完するともいえます。

「規模の経済」や「範囲の経済」は、競争市場に直面している個々の企業における経営資源の投入（インプット）局面を対象にしていますが、「連結の経済」は、複数企業の協力関係を基礎にして、共有資源の創出による投入（インプット）および産出（アウトプット）の両局面における経済性を対象にしているのが特徴です。

この動きは、「連合」、「提携」、「統合」、「事業基盤の共有」、「合併」だけでなく、「アウトソーシング」や「バーチャル・コーポレーション」なども含まれることがあります。

3

事業戦略

☑チェック問題

　スピードの経済が重要になるにつれて、開発から販売に至るプロセスをいかに早く推進するかというタイムベースの戦略が注目されるようになった。タイムベース戦略は新たなブランド・イメージを形成するのに有効である。　　⇒○

競争地位別戦略
競争地位別の戦略

学習事項 リーダー，チャレンジャー，フォロワー，ニッチャー

このテーマの要点

ターゲット市場に対してどのポジションで戦えるのか！

フィリップ・コトラーは、業界内での企業の地位を、市場占有率に基づいて、リーダー、チャレンジャー、フォロワー、ニッチャーに分類し、それぞれの地位に応じた戦略をとることが望ましいと主張しています。ここでは、その4つの戦略の特徴を見ていきます。

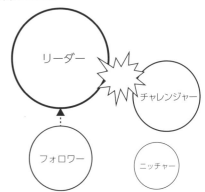

過去問 トライアル	平成24年度　第6問
	競争地位別の戦略
類題の状況	R05-Q5　R04-Q4(1)(2)　H28-Q7　H23-Q6　H16-Q10 H16-Q14　H15-Q4　H15-Q9

企業は自社の業界における相対的な地位を踏まえて競争戦略を展開することが重要である。そのような競争戦略に関する記述として、最も適切なものはどれか。

ア チャレンジャーは、リーダーの高い技術力が生み出した差別化された製品と同質な製品を販売し、リーダーの差別化効果を無効にすることを狙うべきである。

イ ニッチャーは特定の市場セグメントで独自性を発揮できる戦略を遂行して、強い市場支配力を狙うことが必要である。

ウ フォロワーは特定市場でリーダーの製品を模倣しつつ、非価格競争によって収益をあげることが基本戦略になる。

エ ライバル企業に比べて技術力や生産能力に劣るニッチャーの場合、価格競争に重点をおいた販売戦略を幅広い市場で展開することが重要になる。

オ リーダーは周辺の需要を拡大することによって、売り上げの増加や市場シェアの拡大を図ることができるが、その反面で新製品の投入を遅らせてしまうことに

なる。

1 競争地位別戦略の特徴

［1］ リーダーの特徴

　リーダーは、ある業界で最大のシェアを占めている企業です。通常、価格変更、新製品導入、流通範囲、プロモーションなどの面で他社をリードしていますが、その地位を守るには、市場規模の拡大、自社のシェア維持もしくはシェア拡大が必要となります。

　リーダーの基本戦略方針は、「全方位戦略」であり、その戦略定石には、周辺需要拡大、非価格対応、同質化、最適シェア維持があります。

［2］ チャレンジャーの特徴

　チャレンジャーは、ある業界で2位以下に位置し、リーダーに追いつき追い越す野心を持つ企業です。競合他社に攻撃を仕掛けて市場シェアの拡大を図ります。

　チャレンジャーの基本戦略方針は、リーダーができないことをやる「同質化できない差別化戦略」です。

［3］ フォロワーの特徴

　フォロワーは、ある業界で3位以下に位置し、あえて危険を冒すことなく現在のシェアを守ろうとする企業です。業界リーダーに追随し、価格や製品での新規性を持たず合理的な経営を志向します。

　フォロワーの基本戦略方針は、リーダーや他企業に対しての「模倣戦略」が主となりますが、競合企業からの報復を避ける必要があります。

［4］ ニッチャーの特徴

　ニッチャーは、業界の他の企業が見過ごすか無視している小さなセグメントに注力する企業です。市場シェアは小さくても成長が期待できる特定の領域で独自の地位を築こうとします。

　ニッチャーの基本戦略方針は、集中による特定市場での「ミニリーダー戦略」で、製品および価格は高めを狙い、高収益を目指します。

3

事業戦略

[5] 競争地位別戦略の概観図

		リーダー	チャレンジャー	フォロワー	ニッチャー
経営資源	質	高	低	低	高
	量	多	多	少	少
市場目標		①最適シェア維持 ②最大利益確保 ③名声・イメージ確立	市場シェア拡大	生存利益の確保	ニッチ市場における名声、イメージ、利潤
戦略ターゲット (対象市場)		フル・カバレッジ	セミ・フルカバレッジ	経済性セグメント	特定市場
戦略基本方針		全方位戦略	差別化戦略	模倣もしくは集中戦略	(製品市場)特定化戦略
戦略定石		①周辺需要拡大 ②非価格対応 ③同質化 ④最適シェア維持	①対リーダーへの差別化 ②自社と同等以下の企業に対する攻撃	①観察と模倣 ②価格戦略(低価格志向)	特定セグメントにおけるリーダーの地位確保と維持

⚲ Keyword

▶ 周辺需要拡大
　市場そのもののパイを拡大する。

▶ 非価格対応
　競合他社の安売り戦略に簡単には乗らない。

▶ 同質化
　対チャレンジャー戦略であり、経営資源の優位性による模倣・追随により、その差別化戦略を無効にする。

▶ 最適シェア維持
　利益率が良い規模・状態でシェアを維持する。

過去問 トライアル解答　➡ **イ**

☑チェック問題

　中小企業はニッチを狙った戦略がふさわしいと語られることが多い。ある分野で非価格的な競争優位を狙うときニッチ戦略になる。　⇒○

8 その他の経営戦略をめぐる論点
技術経営と技術イノベーション

学習事項 技術経営，技術イノベーション，イノベーションのジレンマ，デファクト・スタンダード

このテーマの要点

技術は現代の経営において中心にある

技術経営（Management Of Technology）は、製品技術とプロセス技術からなる技術戦略を中心に、その他研究開発、知的財産、アライアンス、生産等も活用して、技術を経営に活かす理論です。本テーマでは、技術経営（MOT）の考え方と技術経営に大きな影響を与える技術イノベーションについて学びます。

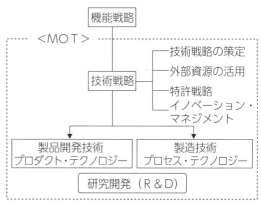

過去問 トライアル	平成27年度　第6問
	デファクト・スタンダード
類題の状況	R05-Q9　R05-Q8(再)　R04-Q9　R04-Q15　R01-Q8　H30-Q8 H30-Q9　H30-Q20　H28-Q10　H26-Q9　H26-Q10 H25-Q18　H24-Q8　H24-Q18　H23-Q9　H23-Q10　H22-Q4 H22-Q6　H22-Q7　H21-Q7　H20-Q7　H19-Q7　H19-Q8 H18-Q3　H17-Q3　H17-Q6　H15-Q2

デファクト・スタンダードに関する記述として、<u>最も不適切なもの</u>はどれか。

ア 自社規格がデファクト・スタンダードとなるためには、競合企業に対して規格をオープンにし、協定を締結することが必要となる。

イ 自社規格がデファクト・スタンダードとなるためには、公的な標準化機関の認定を必要としない。

ウ デファクト・スタンダードとなる規格が登場することによって、多くの企業が同一規格の製品を販売し、機能面での差別化競争や安さを売りにした低価格競争が激化することがある。

エ デファクト・スタンダードとなる規格の登場は、市場の導入期から成長期への

移行を加速させる。

1 技術経営（MOT）

技術経営（MOT）とは、「技術を事業の中核とする企業・組織が、次世代の事業を継続的に創出するイノベーションのマネジメントである」とするものが、経済産業省を主体とした主流の考え方です。つまり、従来の研究開発マネジメント、あるいはエンジニアリング・マネジメントとは範囲と視点が異なります。

企業が技術経営により市場における競争優位性を獲得しても、その優位性を長期的に持続するのは難しいと考えられています。その理由は、技術の進歩が急激なため、保有する技術が片端から陳腐化し、コモディティ化していくからです。

企業間の競争能力は、市場シェアや商品・サービスの性能・仕様等の水準を超える、商品構想力、事業構想力、技術構想力での競い合いに移行し、それによって「技術」と「経営」とをどう考え併せるかがより重要になっています。

MOTの究極の目的は、「技術投資の費用対効果の最大化、また技術の市場化」です。

✧ Keyword

▶ コモディティ化
　競争商品間の差別化特性が失われ、価格や量を判断基準に売買が行われるようになること。

2 技術イノベーション

❶ イノベーション・ライフサイクル

ある製品の技術進歩の過程は、図表3-8-1のように表すことができます。①〜④は、それぞれのステージで必要な技術のタイプです。

① 初期の段階では基礎になる技術が確立していないため、効率的に技術を開発に活かせない可能性があります。

② 次第に知識を蓄積し、挑戦すべき課題と解決策がはっきりしてくると、開発は効率的かつ速くなります。

③ さらに商品の魅力度がアップし、普及が急な局面を迎えます。

④ やがて基盤技術が自然法則に起因する限界に近づき、改善のテンポは落ちていきます。

このS字カーブは事後的に当てはまっても、事前の予測は難しいため有益とはいえないという議論もありますが、イノベーションの進化を考える上では新たな視点

を提供するものとして評価することができます。

【3-8-1　技術進歩のS字カーブ】

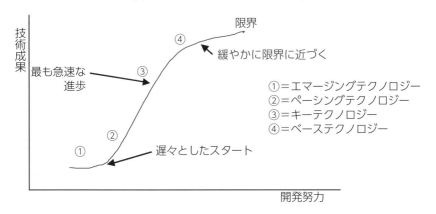

Keyword

▶　テクノロジーの区分
・エマージングテクノロジー（将来、実用化が期待される先端技術）
・ペーシングテクノロジー（競争に与える影響力は大きいが、まだ普及していない技術）
・キーテクノロジー（製品・プロセスへの効果、競争に与える影響力がともに高く、競争優位を構築できる技術）
・ベーステクノロジー（キーテクノロジーが発展した結果、独占的ではなく、市場に普及した技術）

❷ イノベーションのジレンマ

　クリステンセンは、大企業が失敗するパターンの1つとして、技術進歩と市場変化のペースを見誤ることを指摘しています（イノベーションのジレンマ）。図表3-8-2のように、既存の主流顧客（ハイエンドの顧客）の意見を重視するあまり、既存の延長線上で性能を向上させる持続的イノベーションが進むと、時として主流顧客が求める性能以上のものになっていきます。反対に、既存製品より性能面は劣るものの、新たな価値に着目した破壊的イノベーション（低価格、小型、シンプルなど）の技術進歩が進み、いつしか既存の主流顧客までも奪ってしまうことをイノベーションのジレンマといいます。

　破壊的イノベーションに対処するためには、既存の顧客のニーズや、既存の競争企業ばかりに目を向けるのではなく、ゼロベースで新しい価値を組み立てていくこ

とが重要になります。

【3-8-2　イノベーションのジレンマ】

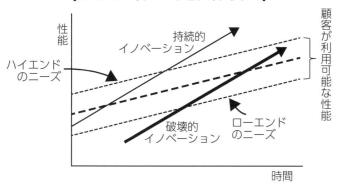

❸ デファクト・スタンダード

　デファクト・スタンダードとは、国際機関や国家、業界団体が会議等で決定する規格（デジュール・スタンダード／公的標準）とは異なり、市場競争を通じて勝ち得た事実上の規格（業界標準）のことです。これは、公的標準を定めるには時間がかかり、事業機会を逸してしまうことになるので、様々な規格について市場競争を行い、最終的に生き残った規格を業界標準とする考え方となります。

　インテルはPCIバスの規格でデファクト・スタンダードとするために技術情報を他社に公開し、提唱した規格の製品の市場への供給量を増やし、最終的に規格を業界標準としました。

　自社規格をデファクト・スタンダードとして残すためには、他社との戦略的提携の方法やネットワークの外部性がカギになります。

3
事業戦略

✎ Keyword

▶　ネットワークの外部性

　そもそもは、利用者が増えれば増えるほど利用者当たりの便益が増加するという通信業界のサービス受益者の効用を測る尺度として考えられた概念であるが、競争市場の経済分析でも適用されることが多い。この場合、3つのレベルがあると考えられている。

・レベル1　直接効果：ネットワークに参加するメンバーが増えれば、メンバー間のやりとりが増加し、メンバーたちの効用が増す
・レベル2　相乗効果：同じ方式に基づくハードとソフトが存在する場合は、一方における直接効果が他方に好影響し、それがまた一方に好影響を与える（ブルーレイディスクレコーダーと映像ソフトの関係）

・レベル3　間接効果：アフターサービスなどのように、受ける人数が増える
　　　　　　　　　　と提供側の規模や経験が増して提供できる質が増え
　　　　　　　　　　るが、これは販売数が増えたことで間接的に効用が増
　　　　　　　　　　す

3　イノベーションと外部組織

　イノベーションに必要な資源を1つの企業体でカバーすることが困難になってきており、企業間ネットワークや大学等のTLO、産学官連携といった外部組織との連携によるイノベーションが重要となります。イノベーションにおける外部組織の役割として、以下のようなことが挙げられます。

企業間分業、協力	川上企業、川下企業、関連産業、競合他社等の外部の企業と協力や分業を行い、新しい製品やサービス、生産技術の開発を行う方法です。自動車メーカーが新車開発で部品メーカーを活用するような「分業・提携」や、競合他社とも協力関係を構築する「デファクト・スタンダードを獲得するための連携」などがあります。
ネットワーク型地域集積	特定の地域に多くの企業が集積した産業集積地において、地域内の企業が柔軟な分業のネットワークを形成してイノベーションを創出することがあります。このネットワークでは、多数の企業が集まり、各々の企業の自立性は維持されながらイノベーションが生み出されます。
情報やアイデアの源泉	ユーザーやサプライヤーが持つ情報や、ゲートキーパー（企業の境界を越えて情報面から仲介する人）から外部の研究者のコミュニティや最新知識を取り込むことは、イノベーションのアイデアを生むために重要となります。このためには、「NIH（Not Invented Here）シンドローム」、すなわち、自らの組織内で取り組んだ技術以外には目を向けず、有用な技術として認めないという技術者によく見られる傾向を乗り越える必要があります。また、大学や公的研究機関等の非営利研究組織とのつながりも重要になってきます。

4　オープン・イノベーション

　企業内部と外部のアイデアを有機的に結合させ、価値を創造することをオープン・イノベーションといいます。企業が単独でイノベーションに取り組む「クローズド・イノベーション」と比較して、下記の特徴を持ちます。

クローズド・イノベーション	オープンイノベーション
最も優秀な人材を雇うべき	社内に優秀な人材は必ずしも必要とせず、社外の優秀な人材と共働すればよい
研究開発から利益を得るためには、発見、開発、商品化まで独力で行う必要がある	外部との研究開発によって大きな価値が創造できる。社内の研究開発は価値の一部を確保するのに必要である
独力で発明すれば、一番に市場に出すことができる	利益を得るためには、必ずしも基礎から研究開発を行う必要はない
イノベーションを初めに市場に出した企業が成功する	優れたビジネスモデルを構築する方が、製品を最初に市場に出すよりも重要である
業界でベストのアイデアを創造したものが勝つ	社内と社外のアイデアを最も有効に活用できたものが勝つ
知的財産権をコントロールし他社を排除すべき	他社に知的財産権を使用させることで利益を得たり、他社の権利を購入することで自社のビジネスモデルを発展させることも考えるべき

3 事業戦略

過去問 トライアル解答　ア

☑チェック問題

　他社に先駆けて新技術の製品を発売するようにしているが、後発の他社にやがてシェアを奪われてしまうので、開発段階に営業部門が参加し、市場のニーズを活かした改良を加えて製品の独自性や魅力を高めるようにした。　⇒○

その他の経営戦略をめぐる論点
技術ベンチャー

学習事項 魔の川（デビルリバー），死の谷（デスバレー），ダーウィンの海

このテーマの要点

研究の成果を産業にするには数多くの障壁がある

自社の研究成果を商品化していくには、「研究」、「開発」、「事業化」、「産業化」の段階があり、その段階に合わせたマネージメントや組織が必要になります。この段階を越えるには大きな障壁があり、順に「魔の川（デビルリバー）」、「死の谷（デスバレー）」、「ダーウィンの海」と呼ばれています。ここでは、このような障壁ができる理由と解決策について理解を図ります。

（『技術経営の考え方』 出川通
光文社新書 p.12～21）

過去問 トライアル	平成27年度　第8問（改題）
	技術ベンチャー
類題の状況	H30-Q12　H29-Q10　H26-Q9　H20-Q7

次の文章を読んで、下記の設問に答えよ。

技術開発型ベンチャー企業が自社開発の技術の成果を商品化していくプロセスは、いくつかの段階に分かれている。研究段階では研究開発チームなどでシーズを創出し、開発段階では研究から開発へと発想転換してマーケティングによる仕様の絞り込みで製品開発に取り組む。そのうえで、開発した製品を市場へ投入して事業化を成し遂げ、事業の拡大を意図した戦略をもとに生産・販売体制の確立を進めていく。しかし、段階を進めていく過程ではいくつかの障壁に直面し、その回避策を考える必要がある。研究段階から事業化に至るまでの障壁には、①基礎研究で開発

されたシーズの社会的な有用性が識別しにくいことによる「デビルリバー（魔の川）」、応用研究と製品開発の間で十分な資金や人材などの資源を調達できない「デスバレー（死の谷）」がある。

　文中の下線部①の「デビルリバー（魔の川）」と「デスバレー（死の谷）」に関する記述として、最も適切なものはどれか。

ア　ＴＬＯなどを活用して大学の技術との連携を積極化するよりも、基礎技術や高い要素技術を必要とする領域に踏み込んで自社技術の開発に注力することが「デビルリバー」の回避につながる。

イ　技術シーズ志向の研究とニーズ志向の開発では、新たなシーズを絞り込む収束型作業から大きなニーズを見つける発散型作業へ切り替えができなければ、「デスバレー」を越えられずに資金的に行き詰まってしまう。

ウ　社内プロジェクトメンバーの担当を入れ替え、商品化や顧客マーケティングに近いメンバーに権限を持たせることは「デスバレー」の回避につながる。

エ　所有している特許権や意匠権などの産業財産権のうち、一部の専用実施権を第三者企業に付与するのを避けることで「デビルリバー」を超える時間の短縮につながる。

1　研究段階のマネージメント

　研究段階は、シーズ発掘の場です。ここでは様々な基礎的な研究が行われ、シーズの創出や各種基礎技術を基盤技術化できるような研究が行われます。

　ここで重要なのは、この段階ではシーズの創出や機能の実現のために数多くの実験と実証を繰り返していくことになるため、実験と実証を行う出発点となるアイデアや意見は幅広いことが求められます。よって、この段階では考え方の範囲を可能な限り広げ、数多くの幅広いアイデアや意見を集める「発散型マネージメント」が求められます。

⚙ Keyword

▶　発散と収束
　発散：考え方の範囲を可能な限り広げて数多くのアイデアや意見をつくること。
　収束：数多くあるアイデアや意見を絞り込むこと。

2 開発段階のマネージメントと「魔の川（デビルリバー）」

開発段階は、製品開発の場です。研究段階で得られたシーズをベースに、あるターゲットに使ってもらえるように製品として絞り込んでいく過程といえます。

この段階は、製品として1つの形にしていくプロセスであるため、同時に実現できないようなアイデアは絞って1つにしていく「収束型マネージメント」が求められます。

上記の研究段階から開発段階へと移る過程で、「魔の川（デビルリバー）」と呼ばれる障壁が生じます。これは、発散型のマネージメントを行う研究段階と収束型のマネージメントを行う開発段階で考え方が異なるために生じます。

よって、この「魔の川（デビルリバー）」を乗り越えるためには、研究成果をベースとしつつもマーケティング部門の権限を高めるなど、プロジェクトの軸足を開発に移すことなどが重要になります。

3 事業化段階のマネージメントと「死の谷（デスバレー）」

事業化段階は、商品販売の場です。この段階では、顧客に向けて購入を促すとともに、市場や顧客の反応をもとに製品の修正が繰り返されます。よって、研究開発部門だけでなく販売・生産・アフターサービスなど多くの組織を巻き込んだ、全社的な展開が必要になります。この事業化段階では、様々なアイデアが必要であり「発散型マネージメント」が求められます。

また、上記の開発段階から事業化段階へと移る過程で、「死の谷（デスバレー）」と呼ばれる障壁が存在します。これは、開発された「製品」を「商品」として市場に投入していくために必要な社内調整や顧客対応が不足する場合に生じます。

よって、この「死の谷（デスバレー）」を乗り越えるためには、マーケティングからセールスに軸足を移すとともに、営業や製造を含めたメンバー構成にするなど顧客対応に向けて連携を高めていくことが必要となります。

4 産業化段階のマネージメントと「ダーウィンの海」

産業化段階は、収益化を図りその企業の主力事業へと導いていく場です。市場に投入した「商品」を収益化につなげるには他社の製品やサービスと競争し、優位に立つことが必要となります。よって、この段階では、競合に勝つための設備や人員、開発などといった投資の判断が必要になります。

上記の事業化段階から産業化段階へと移る過程で、「ダーウィンの海」と呼ばれる障壁が存在します。これは、「競合に勝つための投資や他社連携が十分でない、または、そのための意思決定が遅い」ことによって生じます。

よって、この「ダーウィンの海」を乗り越えるには、自社の優位性を絞り込むとともに、大規模な投資の意思決定や、アライアンスやジョイントベンチャーといった担当分野への特化を図ることが必要となります。

【3-9-1 技術ベンチャーまとめ】

	原因	克服手段
魔の川	・研究はシーズ志向、開発はニーズ志向で、目指す方向性が異なる	・研究成果をベースにマーケティング調査を行い、ターゲットを明確にする ・プロジェクトの軸足を開発に移す
死の谷	・開発は「製品」の開発であり、「商品」とするための顧客対応が不足している	・営業や製造を含めたメンバー構成とし顧客対応ができるようにする ・マーケティングから販売に軸足を移す
ダーウィンの海	・競争に勝つための投資や他社連携が十分でない、または、そのための意志決定が遅い	・大規模な投資または ・アライアンスやジョイントベンチャーにより担当分野への特化を図る

研究：・発散型マネージメント ・シーズ創出、各種基礎技術の基盤技術化
開発：・収束型マネージメント ・マーケティングによる製品仕様絞込
事業化：・発散型マネージメント ・マーケティングからセールスに
産業化：・絞込・集中型マネージメント ・事業部規模への投資、継続的商品投入

5 研究部門と開発部門

研究成果の事業化には様々な障壁が存在しますが、「魔の川」と呼ばれる障壁は研究部門と開発部門では機能的にも組織的にも大きく異なることから生じます。開発部門が事業化や商品化を前提とした活動であるのに対し、研究部門は事業化に直結しない新しい知識の獲得が前提としている点で両者は異なります。また、研究活動は下記のように基礎研究と応用研究に分類されます。

基礎研究：自然・社会活動に関する科学的な知識を獲得するための活動
応用研究：得られた知識を現実に実用化するための活動

過去問 トライアル解答　ウ

　A社では、研究部門と開発部門の2部門をまたぐ仕事が上手くいかないことが多い。これは、両部門では仕事のマネージメントの方向性が異なるため、「魔の川（デビルリバー）」を乗り越えられないでいるからと考えられる。　　　　⇒○

10 その他の経営戦略をめぐる論点
製品アーキテクチャ

学習事項 製品アーキテクチャ，モジュール化，インテグラル型アーキテクチャ戦略

このテーマの要点

製品製造はどのように行われているのか

技術戦略は、製品技術と製造技術に分けられますが、さらにそのうちの製品技術は要素技術と製品アーキテクチャに分類されます。製品アーキテクチャとは、要素技術を組み合わせる技術をいいます。本テーマでは、この製品アーキテクチャについて学びます。

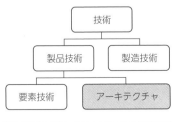

過去問トライアル	平成19年度　第5問
	モジュール化等の競争戦略
類題の状況	R05-Q7(再)　R02-Q13　R01-Q11　H29-Q11　H28-Q11 H27-Q7　H25-Q8　H25-Q18　H22-Q8　H21-Q6　H16-Q11 H15-Q12

製品のモジュール化や開発競争をめぐる問題点や戦略的な適応に関する記述として、最も不適切なものはどれか。

ア 安価な部品やデバイス等を提供する中間財市場が成立するにつれて、製品のモジュール化が進んで、差別化による競争が激化することになる。

イ エレクトロニクス業界では、製品のコモディティ化を抑制する方法として、標準部材市場の成立を遅延させるために製品開発のスピードアップが試みられている。

ウ オープンな特許政策や自社部品の過剰な社外販売を展開すると、自社規格のデファクト・スタンダード化が起こりうるが、その反面で参入した他社との間で製品価格競争が発生して、製品が一挙にコモディティ化する可能性が高まる。

エ 技術の高度化につれて、商品の機能が向上するが、競争激化とともに顧客の支払う対価が低下し、商品ニーズの頭打ちとともに、商品価格の下落がみられるようになる。

1 製品アーキテクチャ

製品アーキテクチャとは、普通に訳すと「基本設計思想」ですが、それを経営戦略に応用すると、「どのようにして製品を構成部品の単位に分解し、そこに製品機能を配分し、それによって必要となる部品間のインターフェース（つなぎ目）をいかに設計・調整するか」を意味します。

代表的な分類として、「モジュール型」「インテグラル型」があり、また「クローズ型」と「オープン型」に分けられます。

【3-10-1　製品アーキテクチャの相互関係】

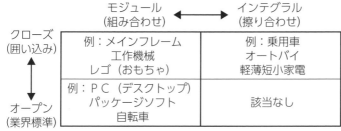

	モジュール （組み合わせ）	インテグラル （擦り合わせ）
クローズ （囲い込み）	例：メインフレーム 工作機械 レゴ（おもちゃ）	例：乗用車 オートバイ 軽薄短小家電
オープン （業界標準）	例：ＰＣ（デスクトップ） パッケージソフト 自転車	該当なし

部品設計の相互依存度

3
事業戦略

🔑 Keyword

▶　要素技術
　自動車におけるエンジン、タイヤ等、構成要素を作る技術。

2 モジュール化

モジュール化とは、「全体システムをあらかじめ明確に定義されたインターフェースにより、相互調整が不要となるような下位システムに分解する」という設計思想です。

機能と構造（部品＝モジュール）との対応関係が1対1に近く、すっきりした形になっているものを指します。

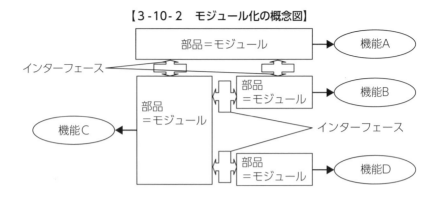

【3-10-2　モジュール化の概念図】

3　インテグラル型アーキテクチャ戦略

　モジュール型製品とは対照的に、機能群と部品群の間の関係が錯綜している製品設計思想を指します。その典型は自動車です。

　自動車が持つ大きな機能として、騒音や振動など「乗り心地」系の機能がありますが、それでは車の乗り心地の良さを達成する特定の部品があるかといえば、そういうものはありません。車を構成するすべての部品の設計を微妙に相互調整することで初めて、トータル・システムとしての「乗り心地」という性能が発揮されます。また、逆に1つのモジュールが多くの機能を担っているといえます。

　ボディやシャーシーは、安全性・居住性・デザイン性・空力特性など、複合的な機能を持ちます。つまり、機能と部品が「1対1」ではなく「多対多」の関係にあるわけです。したがって、各部品（モジュール）の設計者は、互いに設計の微調整を行い、相互に緊密な連携をとる必要があります。それが、インテグラル型の製品です。

　モジュール型は、部品間の「擦り合わせ」の省略により「組み合わせの妙」を活かした製品展開が可能となるのに対して、インテグラル型は逆に、「擦り合わせの妙」で製品全体の完成度を高めることができます。

【3-10-3 インテグラル型アーキテクチャの概念図】

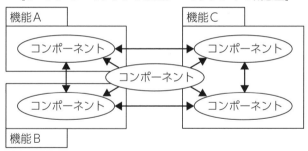

---

4 インテグラル型産業の部品共通化

　製品アーキテクチュアがインテグラル型の産業であっても、部品の共通化といった取り組みがなされています。藤本隆宏教授は、「システムの外部環境や内部構造が変化したとき、そのショックをどの程度吸収してシステム自体の機能を安定的に保てるか」を「フレキシビリティ」と呼び、部品にフレキシビリティを持たせる仕組みを分析しています。

　部品共通化は、

① 社内の複数の製品間での部品共通化

② 複数の部品間で構造的に結合可能な状態にする：少ない品種数の部品の組み合わせによって多様な製品を作り出せるように結合方法を合わせる

③ サブアセンブリーの共通化：最終製品の1つ手前の段階まで複数部品を組み合わせたサブアセンブリーを共通化する

というようなプロセスを経てモジュラー的な部品の方向性へ進展しています。特に、サブアセンブリーのサイズが大きいものを共有化することを「プラットフォーム」と呼び、自動車産業でもプラットフォームを共有化しつつ商品に多様性を持たせるような設計となっています。

過去問 トライアル解答　**ア**

☑チェック問題

　モジュール化が進展すると製品はコモディティ化が進む傾向が強い。国内や海外での市場を分析して、現地のニーズに合った製品の供給体制を構築するなどのコモディティ化への対応が必要である。　　　　　　　　　　　⇒○

その他の経営戦略をめぐる論点
企業の社会的責任（ＣＳＲ）

学習事項 企業の社会的責任（ＣＳＲ），コーポレート・ガバナンス（企業統治）

このテーマの要点

企業は誰にどのような責任を果たすべきか？

企業は、消費者、従業員、株主、取引業者、金融機関、地域社会、政府など、多くのステークホルダー（利害関係者）との相互作用により成立しています。近年、企業はそれらのステークホルダーに対して経済的責任を果たすだけでなく、社会的公器としての役割が期待されています。

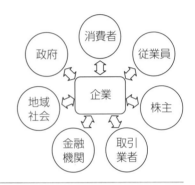

過去問 トライアル	平成21年度　第1問　（設問2）（改題）
	企業の社会的責任（ＣＳＲ）
類題の状況	R05-Q13　R05-Q9(再)　R04-Q5　R04-Q7　R04-Q12 R03-Q13　H30-Q11　H26-Q13　H26-Q20　H25-Q10 H25-Q19　H23-Q18　H22-Q5　H17-Q8

　企業の社会的責任（ＣＳＲ）は企業にとっては重要な戦略課題になっている。企業のあり方を問い直そうとするＣＳＲへの取り組みは、国際的な広がりを示しつつ、大企業のみならず中小企業、さらには企業経営者にとっても重要な経営課題になっている。ＣＳＲをめぐる状況に関する記述として、<u>最も不適切なもの</u>はどれか。

ア　企業価値は株式時価を中心に測定されるが、株価は企業が直接操作できない証券市場で形成されるため、企業価値は具体的な数値目標で表される目的にはなりにくいので、株価にとらわれない自社のビジョンに基づく経営を維持するべく上場を廃止する例が見られるようになっている。

イ　欧州では1976年に経済協力開発機構（ＯＥＣＤ）が「ＯＥＣＤ多国籍企業ガイドライン」を発表し、さらに2000年の改訂ではＣＳＲの範囲を雇用、人権、環境、情報開示、消費者利益などに広げ、指針を設けて自主的な取り組みを求めている。

ウ　長期の不況の中で賃金コストの抑制が図られ、安価な労働力として非正規雇用が増えたが、企業は雇用不安を抑えるべく、近年ではワークシェアリングを盛んに導入している。

エ 近年、ＣＳＲへの取り組みは中小企業にも広がっており、株主、従業員、消費者などを超えて、地域社会をも責任の範囲とする考え方が見られ、他方ではコミュニティ・ビジネスが誕生してきている。

オ フィランソロピーは博愛的な精神に基づく慈善活動行為であるが、米国では富豪によるものが盛んであるのに対して、わが国では企業による社会的貢献活動として実施される傾向がある。

1 企業の社会的責任（ＣＳＲ）

企業の社会的責任（ＣＳＲ：Corporate Social Responsibility）とは、狭義には消費者、従業員、株主、取引業者、金融機関、地域社会、政府などの**ステークホルダー**（利害関係者）との間で成立している法律、契約、規則、商習慣などに基づく義務（つまり、ゴーイングコンサーン：会社が半永久的に利益をあげて、関係者に支払いを行い雇用を守れるようにすること）といえます。

近年では、上記の狭義の社会的責任だけでなく、環境保護、消費者保護、企業倫理、**コンプライアンス**、人権問題などの一般社会からの要請や文化支援活動（メセナ）、慈善事業（フィランソロピー）などの社会貢献活動も社会的責任（広義の社会的責任）と考えられます。

各利害関係者との間に発生する主な社会的責任は以下の通りです。

消費者	（狭義）	代金に対する製品（効用）の提供など
	（広義）	適正価格・品質の製品・サービスの提供など
従業員	（狭義）	労働の対価としての給料など
	（広義）	適正給料、安定雇用、安全で快適な職場環境維持
株主	（狭義）	出資の対価としての配当など
	（広義）	適正配当、株価維持、企業価値向上など
取引業者	（狭義）	原材料供給の対価としての代金など
	（広義）	対等な立場でのパートナーとしての取引など
金融機関	（狭義）	信用供与の対価としての利息など
	（広義）	対等な立場での互恵的取引など
地域社会	（狭義）	事業環境提供の対価としての雇用機会など
	（広義）	生活環境の維持など
政府	（狭義）	インフラ提供の対価としての税金など
	（広義）	適正な納税など

3 事業戦略

▶ 企業市民（corporate citizenship）

　企業が社会の一員として、本来の企業活動とは別に、良き市民として果たすべき社会貢献があるという考え方です。

▶ 　ソーシャル・マーケティング

　マーケティングと社会のかかわりを考えるものであり、非営利組織のマーケティングと社会志向のマーケティングという2つの流れがあります。社会志向のマーケティングは、社会責任のマーケティングと社会貢献のマーケティングに分けられ、「企業の社会的責任（ＣＳＲ）」の視点が導入されています。

2 コーポレート・ガバナンス（企業統治）

　コーポレート・ガバナンスとは、企業統治と訳され、企業を誰がどのように統治するのかを意味するものです。

　これまでのコーポレート・ガバナンスに関する議論は、株主に対する情報開示（ディスクロージャー）や説明責任（アカウンタビリティ）といった株主重視の経営が主眼でしたが、今日では、その視点は以下のように広がっています。

- 経営のチェックを誰が行うか
- タイムリーで公平な情報開示をどのように実施していくか
- 誰がどのように経営陣を選任し解雇するか
- これらの経営システムをどのように作り上げるか、ステークホルダー間の利害調整をどのように図っていくか
- ステークホルダーとの良好な長期関係をどのように構築していくか

過去問 トライアル解答　**ウ**

☑チェック問題

　日本では同業者間で同質な技術や商品の開発競争が激化しやすく、その競争を一挙に海外でも展開する傾向があり、集中豪雨的な進出として批判されることがある。　　　　　　　　　　　　　　　　　　　　　　　　　　⇒○

経営組織論

第 **4** 分野

経営組織①、②

経営組織①

1 各テーマの関連

経営組織①

組織形態の変遷 ─── 4-1 組織原則

4-2 機能別組織・事業部制組織

4-3 マトリックス組織など

個人とモチベーションの理論 ─── 4-4 欲求階層説

4-5 その他の欲求理論

4-6 過程理論

リーダーシップ理論 ─── 4-7 リーダーシップの行動理論

4-8 リーダーシップの二元論

4-9 リーダーシップの状況適応理論

　経営組織①の分野では、まず、一般的な組織形態の特徴を学習します。本テキストでは、最も普遍的な「4－1　組織原則」からスタートし、「4－2　機能別組織・事業部制組織」、「4－3　マトリックス組織」など、事業の拡大や外部環境の変化に合わせて、どのように組織形態が変遷するのかを確認します。

　次に、個人とモチベーションの理論について学習します。本テキストでは、有名な「4－4　欲求階層説」や「4－5　その他の欲求理論」など基本的な理論を解説します。組織に属する個人がどのようにしてやる気を起こすのか、また、どのようなプロセスで動機づけられるのかを「4－6　過程理論」で確認します。

　最後に、リーダーシップ理論について学習します。本テキストでは、「4－7　リーダーシップの行動理論」や「4－8　リーダーシップの二元論」でリーダーの

行動特性を類型化し、そこから優れたリーダー像を追究します。また、「4-9 リーダーシップの状況適応理論」でリーダーの置かれた状況によって、求められるリーダーシップがどのように異なるのかを確認します。

2 出題傾向の分析と対策

① 出題傾向

#	テーマ	H26	H27	H28	H29	H30	R01	R02	R03	R04	R05
4-1	組織原則		1	1	1			1	1	1	1
4-2	機能別組織・事業部制組織			1				2	1	1	2
4-3	マトリックス組織など			3		1					
4-4	欲求階層説				1	1					
4-5	その他の欲求理論		1					1		1	1
4-6	過程理論	1	1				1			1	2
4-7	リーダーシップの行動理論		1					1			1
4-8	リーダーシップの二元論										
4-9	リーダーシップの状況適応理論				1	1	1		1		1

② 対策

　経営組織①の分野では、過去の出題傾向としては、「モチベーション理論」と「リーダーシップ理論」に関する出題が多いといえます。まずはそれぞれの分野の基本理論をしっかり習得することが重要です。過去の出題では知識問題が主ですが、平成23年度1次試験のように細かい論点を問われることがあります。また、「職務特性モデル」や「リーダー・メンバー交換理論」のように新しい分野からの出題もされています。対策としては、本テキストの基本理論を活用して、初見の理論や論点にどこまで対応できるかがポイントとなります。「モチベーション理論」では特に「過程理論」の出題が多いので、論者と内容をきちんと把握しておきましょう。

　その他のテーマとしては、出題頻度は高くありませんが、「組織形態の変遷」に関する内容が出題されています。2次試験対策としては重要なテーマであり、本テキストレベルの知識は習得して対応できるようにしてください。

1 組織形態の変遷
組織原則

組織形態の変遷

学習事項 戦略と組織，組織の基本概念，組織構造の設計原理，組織均衡論

このテーマの要点

組織形成と存続の原則を理解する

　組織は、その戦略目的を達成するために最適な組織を構築しようとします。ところが、その組織構造が組織文化の定着を促進して、戦略を規定するようになります。ここでは、組織の基本概念や設計原理、組織の存続条件について取り上げます。

【組織均衡】

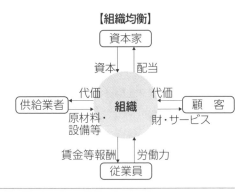

過去問 トライアル	平成24年度　第14問
	組織均衡
類題の状況	R05-Q12(再)　R04-Q14　R03-Q14　R02-Q14　H29-Q14 H28-Q17　H27-Q14　H24-Q12　H23-Q12　H20-Q13 H17-Q12　H17-Q13

　組織が成立・存続していくためには、その協働体系が有効かつ能率的に機能する条件がある。この条件を明らかにした「組織均衡（organizational equilibrium）」の考え方には、5つの中心的公準がある。

　この中心的公準に関する記述として、<u>最も不適切なもの</u>はどれか。

ア　貢献が十分にあって、その貢献を引き出すのに足りるほどの量の誘因を提供しているかぎりにおいてのみ、組織は「支払い能力がある」すなわち存続する。

イ　参加者それぞれ、および参加者の集団それぞれは、組織から誘因を受け、その見返りとして組織に対する貢献を行う。

ウ　参加者のさまざまな集団によって提供される貢献が、組織が参加者に提供する誘因を作り出す源泉である。

エ　組織は、組織の参加者と呼ばれる多くの人々の相互に関連した社会的行動の体系である。

オ　それぞれの参加者は、提供される誘因と要求されている貢献の差し引き超過分が正の場合にだけ、組織への参加を続ける。

1 戦略と組織

　何らかの組織目的を達成するために戦略が策定され、組織が形成されます。また、現在の組織の在り方が戦略に影響を与えます。戦略と組織は密接な関係にあるため、組織構造のデザインは戦略策定と同様に重要です。これに関する有名な2つの命題が提唱されています。

　チャンドラーの「組織は戦略に従う」、アンゾフの「戦略は組織に従う」です。

2 組織の基本概念

① 機能別の分業（水平分業、ヨコ方向）

　組織は機能別に分業し専門性を高めることで生産性を向上させようとします。

② 階層の形成による分業（垂直分業、タテ方向）

　組織は部門の階層を形成して、全体最適を図ろうとします。

③ ライン機能とスタッフ機能

　ライン機能とは、組織の基本的活動（製造、販売など）を担う機能です。スタッフ機能とは、経営企画・財務・人事などラインを支援する機能です。

3 組織構造の設計原理

　組織構造には設計原理があります。

責任・権限一致の原則	各担当職務に応じて責任と権限の大きさは等しく、またそれぞれの職務における責任・権限は明確にすべきであるという原則です。
命令一元化の原則	常に特定の上司から一元的に命令を受けるべきであるという原則です。
統制範囲の原則（スパン・オブ・コントロール）	1人の上司が直接管理できる部下は限られるという原則です。
専門化の原則（分業化）	専門化によって職務が効率的に行われ、分化した仕事に集中することで専門性が高まるという原則です。
権限委譲（例外）の原則	定型化された業務の意思決定は部下に委譲し、上司は非定型業務などの意思決定に集中するべきであるという原則です。

4
経営組織①

4 組織均衡論

組織が成立し、存続するためには均衡を実現することが必要です。

❶ 均衡とは

　均衡とは、組織がその参加者に対して、継続的な参加を動機づけるのに十分な支払いを整えるのに成功していること、組織が生存に必要な経営資源を獲得し、利用できていることをいいます。

❷ 組織均衡の中心的命題

① 組織は、組織の参加者と呼ばれる多くの人々の相互に関連した社会的行動の体系です。

② 参加者それぞれ、および参加者の集団それぞれは、組織から誘因を受け、その見返りとして組織に対して貢献を行います。

③ それぞれの参加者は、彼の提供される誘因が、彼の行うことを要求されている貢献と等しいかあるいはより大きい場合にだけ、組織への参加を続けます。

④ 参加者の様々な集団によって供与される貢献が、組織が参加者に提供する誘因を作り出す源泉です。

⑤ したがって、貢献が十分にあって、その貢献を引き出すのに足りるほどの誘因を供与している限りにおいてのみ、組織は支払い能力があり、存在し続けます。

❸ 経営組織の参加者

　「参加者」は企業組織の場合には、従業員、資本家、供給業者の他、顧客も含まれます。

　資本家の組織に対する貢献は資本提供であり、その誘因は配当等です。従業員の貢献は労働力の提供で、誘因は賃金などの報酬です。供給業者は生産手段を提供し、誘因としてその代価を受け取ります。そして、顧客は、商品を誘因として受け取り、貢献としてその代価を提供します。

過去問 トライアル解答 　オ

☑チェック問題

　管理者の職務に関する事業の範囲やタイムスパンの責任に応じて、組織は階層を設計する必要がある。　　　　　　　　　　　　　　　　　⇒○

2 組織形態の変遷
機能別組織・事業部制組織

学習事項 機能別組織の特徴, 事業部制組織の主な特徴とメリット・デメリット, カンパニー制の主な特徴とメリット・デメリット

このテーマの要点

組織形態の基本パターンをつかむ（その１）

組織は、拡大するにつれて分業が
進み、階層が増えていきます。その
ため、次第に部門間の調整や意思の
疎通が難しくなり、外部環境の変化
への対応が困難となります。ここで
は、最も普遍的な機能別組織からス
タートし、組織形態の変遷を概観し
ます。

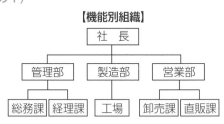

機能別組織とは、機能別に役割分担された組織形態であり、トップを頂点とし
たピラミッド型の階層構造となっています。最も基本的で一般的な組織形態です。

事業部制組織は、本社機能のサポートのもと、各事業単位に事業部が編成され
た組織形態です。本社から各事業部へ大幅に権限が委譲されていますが、分権化
が過度に進むと事業部間の競争が激化し、今度は全社的な判断がしにくくなって
きます。

過去問トライアル	平成28年度 第12問
	機能別組織・事業部制組織・マトリックス組織
類題の状況	R05-Q14 R05-Q11(再) R04-Q13 R03-Q15 R02-Q16 R02-Q17 H25-Q14 H20-Q11 H15-Q17 H14-Q7

機能別組織、事業部制組織、マトリックス組織の特徴に関する記述として、最も
適切なものはどれか。

ア 機能別組織は部門間で緊密な調整が必要な場合に有効であるが、安定した環境
のもとで官僚制的な組織になるという短所がある。

イ 事業部制組織が有効に機能するためには、トップマネジメントが業務的意思決
定から解放され、戦略的意思決定と管理的意思決定に専念できるようにする必要
がある。

ウ 事業部制組織は複数の製品─市場分野を持つ企業が、範囲の経済を実現するの

に適しているが、規模の経済を追求することは難しい。

エ　マトリックス組織は変化の速い環境で部門間の相互依存が高い場合に有効であるが、コンフリクトや曖昧さを許容する組織文化を持たないと効果的に機能しにくい。

オ　マトリックス組織を効果的に管理するためには、1人の部下に対して、機能マネジャーとプロダクトマネジャーが同じ権限を持っていなければならない。

1　機能別組織の主な特徴とメリット・デメリット

機能別組織では、図表のように、管理部、製造部、営業部といった機能に応じて組織が分割されています。規模の経済を達成すべく部門化された組織といえます。

機能別組織のメリットとデメリットは次の通りです。

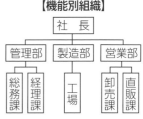

【機能別組織】

① **メリット**
- 分業により専門性が発揮され、効率が上がる。
- 命令系統が明確であり、組織を統制しやすい。
- トップに情報が集約され、大局的な判断がしやすい。

② **デメリット**
- 階層や機能部門が増えると、組織全体に情報が伝わりにくくなり、外部環境の変化に対応しにくくなる。
- 組織の肥大化に伴い、トップが権限委譲を進めると、各機能部門が自らの利益を主張し、社内の対立を生み出す可能性がある。
- 全社的なマネジメントができる人材が育ちにくい。
- トップの負担が重い。

2　事業部制組織の主な特徴

事業部制組織では、事業部と本社ないし本部が区分されます。事業部は、製品・サービスや地域ごとに利益責任を持たされ、その内部は製造や営業などの機能が下位組織として編成されます。次ページの図表は、3つの製品別事業部と企画部（本部、スタッフ機能）で構成されている事業部制組織です。

事業部は期間損益の責任を持つ組織であり、プロフィットセンター（利益責任単位）と呼ばれ、主に投資収益率（ROI）で評価されます。一方、スタッフ機能はコストだけを管理すればよく、コストセンター（費用責任単位）と呼ばれます。

4

経営組織①

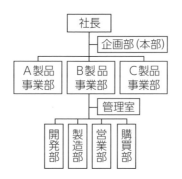

⚷ Keyword

▶ 事業部の評価方法

　近年では、ＲＯＩの他、ＥＶＡ（Economic Value Added：経済的付加価値）、
ＦＣＦ（Free Cash Flow：フリーキャッシュフロー）など、多様な尺度で評価
されています。

3 　事業部制組織のメリット・デメリット

① メリット

- 各事業部が自律的に意思決定できるため、外部環境の変化に対応しやすい。
- 権限委譲が進んでいるため、トップが戦略的マネジメントに専念しやすい。
- 事業ごとの収益が明確になり、採算面での事業評価がしやすい。
- 経営感覚を持った次世代の人材を育てやすい。

② デメリット

- 各事業部が、経営ビジョンよりも目先の利益を優先しやすくなる。
- 事業部間のコンフリクトが強くなり、全社的な判断ができなくなる。セクショ
ナリズムの発生。
- 研究開発などの機能が各事業部で重複して行われる場合、全社的なコストがか
さむ。

4 　カンパニー制の主な特徴

　カンパニー制とは、事業部制組織における各事業部の自律性をさらに高め、擬似
的な独立会社とみなして運営する組織形態です。米国の事業部制における分権化が
進んだインベストメントセンターとほぼ同じです。

　カンパニー制ではさらに社内資本金が設定され、バランスシート経営が導入され

ています。また、各カンパニーは利益責任だけではなく投資責任も持つ**インベスト**
メントセンターとして機能しています。各カンパニーのトップはプレジデントと呼
ばれ、大幅な権限を持っています。

5 カンパニー制のメリット・デメリット

カンパニー制のメリットとデメリットは次の通りです。

① メリット

- カンパニーに大幅な権限委譲を行うため、本社トップは全社的なマネジメント
  に専念できる。
- プレジデントがカンパニー内のすべての人事権を持ち、事業戦略に応じた人員
  配置が可能となる。
- 資金管理や多額の設備投資などもカンパニー単位で実施できるため、外部環境
  の変化にも対応しやすい。

② デメリット

- あくまで疑似的なカンパニーであり、本社トップの意向を無視した経営はでき
  ない。
- 本社財務部門から資金調達するため、独立会社と比較して外部からの資金調達
  が難しい。
- カンパニーの独立性が高く、カンパニー間での連携やシナジーが発揮されにく
  い。

過去問 トライアル解答　**エ**

☑チェック問題

　事業部制組織では、各事業部は独立採算のプロフィットセンターとして管理さ
れるために、複数の事業部にまたがる統合的な製品の開発などは遅れがちにな
る。　　　　　　　　　　　　　　　　　　　　　　　　　　　　　　　⇒○

3 組織形態の変遷
マトリックス組織など

学習事項 マトリックス組織の特徴，マトリックス組織のメリット・デメリット，プロジェクト組織の特徴

このテーマの要点

組織形態の基本パターンをつかむ（その2）

外部環境の不確実性や変化のスピードが高まると、重要な意思決定の再集権化や地域別・職能別・製品別の総合的管理が必要となってきます。このような状況における有効な組織形態がマトリックス組織です。従来の機能別組織におけるタテ割りの機能組織に対し、プロジェクトチームや事業部などのヨコ串を通した格子状の組織形態です。また、チーム制組織をトップマネジメントに直属させ、部門間にヨコ串を通した組織形態ともいえます。

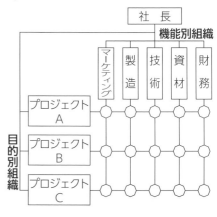

過去問トライアル	平成28年度　第15問
	チーム型作業組織
類題の状況	H30-Q14　H28-Q12　H28-Q16　H20-Q11　H20-Q16 H18-Q10　H15-Q17

わが国の自動車産業におけるリーン生産方式への関心の高まりとともに、チームごとにタスクを振り分け、多能工化した作業員が自律的に職務を行うチーム型作業組織が注目されてきた。官僚制的統制とは異なる組織原理を持ったチーム型作業組織に期待される効果に関する記述として、最も適切なものはどれか。

ア　1人1タスクの原則に基づいて、グローバル化や情報化の進展など、経営環境の変化に対する迅速かつ適切な対処能力がある。

イ　自律的な調整のための積極的な参加が求められるため、メンバー間のコミュニケーションが活発になり、互いに助け合いながら共同することによる労働生活の質（QWL）の向上が期待できる。

ウ　多能工化した職務は、自律的に働くことを好まない労働者に対して、複数の技

能を獲得することによる職務の充実と、より高度な仕事へコミットすることによる心理的満足をもたらす。

エ チーム型作業組織は、経営者の視点から見た企業の競争優位の源泉としてではなく、労働者が自主的な管理の権限を取得し職務満足へとつなげていく活動としてとらえられる。

1 マトリックス組織の主な特徴

マトリックス組織は、機能別組織の持つ効率性や専門性などのメリットと、事業部制組織の持つ外部環境への適応の速さなどといったメリットの双方を追求した組織形態です。組織形態は前ページの図表のようになり、1人の従業員が同時に、機能別と目的別の2部門に所属することになります。

一般的に機能（職能別）マネジャーか事業・プロジェクト（目的別）マネジャーのどちらかの権限を高めておき、2人の上司間の調整を行いやすくします。このことは、従業員が2人の上司のいずれの命令に優先して従うべきか決める際にも重要となります。

🔑 Keyword

▶ プロダクト・マネジャー
プロダクト・マネジャーとは、複数の製造工程を調整するために設けられた職制です。

▶ 重量級のプロダクト・マネジャー
予算執行権限や人事権を持ち、機能部門長以上の権限を持つマネジャー。

▶ 軽量級のプロダクト・マネジャー
予算執行権限や人事権がなく、弱い調整機能しか持たないマネジャー。

2 マトリックス組織のメリット・デメリット

マトリックス組織のメリットとデメリットは次の通りです。

①メリット
- 複数の市場や製品、機能の組み合わせに柔軟に対処できる。
- 効率的な資源活用が期待できる。
- 情報共有化が進み、意思決定が速くできるため、外部環境の不確実性に対処しやすい。

4 経営組織①

② **デメリット**

- 組織内での意見の対立が増大する。
- 責任の所在が不明確になりやすい。
- チームメンバーは複数のボスに指示を受ける、いわゆるワンマンツーボスシステムとなるため、指示・命令が混乱しやすい。
- チームメンバーが誰に評価されるのかが不明瞭であり、組織への貢献意欲が低下しやすい。

⚥ Keyword

▶ グローバル・マトリックス構造
　事業別と地域別の2つの組織編成原理から組織を設計するものです。

---

3 プロジェクト組織の特徴

　プロジェクト組織は、マトリックス組織のような恒常的な組織ではなく、臨時発生的な組織です。一定期間だけ各部門をまたがって戦略的な課題を解決するために編成されます。課題が解決されるとプロジェクトチームは解散し、各メンバーは以前の部署に戻ることが原則となっています。

　この組織形態では、部門間の協力体制の確立、企業内にある知識の全社レベルでの活用、戦略的な課題への柔軟な対応の他、プロジェクトメンバーを通じて彼らが所属する部署や組織全体の活性化を図ることができます。

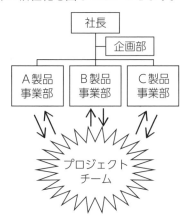

4 チーム制組織の特徴

① チームとグループの違い

チームは仕事における業績の達成を目的とし、グループは情報の共有を主眼としています。

② 業務チーム

前向きな相乗作用、個々および相互の責務、相補的な技能を利用し、その構成員が具体的な共通の目標をもとに集中的にコラボレーションして仕事を行う小集団のことをいいます。

③ チーム制組織

組織全体がチームでできている組織で、従業員のかかわりが強く、自由裁量権が多く与えられます。ただし、明確な指揮系統がないのが短所になります。

過去問 トライアル解答　**イ**

☑チェック問題

マトリックス組織は、トップマネジメントにかかる情報処理負荷が高いため、グローバルに事業を展開している企業にとっては不適当である。　⇒×

▶ マトリックス組織は、課題解決型の恒常的組織であるので、グローバルに事業を展開している企業にとっても、地域ごとの課題を解決することができる組織形態である。

4
経営組織①

4 個人とモチベーションの理論
欲求階層説

学習事項 マズローの欲求5段階説，アルダファのERG理論，マクレガーのX理論・Y理論

このテーマの要点

人はお金じゃ動かない！？

人は、様々な欲求を満たすために働きます。やる気（モチベーション）のもととなる欲求には、金銭のような低次の欲求だけではなく、人から認められたい、なりたい自分になる等の高次の欲求もあります。欲求の分類には様々な理論がありますが、中でもマズローの欲求5段階説が重要です。この理論では、単に欲求を分類するだけではなく、低次の欲求か

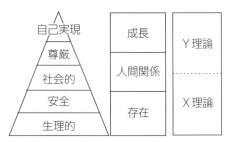

【各欲求理論の関係】

ら満たしていかなければモチベーションの向上につながらないとしています。また、マズローの欲求5段階説がもとになって発展したアルダファのERG理論やマクレガーのX理論・Y理論についても確認していきます。

過去問トライアル	平成19年度　第15問
	欲求理論
類題の状況	H30-Q15　H29-Q16　H22-Q14　H14-Q11

組織における個人のモチベーションに影響を与える内的要因として欲求理論がある。欲求理論に関する記述として最も適切なものはどれか。

ア アルダファーが提唱したERG理論は、欲求を存在欲求・関係性欲求・成長欲求の3つの次元に分類し、低次の欲求が満たされないと高次の欲求はモチベーション要因とはならないと主張した。

イ ハーズバーグが主張した2要因論によれば、動機づけ要因と衛生要因には高い相関関係があり、衛生要因を充足しなければモチベーションは起こらないという。

ウ マグレガーは、管理者が部下に対して持つ人間観の理念型として、X理論・Y理論を提唱し、Y理論に従うと、部下を意思決定に参加させる方が仕事への意欲が高まるとした。

エ　マクレランドは、欲求を達成欲求・権力欲求・親和欲求に分類し、達成欲求の高い従業員が優れた管理職になると主張した。

オ　マズローが主張した欲求階層説によれば、自己実現など上位の欲求のほうが、モチベーション要因として強く作用するという。

1　マズローの欲求5段階説

マズローは、人間の欲求を5段階に分け、成長しながら低次の欲求から高次の欲求へと移行する欲求5段階説を提唱しました。

本理論では、人は、成長したいという欲求（自己実現の欲求）を持ち、こういった高次の欲求を持つためには、それよりも低次の欲求をすべて満たしていなければならないとしています。また、この欲求の充足順序は不可逆的であり、高次の欲求が満たされないからといって、それよりも低次の欲求によって動機づけされることはないとしています。

【4-4-1　欲求ピラミッド】

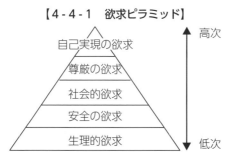

【4-4-2　欲求5段階の欲求分類とその充足順序】

生理的欲求	衣食住に関するもので、生存するための本能的な欲求です。
安全の欲求	安全や安定を求め、危険を回避したいという欲求です。
社会的欲求	所属と愛の欲求とも呼ばれ、集団への所属や連帯感、友情や愛情などを求める欲求です。
尊厳の欲求	自尊の欲求とも呼ばれ、名声や地位を求め、他人から尊敬されたい、あるいは自尊心を満たしたいとする欲求です。
自己実現の欲求	自己開発により自己を高め、潜在能力を発揮して満足を得る欲求です。行動の結果得られる報酬で満足するのではなく、自己実現の行動そのものが目的となるため、絶え間なく動機づけがなされます。

（左側：充足順序）

経営組織① 4

　マズローの欲求5段階説では、各欲求の内容と充足される順序、複数段階の欲求が並立しない（不可逆である）ことを覚える必要があります。本理論は、不可逆性に対して疑問が投げかけられているものの、モチベーション理論の基礎になるものです。他の理論や具体的な制度なども本理論の枠組みを念頭に見つめ直せば理解が深まります。

　マズローが主張していることは欲求の充足順序であり、動機づけの強さを表しているものではありません。例えば、生理的欲求は最低次の欲求ですが、生死にかかわるため強く働きます。

2　アルダファのERG理論

　アルダファは、マズローの欲求5段階説をもとに、ERG理論を提示しました。欲求5段階説との相違点は、欲求を「存在（Existence）」「人間関係（Relatedness）」「成長（Growth）」の3区分とした点、および、各欲求が並立しうるとした点です。

　欲求5段階説では、経済的安定（安全の欲求、存在欲求）が満たされなければ地位や名誉（自尊の欲求、人間関係および成長の欲求）では動機づけにつながりません。しかし、ERG理論では2つの階層の欲求が同時に動機づけにつながります。

3　マクレガーのX理論・Y理論

　マクレガーは、マズローの欲求5段階説を準用し、低次の欲求に基づくX理論と、高次の欲求に基づくY理論の人間観を用いて、モチベーション理論を展開しました。

　Y理論による運用には、意思決定への参加だけではなく、職務拡大（ジョブ・エンラージメント）や権限移譲（エンパワーメント）、目標管理制度（MBO）なども挙げられます。

【4-4-3　X理論・Y理論における人間観と運用方法】

	人間観	運用方法
X理論	性悪説に基づく人間観 ・生まれつき怠け者で仕事嫌い ・命令、強制されないと努力しない ・命令されるのが好きで、責任回避したがる	アメとムチによる管理が有効。X理論の人間は、低次の欲求しかないため、アメが有効であり、また、放置すれば怠けるため、命令と統制が必要です。
Y理論	性善説に基づく人間観 ・生まれつき仕事好きである ・目標達成に向けて自ら努力する ・条件次第で責任をとろうとする	自己実現に訴える管理が有効。Y理論の人間は、高次の欲求でのみ動くので、意思決定に参加させることなどが有効です。

過去問 トライアル解答 ウ

☑チェック問題

マズロー（A.H.Maslow）は、人間は低次の生理的欲求から、安全欲求、社会的欲求、自尊欲求、そして自己実現欲求へと欲求を高度化させるとし、自己実現欲求とは自己の個性や適性を発揮して自己成長を求める欲求であると図式化した。マクレガー（D.McGregor）は、Ｘ理論－Ｙ理論を図式化し、命令と統制の管理から自己統制の理論へと管理システムを変化させるべきであると説いた。

⇒○

4

経営組織①

個人とモチベーションの理論
5 その他の欲求理論

学習事項 アージリスの未成熟・成熟理論，ハーズバーグの二要因論，マクレランドの達成動機説，職務設計

このテーマの要点

動機の強さは仕事が決める！

同じ人間でも与えられる仕事がどのようなものかによって、そのモチベーションは変わってきます。マズローの分類で高次の欲求を満たすことを考えれば、仕事を通じて自己が成長していくことが重要です。そのような仕事となるためには、今まで以上により多くのことができるように職務設計したり（職務拡大）、単純に命令されて仕事を行うのではなく、管理的な要素も行う

【欲求5段階説との関係】

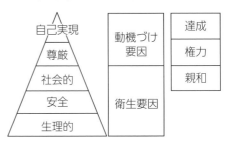

ように職務設計したり（職務充実）する必要が出てきます。ここでは、ハーズバーグの動機づけ・衛生理論（二要因論）やマクレランドの達成動機説を中心に確認していきます。

過去問 トライアル	平成16年度　第26問
	職務設計とモチベーション理論
類題の状況	R05-Q16　R04-Q21　R02-Q22　H27-Q17　H22-Q14 H20-Q12　H19-Q15　H17-Q14(2)　H14-Q11

組織における職務設計に関する記述として、最も適切なものはどれか。

ア 与えられた職務を達成するのに、複数の多様な技能を必要とするように職務を設計すると、従業員に大きなストレスを生み出すため、効率性が低下してしまう傾向が高い。

イ 職務の目標設定や遂行の手段・手続きを決める自由裁量を与えることで、コミットメントを高めることができるので、動機づけの効果も高い。

ウ 職務を容易に反復できる課業に分解し、単純化を進めることによって、従業員のモチベーションを高めることができ、ミスの発生率を最小限にすることができる。

エ ハーズバーグは、「衛生要因」と「動機づけ要因」を区別し、職務設計には、まず、より重要な「動機づけ要因」を十分確保し、そのうえで「衛生要因」を与えるようにすべきだと主張した。

1 アージリスの未成熟・成熟理論

アージリスは、マズローの自己実現の欲求を基礎として、個人の人格が未成熟な状態から成熟に向かおうとする欲求により、動機づけられると考えました。具体的には、後述の職務拡大（ジョブ・エンラージメント）を行えば、できることが増えて成熟に向かうので、仕事に対する動機づけは強くなると主張しました。

アージリスは職務拡大の他に、集団の中で互いにありのままの自分を出す訓練（感受性訓練）を自己実現の欲求を満たす方法として挙げています。

2 ハーズバーグの動機づけ・衛生理論（二要因論）

ハーズバーグは、欲求を2つの独立した欲求、すなわち、職務に付随する外的な欲求（衛生要因）と職務そのものを中心とする内的な欲求（動機づけ要因）に分類しました。さらに、衛生要因よりも、動機づけ要因を重視すべきであると主張しました。具体的には、後述の職務充実（ジョブ・エンリッチメント）によって動機づけ要因を増やして、仕事に対する動機を強めればよいとしています。

衛生要因	不満を防止することはできるが、満足をもたらすことはできない要因です。具体的には、会社の方針・上司の監督・人間関係・労働条件・身分・保障などがあります。
動機づけ要因	満足をもたらし、積極的な態度を引き出す要因です。具体的には、達成感・承認・仕事そのもの・責任・昇進・成長などがあります。

ハーズバーグは動機づけ要因を重視していましたが、決して衛生要因を軽視していたわけではありません。衛生要因がなければ、動機づけ要因があっても不満を抱き、やる気は削がれます。その意味でマズローの欲求5段階説の流れをくんだ理論です。

3 マクレランドの達成動機説

マクレランドは、人間は達成、権力、親和という3つの動機を持ち、達成動機はより良い成績をあげたいという願望につながるため、他の動機よりも高次の欲求であるとしています。

達成動機説が他の欲求理論と異なる点は、高次の欲求である達成動機であっても、高すぎない中庸が一番であるとしたことです。これは、達成動機が高いと、自己実

経営組織① 4

現につながるような達成困難なものを避けてしまう傾向があるからです。逆に言えば、職務設計をする際は、達成動機の強さに合わせた職務の難易度設定が必要になるということです。

達成動機と成績の関係性は、成功する人間の行動特性を明らかにするコンピテンシー理論へと発展しました。

高い達成動機を持つ人間の特性は次の3つだとされています。
① 仕事の達成に個人的な生きがいを感じる。
② 中程度のリスクを好む。
③ 成果に対するフィードバックを求める。

4 職務設計

本テーマで触れたように、どのような仕事であるかによって、動機の強さが変わってきます。そのため、モチベーション向上のためには、適切な職務設計が欠かせません。

職務設計を単純に捉えた場合、行う仕事の幅と仕事の深さで考えることができます。仕事の幅を広くすることを職務拡大といい、深くすることを職務充実といいます。

職務拡大	今までの仕事に加え、別の新しい仕事を任せ、仕事の幅を広げることです。 例：製品Aだけでなく製品Bの製造も任せるようにします。
職務充実	今まで担当していた仕事の範囲内でより高いレベルの仕事も行うようにすることです。 例：マニュアル通りの工程による製造から、工程の設計・改善や工程管理も任せるようにします。

自己実現の観点（未成熟・成熟理論および二要因論）で考えれば、職務を広く深くする方がよいと考えられます。しかし一方で、達成動機説や次テーマの期待理論の考えを用いれば、広く深い職務は難易度が高いため、動機づけが弱くなってしまいます。そのため、実際にはこれらのトレードオフの関係を考慮して職務を設計する必要があります。

職務拡大のイメージ   職務充実のイメージ

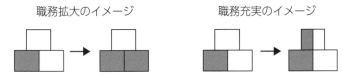

過去問 トライアル解答　▶　イ

☑チェック問題

　ハーズバーグ（F. Herzberg）は、「動機づけ―衛生理論」を展開した。給与・上司の監督・人間関係・労働条件や作業環境などは、職務不満の発生を防止する要因であり、不満足は解消されるが、これ自身から仕事に対する動機づけは生まれない。仕事への動機と満足を生み出すのは、仕事の責任、達成感、自己成長を期待できるような仕事それ自体であるとする。　　　　　　　⇒○

4
経営組織①

個人とモチベーションの理論
過程理論

学習事項 ブルームの期待理論，アダムスの公平理論，ロックの目標設定理論

このテーマの要点

評価・報酬制度の陰に過程理論

マズローらは人間が何によって動機づけられるのかに注目しましたが、人間がどのようなプロセスによって動機づけられるのかは明らかにしていません。過程理論では、このプロセスを解明しようとしています。代表的なものに、ブルームやポーター＆ローラーの期待理論、アダムスの公平理論、ロックの目標設定理論があります。

期待理論では、「動機づけの強さ＝期待×誘意性」によって動機づけの強さが決まるとされています。

公平理論では、同じ努力量に対する報酬が、自己と比較対象となる他者で等しくなる（自己の報酬÷自己の努力量＝他者の報酬÷他者の努力量）ように人間は行動するとされています。

目標設定理論では、目標が人を動機づけるとし、目標の難易度、目標の具体性、目標の受容度、フィードバックの有無が動機づけの強さを決めるとしています。

過去問トライアル	平成19年度　第17問
	過程理論
類題の状況	R05-Q17　R05-Q13(再)　R04-Q16　R02-Q19　R02-Q20　R01-Q16　H27-Q16　H26-Q17　H23-Q14　H22-Q14　H17-Q14(1)

動機づけの過程理論と呼ばれるものには、目標設定理論（goal-setting theory）や公平理論（equity theory）、期待理論（expectancy theory）などがある。これらの理論に関する記述として最も適切なものはどれか。

ア 期待理論によると、ある努力をした結果高い成果が生まれたにもかかわらず、低い報酬しか得られなかった場合、従業員は報酬の誘意性に関する主観確率を高く見積もる傾向がある。

イ 公平理論によると、時間給制度のもとで、過大な報酬をもらっていると感じている従業員は、公平な報酬を得ている従業員と比較して生産量を減らそうとする。

ウ 公平理論によると、出来高給制度の下では、過大な報酬をもらっていると感じている従業員は、公平な報酬を得ている従業員と比較して生産量を低く抑え、品

質を高くするように努力する。

エ 目標設定理論によると、従業員が目標の設定に参加した場合のほうが、目標が与えられた場合と比べ、高い業績を達成すると考えられる。

オ 目標設定理論によると、従業員により困難な目標を与えたほうが、高い業績を生むと期待される。

1 ブルームの期待理論

ブルームは、動機づけの強さは期待（報酬の実現可能性）と誘意性（報酬の魅力）の積で決定されると主張しました。すなわち、人間は期待価値を最大にするような予想に基づいて行動すると仮定しており、報酬を得られる可能性が高く、また報酬の魅力が大きいほど、仕事への動機づけが強くなるということです。

動機づけの強さ ＝ 期待 × 誘意性

● OnePoint 期待理論のモデル化

ポーターとローラーは、ブルームの期待理論を、次の9つの変数を使ってモデル化しました。
①報酬の価値 ②報酬の確率 ③努力 ④能力と資質 ⑤役割認知
⑥成果 ⑦報酬 ⑧認知された公平な報酬 ⑨満足

①報酬の価値がブルームのいう誘意性のことで、それ以外は期待にかかわる要素だといえます。

基本的な考えとして、期待は「努力が成果に結びつく程度」「成果が報酬に結びつく程度」で決まります。前者には③努力と④能力と資質、⑤役割認知がかかわり、認知された⑥成果によって修正されていきます。後者は⑥成果と⑦報酬とが関係しますが、ここには②報酬の確率がかかわっており、⑧認知された公平な報酬と⑨満足によって修正されていきます。なお、⑦報酬は内発的報酬と外発的報酬に分けることができます（動機づけ理論との関連があります。）。また、⑧認知された公平な報酬は、下記の公平理論との間に深い関連性があります。

2 アダムスの公平理論

アダムスは、個人の努力が公平に評価されているかどうかが、モチベーションに影響を与えるとしました。自己と他者の努力当たりの報酬が等しくない場合に不公平感を抱き、努力当たりの報酬が等しくなる方向に行動する動機が生まれます。

4 経営組織①

【4 - 6 - 1　過多評価されていると感じている場合の行動例】

行動の方向	具体例
自己努力量の増加	仕事量を増やす、質を上げる
自己の報酬の減少	残業を申請しない
他者の努力量の減少要請	比較対象の仕事を自分や比較対象外の者に回す
他者の報酬の増加要請	比較対象の賃上げ要求をする、サービスではなく正規の残業として申告するよう勧める
努力量や報酬の定義変更	金銭のみではなく名声も報酬に含める
比較の回避	退職する
比較相手の変更	自社内ではなく自社より高賃金の競合と比較する

3　ロックの目標設定理論

　ロックは、目標が果たす役割を重視し、目標が人を動機づけるとしました。目標設定理論によれば、動機の強さに影響を与える要素には目標の難易度、目標の具体性、目標の受容度、フィードバックの有無の4つが挙げられます。

　これらの要素は1つずつ考えるのではなく統合的に考える必要があり、ボトルネックとなるような要素があれば動機づけにつながりにくくなります。例えば、簡単すぎる目標を本人が進んで設定したところで強い動機にはつながりません。また、業績の向上という観点から見れば、組織の目標や市場動向といった文脈と個人の目標の整合性が重要です。

目標の難易度	ある程度困難な目標が強い動機づけにつながります。ただし、困難すぎる目標は達成が不可能と認識され、動機づけは弱くなります。
目標の具体性	定量的で具体的な目標が強い動機づけにつながります。これは、目標が具体的であるならば達成のために必要な努力も具体的に見えてくるからです。
目標の受容度	目標を本人が受け入れている方が強い動機づけにつながります。そのため、上から一方的に提示された目標よりも、目標設定に本人がかかわった場合の方が受容度は高く、動機づけは強くなります。
フィードバックの有無	フィードバックを与えると強い動機づけにつながります。目標の進捗度を示すことによって、目標達成までの距離感や道筋が見えてくるからです。

⚙ Keyword

▶ **目標管理制度**

　MBO（Management by Objective）ともいわれ、目標設定理論に基づいた評価制度です。目標を立て、それに対する達成度を評価の基準とする制度になります。目標の設定やフォローアップをする際には、目標設定理論の4つの要素に留意する必要があります。

過去問 トライアル解答　ウ

☑チェック問題

　評価に対する納得感は、自己比較とともに他者相対比較の側面もあることから、適切に動機づけを高めるためには、社内の公正な評価制度に関する情報開示が要となる。また、自らが投入した時間・努力量や成果と、それに対する評価・報酬とが見合うならば、人は公正感を感じる。　　　　　　　　　　⇒○

4 経営組織①

7 リーダーシップ理論
リーダーシップの行動理論

学習事項 アイオワ研究（レビンの3類型），オハイオ研究（配慮と体制作り），ミシガン研究（リッカートのシステム4）

このテーマの要点

リーダーは生まれながらにしてリーダーなのか？

リーダーシップは、古今東西を問わず広く研究され、当初はリーダーが先天的に持つ資質や特性が注目されました。

具体的には、勇気や行動力などの先天的な資質や特性によって、リーダーシップが発揮されると考えられていたのです。

ところが、それらの資質や特性を持った人間が必ずしもリーダーシップを発揮するわけではないことから、リーダーの行動特性に着目する行動理論が展開されるようになりました。

【リーダーシップ理論の変遷】

先天的な資質や特性
（資質・特性論）

⬇

行動特性
（行動理論）

過去問トライアル	平成16年度　第18問
	リッカートのリーダーシップ理論
類題の状況	R05-Q15(再)　R02-Q18　H27-Q14　H20-Q15　H19-Q13(3)　H15-Q23(2)

グループ・ダイナミクスで知られるレンシス・リッカート（R.Likert）のリーダーシップ論に関する記述として最も適切なものはどれか。

ア　温情型のリーダーシップは、部下たちによる高い支持を得やすいし、そうした支持によって高い成果を生みやすい。

イ　参画型のリーダーシップ・スタイルでは、公式組織と非公式組織の一致する程度が高くなるため、しばしば非公式組織によって公式組織の目標遂行が妨げられる。

ウ　専制型のリーダーシップ・スタイルでは、人的資産を食いつぶすことになるので、その結果はただちに低い生産性となって現れる。

エ　連結ピンとしてのリーダーは、上向きの影響力が大きいほど、下位組織のメンバーへの影響力も強くなる。

1 リーダーシップの行動理論の特徴

リーダーシップの**行動理論**とは、リーダーの行動特性を類型化し、そこから優れたリーダー像を追求するものです。特に、組織の生産性と組織メンバーに与える影響に着目し、類型化を試みている点に特徴があります。

[1] アイオワ研究

レビンは、リーダーシップが集団に与える影響の観点から、次の3つのスタイルに類型化しました。

放任型リーダーシップ	リーダーは集団行動に一切関知せず組織メンバーの裁量に任せるスタイル
専制型リーダーシップ	リーダーがすべての事柄を決定し、組織メンバーは従うだけのスタイル
民主型リーダーシップ	リーダーは集団の意向をくみながら、方向づけを行っていくスタイル

アイオワ研究では、民主型リーダーシップが最も優れたスタイルであるとされています。

組織メンバーの結束の固さ、リーダーとの信頼感、満足度の高さ、作業成果などの点で、最も望ましい状況を作り上げることができるとされています。

[2] オハイオ研究

オハイオ州立大学では、リーダーの行動として「配慮」と「体制作り」の2つがあることを明らかにしています。

配慮	組織メンバー間の人間関係を友好的に保つ行動
体制作り	組織目的の達成に向けて、組織メンバーの動きを一定方向にまとめる行動

[3] ミシガン研究

オハイオ研究と同じころ、ミシガン大学のリッカートは、従業員の権利を重視する「従業員指向」と、効率を上げて組織の生産性を高める「生産性指向」に基づいて、リーダーシップの類型化を試みています（リッカートのシステム4）。

独善的専制型（システム1）	従業員を信頼せず、賞罰で厳しく管理する。意思決定はトップが行う。一定以上には生産性は上昇しない。
温情的専制型（システム2）	従業員を若干信頼し、賞罰の他、経済的な報酬で管理する。実行段階で下位層にも意思決定に参加させる場合がある。
相談型（システム3）	従業員を信頼しつつも賞罰と報酬、ある程度の参画で管理する。全体方針ではなく個別の意思決定は下位層に委譲する。
集団参加型（システム4）	従業員を十分に信頼しており、目標設定、経済的報酬決定などに参画させる。従業員満足、生産性とも高くなる。

また、リッカートは連結ピンモデルを提唱しています。組織は複数の小集団から成り立っており、それぞれの小集団のリーダーが上位組織との連結ピンの役割を果たすことで、コミュニケーションや意思決定をスムーズに行うことができると主張しています。

【4-7-1　連結ピンモデル】

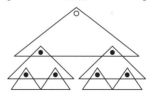

過去問 トライアル解答　**エ**

☑**チェック問題**

　リッカート（R.Likert）は、組織を個人対個人の関係としてみる伝統的組織観のもとで展開される専制的リーダーシップは、短期的に高い能率を生み出すことができるが、長期的には組織を崩壊させてしまうと指摘した。その上で、相互作用－影響方式、支持的関係の原理などに支えられた重複集団としての組織観を提唱し、連結ピンとして機能する参加的リーダーシップの重要性を唱えたのである。　　　　　　　　　　　　　　　　　　　　　　　　　　　　　　　　　　⇒○

MEMO

リーダーシップ理論
リーダーシップの二元論

学習事項 マネジリアル・グリッド，PM理論

このテーマの要点

「好きな上司」と「仕事ができる上司」は同じか？

前回のテーマであるオハイオ研究・ミシガン研究では、人間関係中心と仕事中心の2つの方向性が提示されていました。

さらにこれらの方向性をクロスさせて分析を加えたのが、今回のテーマであるリーダーシップの二元論で、マネジリアル・グリッドとPM理論です。前回同様、リーダーシップの行動理論に含まれるものです。

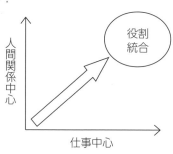

過去問 トライアル	平成22年度　第12問（改題）
	リーダーシップの諸学説
類題の状況	H20-Q15

リーダーシップの諸学説に関する記述として、最も適切なものはどれか。

ア PM理論によれば、有効なリーダーシップスタイルは、P（目標達成度）とM（集団維持機能）の関係および組織形態によって変わるという。

イ 温情型のリーダーシップは、部下たちによる高い支持を得やすいし、そうした支持によって高い成果を生みやすい。

ウ ブレイクとムートンによるマネジリアル・グリッドは、「人間への関心の強さ」と「仕事への関心の強さ」という二軸でリーダーシップ特性を分類し、9－9型が最も高い成果を生むとした。

エ リッカートによる参加型リーダーシップでは、リーダーは部下の意思決定に積極的に参加し、影響力を行使することが重要であるとした。

1 マネジリアル・グリッド

　ブレイクとムートンは、リーダーの持つ人間への関心の強さと、同じく仕事への関心の強さによってリーダーシップを類型化し、マネジリアル・グリッドと呼ばれるマトリックスで表現しています。成果を出そうとするリーダーの発想パターンを示しているともいえます。

　このうち、人間への関心、仕事への関心がともに高い「9.9型＝チームマネジメント型」が最も望ましいとされています。

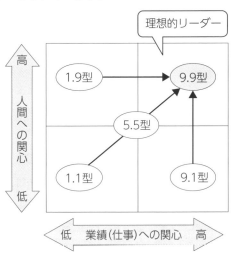

● **OnePoint** 　マネジリアル・グリッド

1.1型：　消極型
1.9型：　社交クラブ型
5.5型：　中間型
9.1型：　タスク志向型

4

経営組織①

　三隅二不二は、リーダーの持つ業績達成機能（P：performance）と人間関係の維持機能（M：maintenance）の2つに着目してマトリックス化し、リーダーのスタイルを4つに類型化しています。

　そのうち、業績を達成する機能が高く、かつ人間関係を維持する機能も高いPM型が、最も優れたリーダーであるとされています。

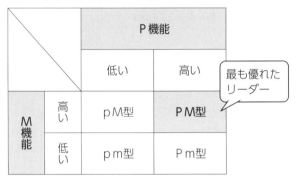

過去問 トライアル解答　**ウ**

☑チェック問題

　ブレイクとムートンによるマネジリアル・グリッドは、「構造作り」と「配慮」という二軸でリーダーシップ特性を分類し、9.9型が最も高い成果を生むとした。

⇒×

▶　「構造作り」と「配慮」ではなく、「業績への関心」と「人への関心」が正しい。「構造作り」と「配慮」はオハイオ研究におけるリーダー行動の分類のうちで中心となるものである。「構造作り」は業績を上げるために部下の課題管理を徹底する行動、「配慮」はより良い人間関係を維持しようとする行動のことである。一方、マネジリアル・グリッドでは行動ではなく、業績や人に対してどの程度関心を持っているかについての自己評価と部下の評価を総合してプロットする。

第4分野 経営組織①

9 リーダーシップ理論
リーダーシップの状況適応理論

学習事項 フィードラーのコンティンジェンシー理論，パス=ゴール理論

このテーマの要点

リーダーシップはワンパターンではない！？

前回のテーマであるリーダーシップの行動理論では、理想的なリーダーシップのスタイルが研究されました。

今回のテーマは、リーダーが置かれた状況によって、求められるリーダーシップのスタイルが異なると主張した状況適応理論（コンティンジェンシー理論）です。

【リーダーシップ理論の変遷】

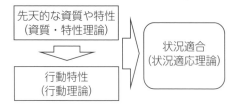

過去問 トライアル	平成30年度　第16問
	パス=ゴール理論
類題の状況	R05-Q18　R03-Q16　R01-Q17　H29-Q19　H25-Q13 H22-Q12　H21-Q16　H20-Q15

状況ごとに異なるリーダーシップを捉える条件適合理論の1つに、パス・ゴール理論がある。パス・ゴール理論が注目する状況要因には、タスク特性や公式の権限体系などリーダーが直接コントロールできない環境と、部下の経験や能力などの個人的特徴がある。

パス・ゴール理論が明らかにしたリーダーシップに関する記述として、最も適切なものはどれか。

ア 構造化されたタスクに携わる従業員に対しては、指示型リーダーシップによる職務遂行が有効である。

イ 構造化されたルーチンワークに携わる部下に対しては、支援型リーダーシップが高業績と高い満足度をもたらす。

ウ 行動の決定権が自分にはないと感じている従業員に対しては、参加型リーダーシップによって動機づけを行うことが有効である。

エ 職場内に深刻な価値コンフリクトが生じている場合には、参加型リーダーシップが従業員の高い満足度をもたらす。

オ 複雑なタスクに携わる高い能力を持つ従業員に対しては、より具体的な作業内容を与える指示型リーダーシップが高い満足度をもたらす。

1 フィードラーのコンティンジェンシー理論

フィードラーは、次の3つの要因を組み合わせた状況によって、「仕事中心型のリーダーシップ」と「人間関係中心型のリーダーシップ」のどちらが求められるのかを明らかにしています。

- 地位パワー ……リーダーの地位パワー（権限）の強さ
- 仕事の構造 ……仕事内容の明確さ、ルーティン化の度合い
- リーダー・メンバー関係 ……リーダーと組織メンバーの信頼関係の強さ

地位パワー	強い・・・・・・・・・・・・・・・・・・・・弱い		
仕事の構造	明確・・・・・・・・・・・・・・・・・・・不明確		
リーダー・メンバー関係	良い・・・・・・・・・・・・・・・・・・・悪い		
仕事中心型	○	×	○
人間関係中心型	×	○	×

2 パス＝ゴール理論

ハウスらは、リーダーシップを「指示型・支援型・達成志向型・参加型」の4つのスタイルに類型化した上で、環境に適合しつつ組織メンバーを満足させるスタイルを選択した場合に、リーダーシップが発揮されると考えています。

指示型	部下にやるべき業務内容、スケジュール、やり方を指示する。
支援型	部下の気持ちをくみ取り、優しく支援する。
達成志向型	部下に困難な目標を設定させ、その目標に邁進させる。
参加型	部下に事前相談し、彼らの提案を意思決定に活用する。

例えば、組織メンバーが自信を持てない場合には「支援型」を、仕事の内容があいまいな場合は「指示型」を選択するなど、状況に応じて適切なスタイルを選択した場合に、リーダーシップが発揮されるとしています。

適切なスタイルが選択されているか、その結果、リーダーシップが発揮できているかどうかの判断は、組織メンバーが満足しているかどうかに依存しています。

組織メンバーを満足させるために、リーダーは魅力的な目標（ゴール）とその道筋（パス）を具体的に示し、組織メンバーと共有できていることが必要であるとされています。

4

経営組織①

☑チェック問題

ハウスによるパス＝ゴール理論は、リーダーの職務は部下の業務目標の達成を助けることであり、そのために必要な方向性や支援を与えることにあるとした。 ⇒○

経営組織②

1 各テーマの関連

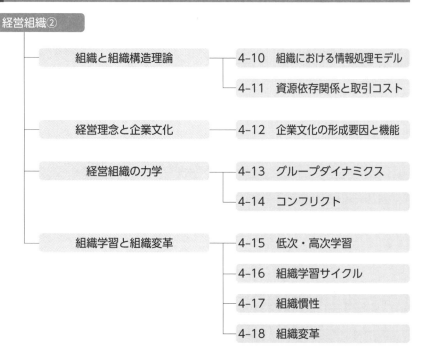

経営組織②

組織と組織構造理論 ─── 4-10 組織における情報処理モデル

　　　　　　　　　　　└── 4-11 資源依存関係と取引コスト

経営理念と企業文化 ─── 4-12 企業文化の形成要因と機能

経営組織の力学 ─── 4-13 グループダイナミクス

　　　　　　　　　└── 4-14 コンフリクト

組織学習と組織変革 ─── 4-15 低次・高次学習

　　　　　　　　　　　├── 4-16 組織学習サイクル

　　　　　　　　　　　├── 4-17 組織慣性

　　　　　　　　　　　└── 4-18 組織変革

　経営組織②の分野では、まず組織と組織構造理論について学習します。組織がどのように成立しているのか、本テキストでは2つの論点に絞って解説します。1つ目は、新しい組織論として「4-10　組織における情報処理モデル」であり、組織がどのように情報を処理していくのかを確認します。2つ目は、組織間関係として「4-11　資源依存関係と取引コスト」を学ぶことで、組織と環境の関係を確認します。その他、企業文化、経営組織の力学、組織学習と組織変革についても学習します。企業文化はどのように形成されるのか、どのような機能があるのか、「4-18　組織変革」を進める中で「4-13　グループダイナミクス」や「4-14　コンフリクト」がどのように働くのか、組織を変革していくプロセスである組織学習と

はどのようなものかを確認します。

2 出題傾向の分析と対策

① 出題傾向

#	テーマ	H26	H27	H28	H29	H30	R01	R02	R03	R04	R05
4-10	組織における情報処理モデル	1	2	1	1		1			1	
4-11	資源依存関係と取引コスト	1								1	1
4-12	企業文化の形成要因と機能		1		1				1		
4-13	グループダイナミクス							2	1		1
4-14	コンフリクト						1		1		
4-15	低次・高次学習						1		1		
4-16	組織学習サイクル				1	1		1	1	1	2
4-17	組織慣性		1		1						
4-18	組織変革	1	3		2		2		1	1	2

② 対策

　経営組織②の分野の過去の出題傾向としては、「組織学習と組織変革」（4－15～18）に関する出題が多いといえます。まずはこの分野の基本理論をしっかりと習得することが重要です。また、過去の出題では「組織コミットメント」、「コーポレートガバナンス」、「組織間関係」といった幅広いテーマから細かい論点が問われることが多く、選択肢の文章構造もわかりにくいという特徴があります。また、近年ではミニ事例形式での出題も見られるようになってきました。本テキストの基本理論を活用して、初見の理論や論点、応用的な事例にどこまで対応できるかがポイントとなります。

4

経営組織②

10 組織と組織構造理論
組織における情報処理モデル

学習事項 ガルブレイスの情報処理モデル，情報量に影響する要因，組織設計の方策

このテーマの要点

教えます！　上司の仕事を減らす方法！

　ガルブレイスは、組織を情報処理装置と見立てて、組織が情報を処理する仕組みを分析しています。組織では、「ルール」「目標設定」によって例外的事項を減らし、「階層構造」によって例外事項を調整しています。組織が情報処理に追われて回らなくなってしまうことを防ぐには、「情報処理量を減らす」か、「情報処理能力を向上させる」ことが考えられます。

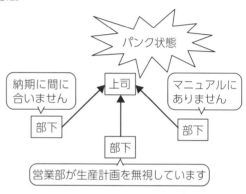

　前者には、スラック資源の投入、自己完結的職務の形成があり、後者には、縦系列の情報処理システムの改善、横断的関係の形成があります。

過去問トライアル	平成27年度　第12問
	組織デザインと情報処理
類題の状況	R04-Q19　R01-Q13　H29-Q15　H28-Q14　H27-Q19 H26-Q14　H21-Q11(1)　H20-Q13　H19-Q12　H16-Q17(2) H16-Q19　H16-Q20

　組織を情報処理システムとしてみた場合、組織デザインの手段は、情報処理の必要性と情報処理能力の観点から評価できる。組織デザインに関する記述として、最も適切なものはどれか。

ア　横断的組織の導入は、情報処理の必要性を高くするとともに、組織の情報処理能力を高くする。

イ　階層組織は、情報処理の必要性を高くするとともに、組織の情報処理能力を高くする。

ウ　規則の使用は、情報処理の必要性を減らすが、組織の情報処理能力を低くする。

エ　自己完結的組織は、情報処理の必要性を高くするとともに、組織の情報処理能

力を高くする。

オ　垂直的情報処理システムの導入は、情報処理の必要性を高くするが、組織の情報処理能力を低くする。

1　情報処理モデル

　ガルブレイスは、組織を情報処理装置と見立て、組織がどのように情報を処理していくかについてモデル化しました。このモデルによって、職務の不確実性に伴って増加する情報が組織構造に与える影響や、情報処理装置として過負荷がかからない組織を作り上げる方策が明確になります。

　不確実性の増加に伴って必要となる調整、すなわち処理すべき情報量の増加に対し、組織は、ルール、階層構造、目標設定という仕組みを導入して対処しています。

ルール	あらかじめ必要とされる行動様式や調整事項をルールやプログラムという形にまとめ、想定内の出来事において調整を不要とする仕組です。
階層構造	調整が必要な各部門を管理する階層構造の上部が意思決定を行う仕組みで、ルールでは対処できない例外の事項を調整する仕組みです。
目標設定	各部門の業務を統合する上で達成すべき事項を目標にし、目標さえ満たせれば調整が不要となる仕組みです。階層構造による対処とは異なり組織の下部に決定権が移動するので、負荷の一点集中が起きにくくなります。

⚷ Keyword

▶　管理の幅（span of control）

　1人の上司が管理できる部下の数のことです。

　管理の幅は情報処理モデルに照らし合わせれば、上司が処理すべき情報量と、処理可能な情報量によって決まります。例えば、マニュアル化（ルール化）によって、上司に上げられる情報量を減らせば、管理の幅は広くなります。

💬 OnePoint　目標設定

　目標が満たされない場合には、階層構造による調整が必要になります。

　期待業績水準を厳しくすると目標を達成しにくくなるため、階層構造による調整が必要になります。

4　経営組織②

2 情報量に影響する要因

組織が処理すべき情報量は職務の不確実性が増せば増加します。職務の不確実性は、職務の細分化、アウトプットの多様性、期待業績水準によって決まります。いずれの要因も大きくなれば職務の不確実性は増し、処理すべき情報量が増えます。

3 組織設計の方策

組織が有効に働くためには、組織が処理すべき情報量よりも組織の情報処理能力が大きくなければなりません。そのため、組織の設計では情報処理量の軽減と情報処理能力の向上を考える必要があります。

① 情報処理量の軽減策

スラック資源 （余裕）の投入	資源を余分に投下することや期待業績水準を低くすることにより、利用可能な資源に余裕ができ、部門内で対応できるようになります。その結果、部門間調整や例外として上げられる情報が減ります。
自己完結的 職務の形成	アウトプット別の組織構造に移行すれば、各部門がかかわるアウトプットの多様性が減り、また、職務の細分化も一定範囲内に抑えることができます。その結果、部門間調整が減ります。

② 情報処理能力の向上策

縦系列の情報 処理システムの 改善	新しい情報処理技術の導入等によって、意思決定者の意思決定能力と情報の提供頻度を上げることができます。なお、本策には、計画段階における情報処理量が増える代わりに、実行段階における例外事項が減る側面もあります。
横断的関係の 形成	関連する部門間で直接的に調整し、階層構造の下部で意思決定を進めることにより、階層構造の上部の情報処理量がボトルネックになりにくくなります。その結果、組織全体の処理能力が増えます。

● OnePoint　組織設計の方策

自己完結的職務の形成には、機能別の専門性が犠牲になること、および、規模の経済が働きにくくなるという問題もあります。

横断的関係には様々な形態があり、部門管理者間の直接連絡、リエゾン担当者の設置、タスクフォースの形成、恒常的な部門横断的チームの形成、部門間調整のための統合的職位の設置、統合的職位の管理職化、マトリックス組織の導入などが挙げられます。

過去問 トライアル解答　　**ア**

♂ Keyword

▶ 官僚制

　情報の流通をシステム化して、不要な混乱を回避するような仕組みです。
　特徴としては、①規則と手続き、②専門性と分業、③ヒエラルキー、④専門的な知識を持った個人の採用、⑤文書による伝達と記録などが発達することです。

▶ 官僚制の逆機能

　官僚制組織は、合理性や効率性を追求するあまり、組織の硬直化を招き、環境変化への適応が困難となります。

☑チェック問題

　組織の部門構造を設計する際、情報処理パラダイムによれば、部門間調整に必要な情報処理量を減らすか、組織全体の情報処理能力を高める方法を組み合わせることが適切だとされている。複数の部門を貫通する情報システムの導入によって、組織全体の情報処理能力を高めることができる。　　　　　　⇒○

4

経営組織②

組織と組織構造理論
資源依存関係と取引コスト

学習事項 資源依存と組織間関係，取引コスト・アプローチ

このテーマの要点

組織も1人では生きていけない！？

企業経営における組織は、外部から資源をインプットし、それを消費して外部に資源をアウトプットするオープンシステムであり、組織と環境の関係にも注目する必要があります。

ここでは、組織と組織との関係（組織間関係）を資源依存と取引コストの観点で見ていきます。

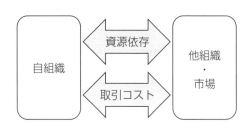

過去問トライアル	平成26年度　第18問
	企業組織の環境操作戦略
類題の状況	R05-Q21　R04-Q20　H23-Q19　H20-Q13　H20-Q18 H19-Q14　H19-Q16(1)　H16-Q21　H15-Q3　H15-Q8 H15-Q18

企業組織はオープンシステムであり、その存続は環境からの資源獲得ができるか否かにかかっている。この資源制約は、企業組織が環境からコントロールされる可能性を意味するとともに、企業自身も自由裁量を確保するために環境を操作しようとすることを意味している。企業組織の環境操作戦略に関する記述として、最も適切なものはどれか。

ア　技術革新を通じて代替的な原材料などを開発することにより、既存の資源依存関係を変えることなく交渉を有利に進めることができる。

イ　経営者と労働者が将来の行動について双方が満足できるように折衝するのは、取引される財やサービスについての合意を意図する交渉戦略である。

ウ　財務的資源を必要とする企業が金融機関の代表を自社の取締役会に招くなどの結託戦略は、資源依存関係を変えることなく、環境からの脅威を小さくすることができる。

エ　市場浸透戦略を進めて、新たな顧客層を獲得することで、顧客に対する資源依存関係を変えることが可能になる。

オ 新製品に複数の製品規格が存在すると、消費者が買い控えをする可能性があるので、企業間であらかじめ業界標準を決めてしまう包摂戦略は、新規市場の成長率を高めることができる。

1 資源依存と組織間関係

　組織はその存続に必要な資源の多くを外部環境の構成者（他の組織など）に依存しています。そして、組織の生存に必要な資源が稀少で、他の供給者から入手できない場合は、その資源供給者（利害者集団）は、資源需要者（焦点組織）に対して大きなパワーを持つことになります。

[1] 利害者集団からのパワー

- 利害者集団の意図する方向に、焦点組織の経営者の注意を向けさせることができる。
- 利害者集団が経営に関する意思決定に参加することを、焦点組織の経営者に承認させることができる。
- 焦点組織の人事を思い通りに変更することができる。

[2] 他組織への依存とパワー関係

❶資源の重要性

- 他組織が保有しコントロールしている資源の重要性が高まると、他組織からのパワーは強まる。

❷資源の集中度

- 他組織以外からの資源の利用可能性が高まると、他組織からのパワーは弱まる。

[3] 組織の環境戦略

❶資源依存を回避する戦略

- 代替的取引関係の開発（複数の仕入先の確保など）
- 多角化（新規事業展開による新たな資源利用など）

❷資源依存を認めつつも他組織からの支配を回避する戦略

- **交渉**：組織間の財・サービスの取引に関する合意を意図した折衝を行うこと。
- **包摂**：組織の意思決定機関に、利害関係者の代表を参加させること。
- **結託**：共通目的のために、2つ以上の組織が連合すること。

2 取引コスト・アプローチ

　取引コスト・アプローチは、組織と環境の関係を取引コストの観点から捉えることで、組織の存在意義を説明しています。取引コストには、契約締結のための情報

4

経営組織②

収集コストや契約履行のためのモニタリングコストが含まれます。以下は、取引コストに影響を与える要因です。

取引コストの上昇要因	環境の複雑性・不確実性が高い、少数主体間の取引、限られた意思決定の合理性、駆け引き的行動（機会主義的行動）が強い。
取引コストの抑制要因	多数主体間の取引、市場取引ではなく組織内取引（特異性が高い職務の内部労働市場の活用など）。

♂ Keyword

▶ 個体群生態学モデル

　個々の組織体レベルを超えて共通の特性を持つ組織の集合体に対して、外部環境が与える影響を説明するものです。自然淘汰の圧力は、共通の組織形態を持つ組織の集合体に対して作用し、それらの誕生・繁栄・盛衰・消滅によって、組織個体群全体の変化を説明するものです。

過去問 トライアル解答　**イ**

☑チェック問題

　資源依存モデルによれば、環境の構造的特徴によって、焦点組織が直面する不確実性は異なってくるという。例えば、組織間相互依存度が高くても、重要な資源が豊かにある場合、組織間コンフリクトの可能性は低くなるため、焦点組織が直面する不確実性は低くなる。　　　　　　　　　　　　　　　　⇒○

第4分野 | 経営組織②

12 経営理念と企業文化
企業文化の形成要因と機能

学習事項 企業文化，企業文化の形成要因，企業文化の意義と機能

このテーマの要点

外にも影響！？　組織文化！

企業文化は、企業の構成メンバーの間で共有された価値や信念、思考様式や行動規範などで、モチベーション、判断、コミュニケーションの拠り所となります。

企業文化は企業内のみが関係すると思われがちですが、その影響は社外関係者にも及びます。そのため、企業文化の確立は経営のあらゆる場面において重要となります。

企業文化を確固たるものにするためには、メンバー間のばらつきをいかに小さくするかを考えなければなりません。

過去問トライアル	平成21年度　第13問
	組織文化の機能
類題の状況	R03-Q21　H29-Q19　H27-Q21　H25-Q10　H24-Q13 H22-Q17　H16-Q19　H15-Q20

組織文化の機能に関する記述として、<u>最も不適切なもの</u>はどれか。

ア　企業の年齢が若く、規模が小さい段階では、組織文化は従業員のこころを結びつける接着剤の役割を果たす。

イ　組織文化は、外部環境への適応行動である戦略行動にはあまり影響を与えないが、組織内部の管理や人事評価などに強い影響力を持つ。

ウ　組織文化は、従業員が信奉する価値観など、組織内で論理的に解決できない問題への解を提供することで、従業員の不安を解消する。

エ　組織文化は、新入社員に対して、この組織ではどのような振る舞いが望ましいのか、何を良いと感じるべきかを教育する機能を持つ。

オ　組織文化を外部環境に発信することを通じて、その組織文化に共感するメンバーの参加を促す効果を持つ。

156　**LEC**東京リーガルマインド　2025年版 出る順中小企業診断士 FOCUSテキスト＆WEB問題 企業経営理論

1 企業文化とは

　企業文化（組織文化）とは、企業の構成メンバーの間で共有された価値や信念、思考様式や行動規範などを指します。経営理念とは異なり、企業文化は明文化されていませんが、企業の構成メンバーの判断や行動に対して少なからず影響を与えています。

　企業文化は企業全体にかかわるもので、企業という集団内で各メンバーが相互作用しながら形成されますが、創業者や経営者が大きく影響を与えることがあります。例えば、創業者のメッセージや生き方・個性などが企業内に語り継がれ、企業文化を形成することも多々あります。

✎ Keyword

▶　経営理念

　企業組織は何らかの目的をもって作られます。いわば創業者の想いや志をもとに、企業の存在意義や果たすべきミッションといった重要な価値観を明示したものが経営理念です。

2 企業文化の形成要因

　強い企業文化を形成するためには、メンバー間のばらつきが小さくなければなりません。メンバー間のばらつきに影響を与え、その結果として組織文化の形成にかかわる要因は以下の通りです。これらの要因を強めれば、強い企業文化を形成しやすくなります。

近接性	メンバー同士が物理的に近くにいる度合いのことです。対面による接触は考え方などの共通化を促します。
同質性	メンバーの性質や特性が似ている度合いのことです。
相互性	仕事の相互依存度のことです。調整の必要性から考え方などの共通化が求められます。
情報の遍在性	情報が1か所に集中せず、まんべんなくいきわたっている度合いのことです。どのようなコミュニケーション・ネットワークを持つかによって影響を受けます。
帰属意識	メンバーが、所属する集団の一員であると感じることです。自社スポーツチームの応援などにより、会社に対する帰属意識は高まります。

4

経営組織②

💬 OnePoint　コミュニケーション・ネットワーク

コミュニケーション・ネットワークには次の5つがあり、情報の遍在性はマルチチャネル型が最も大きくなります。

チェーン型	星型	Y字型	サークル型	マルチチャネル型

3　企業文化の意義と機能

　企業文化の意義としては、モチベーション、判断、コミュニケーションの拠り所になること、および、メンバー間の心の結びつきを生むこと等が挙げられます。これらは、以下に挙げる企業文化の機能を通じて、価値や信念、思考様式や行動規範などがメンバーや社会に浸透して達成されます。

規範の提供	客観的な事実とは関係なく、メンバーが信じるべき規範を提供します。メンバーに真偽の確認手段がない場合や、急速な意思決定が求められる場合に、事実と乖離していても規範は強固なものになります。
斉一化	メンバーに企業文化に同調することを要求します。凝集性が高い組織ほど、斉一化は強く働きます。
組織構造の安定化	メンバーを企業文化の提示する価値や行動規範に従わせて、組織構造を安定させます。強い企業文化ほど強い安定機能を持ちます。
独自イメージの醸成	メンバーや社外の関係者にいわゆる企業らしさを提示します。取引先や求職者、投資家の判断にも影響を与えます。

過去問 トライアル解答　**イ**

☑チェック問題

　組織文化の形成には、従業員に知覚された経営管理者の日常行動が大きな影響を与えている。　　　　　　　　　　　　　　　　　　　　　　　⇒○

13 経営組織の力学
グループダイナミクス

学習事項 集団凝集性，グループシンク，グループシフト，リスキーシフト

このテーマの要点

赤信号、みんなで渡れば怖くない！

人間は集団内にいる場合と、個人でいる場合では行動が変わってきます。本テーマでは集団の団結の度合い（集団凝集性）を切り口にして集団の思考や行動を考えていきます。

集団凝集性が強まれば、それに応じて個人にかかる集団の圧力も高まり、結果として思考様式と意思決定、業績、逸脱者に対するコミュニケーション、集団間コンフリクトが変化します。この変化は、グループシフト（集団傾向）に見られるように必ずしも良いものではないため、集団をマネジメントする際には集団凝集性をどの程度の範囲に収めるかを考える必要があります。

過去問 トライアル	平成17年度　第16問
	集団の機能
類題の状況	R05-Q19　R03-Q18　R02-Q10　R02-Q18　H19-Q13 H16-Q25

企業組織においてほとんどの職務は集団を単位に行われている。集団の機能やマネジメントに関する記述として、<u>最も不適切なもの</u>はどれか。

ア 環境が安定している場合には集団内部では同調行動を促す強い力が働くためコンフリクトが起こりにくいが、外部環境が悪化すると集団の凝集性が低下しコンフリクトが起こりやすくなる。

イ 凝集性が高い集団が、あまり慣れていないタイプの問題解決に直面し、時間的に早く結論を出すようなプレッシャーを受けると、「集団思考（groupthink）」に陥りやすい。

ウ 集団の意思決定の方が、個人の意思決定に比べてリスクの高い選択を行いやすい傾向にあるのは、個人が決定に対する説明責任を負う可能性が低いからである。

エ 集団の凝集性が高く、集団の目標と組織の目標が一致する度合いが高くなると、組織の生産性は高くなる。

オ 集団を小規模に設計し、メンバーが長い時間にわたって経験を共有するようになると、集団の凝集性は高くなり、組織文化が生まれてくる。

1　グループダイナミクス

　グループダイナミクスとは、集団構造の中で発生する力学のことです。人間は、外部から影響されることなく考え、決断し、行動するのではありません。個人は、その属する集団からの圧力によって影響を受け、思考や行動が個人の場合とは変わります。そういった個人が集団を形成しているため、集団特有の思考や行動が醸成されることになります。

　集団圧力の大きさは、集団の団結の度合い（**集団凝集性**）が強くなると増します。また、自分と同じ意見を持つ者がいない場合、集団圧力の影響が高まります。

♂ Keyword

▶　集団規範

　集団で作られる独自の規範のことです。実際に妥当であるかにかかわらず、メンバーに対しその遵守が強制されます。強制の度合いは集団凝集性と正の相関があります。

▶　斉一性の圧力

　メンバーが集団の意見に同調するようにかけられる集団圧力のことです。その強さは、集団凝集性の強さと正の相関があります。

2　集団凝集性の要因

集団凝集性を強める要因には以下のものがあります。
- 共通の目標があること
- 外部環境が不安定であること
- 集団の規模が小規模であること
- メンバーの入れ替わりが少ないこと
- 長時間にわたって経験を共有すること

3　集団凝集性がもたらす集団特有の思考や行動

　集団凝集性の強さによって、思考様式と意思決定、業績、逸脱者に対するコミュニケーション、集団間コンフリクトに違いが出てきます。

[1] 思考様式と意思決定

　集団凝集性が強いと、合意に至ろうとする圧力が強くなり、多角的な視点から物事を考えなくなる傾向があります。このことをグループシンク（集団浅慮）といい

4

経営組織②

ます。グループシンクは集団凝集性の強さだけではなく、外部との隔絶や、支配的なリーダーの存在によって起きやすくなります。

　集団ではグループシンクに陥ると、しばしば極端な意思決定が行われます。このことをグループシフト（集団傾向）といい、以下の2つがあります。集団では責任が拡散されることからリスキーシフトの方が起こりやすいといわれています。

| リスキーシフト | 個人の決定に比べて、よりリスクが大きい方向に集団の意思決定が向かうことです。 |
| コーシャスシフト | 個人の決定に比べて、より慎重な方向に集団の意思決定が向かうことです。 |

［2］業績

　集団凝集性は集団の業績に影響を与えますが、影響の方向は、集団の目標と組織の目標や外部環境と整合性がとれているか否かによって変わります。整合性がとれている場合にはプラスに働きますが、整合性がとれていない場合にはマイナスに働きます。

［3］コミュニケーション

　集団凝集性が高いほど、コミュニケーション量は大きく、特に逸脱者に対しては説得のために大きくなります。しかし、逸脱者に変化が見られない場合、凝集性の高い集団ではコミュニケーション量が急激に減っていき、村八分という制裁が行われます。

［4］集団間のコンフリクト

　集団の凝集性が高い場合、他の集団に対して排他的になるため、集団間のコンフリクトは起こりやすくなります。対策としては、集団横断的な目標を立てることや、各集団間でメンバーの入れ替えを行うこと等が挙げられます。

過去問　トライアル解答　**ア**

☑チェック問題

　集団に対する外部からの脅威は、集団の凝集性を高め、個人が集団の価値と一体化する可能性を高める。　　　　　　　　　　　　　　　　　　　⇒○

経営組織の力学
14 コンフリクト

学 習 事 項 コンフリクト，コンフリクトの発生要因，コンフリクトの機能

このテーマの要点

ケンカの収め方、役立て方

コンフリクトとは、個人や集団の間に生じる葛藤、対立のことです。コンフリクトは概して悪いことに思われがちですが、組織変革の推進やアイデアの創出に役立つといったプラスの側面もあります。そのため、マイナス面よりもプラス面が多くなるようにコンフリクトの発生を管理する必要があります。コンフリクトの管理では、原因となる資源の希少性、自律性の確保、意図関心の分岐といった要因をコントロールすることになります。

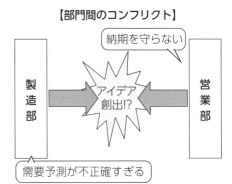

【部門間のコンフリクト】

過去問 トライアル	平成18年度　第13問
	部門間コンフリクト
類題の状況	R03-Q19　R01-Q15　H16-Q16

営業部門や製造部門、あるいは研究開発部門などの間で、しばしば部門間コンフリクトが発生することがある。このような場合、コンフリクトへの対応として最も適切なものはどれか。

ア コンフリクトを起こしているそれぞれの部門内に独自にトレーニング・グループをつくり、組織開発の手法をとり入れた訓練を行う。

イ コンフリクトを起こしている部門間に共通の目標を共有させ、情報を共有させるとともに、各部門の専門性を損なわないよう独立した評価システムを導入する。

ウ コンフリクトを起こしている部門に対して、インターネットなどのITを導入して情報を共有させ、直接に共同の意思決定をする機会そのものを減らす。

エ コンフリクトを起こしている両部門を1つの部門に統合することを通じて、相互依存を認識しなくては意思決定できないようにし、予算や人件費を削減する。

オ 部門間人事異動を定期的もしくは不定期に行うことを通じ、それぞれの部門の目標や課題を理解できる人材を増やし、コミュニケーションを活発にするような横断的関係を設ける。

1 コンフリクトとは

組織におけるコンフリクトとは、個人や集団の間に生じる葛藤、対立、紛争などの敵対関係のことです。コンフリクトは、組織において、個人間、部門間など様々なレベルで発生します。

2 コンフリクトの発生要因

組織では、利害調整や意見調整が常に行われているため、潜在的なコンフリクトは必ず存在しています。それが次第に顕在化し、対立や競合に発展します。コンフリクトが発生する要因は次の通りです。

資源の希少性	資源には限りがあり、かつ十分にはないため、その配分をめぐって互いに競合します。
自律性の確保	それぞれが自律を求めることで、相手側を統制したり自己の管理下に置こうとする欲求が高まり、パワーゲームが起こります。
意図関心の分岐	組織の中で共通の目標が確立されないために、協力関係のコンセンサスが成り立たず、各自が勝手に行動するようになります。

発生要因をコントロールすることにより、コンフリクトの発生を少なくしたり、発生したコンフリクトを軽減したりできます。部門間コンフリクトは、各部門が別の集団として凝集性を持ち、独自の文化を形成すると大きくなります。そのため、企業文化の形成要因や集団凝集性を強める要因を部門横断的に設計・導入すれば改善することができます。具体的には、共通目標の導入、部門間の対面による交流、協働の機会の増加などが挙げられます。

3 コンフリクトの機能

コンフリクトは、適切に対応しなければ組織の崩壊を招くこともありますが、うまく活用できれば、組織の効率化や生産性の向上に役立てることができます。そのため、前述の発生要因をコントロールし、組織にとってプラスになるようにコンフリクトを管理する必要があります。コンフリクトのプラス面での機能には次のようなものがあります。

4 経営組織②

緊張感による動機づけ	コンフリクトは、組織内に緊張を生み出します。適度な緊張感は組織メンバーに刺激を与え、行動を動機づけることがあります。逆に、コンフリクトが発生しなければ緊張が生じることもなく、退屈だけを感じることになります。
アイデアの創出	コンフリクトにより建設的に意見を戦わせることで、新たな発想が生まれることがあります。組織内の様々な部門間や、立場の異なる組織メンバー間で意見交換を行うほど、新たな発想を獲得する可能性が高まります。
組織変革の推進	コンフリクトにおける攻撃行動を単に非合理的と片付けるのではなく、新たな発想の創出と捉えて、組織変革の推進に活用することができます。

過去問 トライアル解答　　オ

☑チェック問題

それぞれの部門が獲得する情報の冗長性を小さくすれば、情報を共有する度合いが高くなるので、コンフリクトを減らすことができる。　　⇒×

▶ 　情報の冗長性とは、部門間において情報を重複して持ち合うことである。冗長性を高めることによりコンフリクトの原因となっている問題を直視することができるので、コンフリクトを減らすことができる。なお、情報の冗長性は、組織内に創造的な知恵を生み出す源泉ともなる。

組織学習と組織変革
低次・高次学習

学 習 事 項　低次学習，高次学習，シングルループ学習，ダブルループ学習

このテーマの要点

危機を抜け出す高次学習！

学習には、低次学習と高次学習があり、前者は既存の枠組みの中での改善活動等を指し、後者は、枠組みそのものに変更をもたらすような学習を指します。

組織が環境に適合しており、安定的に成長している場合には、低次学習が組織の発展に寄与します。しかし、組織と環境の間に

【シングルループとダブルループ】

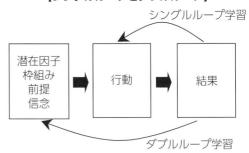

ギャップが生じ、危機的な状況に移行してくると、低次学習の効果はあまり見られなくなり、高次学習の必要性が高まってきます。

過去問トライアル	平成20年度　第19問
	シングルループ学習とダブルループ学習
類題の状況	R03-Q22　R01-Q14　H25-Q17　H18-Q12　H16-Q23

企業が長期に成長・発展していくためには、シングルループ学習とダブルループ学習を適切に切り替えて行っていく必要がある。このことに関する記述として、最も適切なものはどれか。

ア　業績評価基準を成果主義型から過程重視型にシフトすることを通じて、シングルループ学習を抑え、ダブルループ学習を促進する可能性が高くなる。

イ　計画策定部門と執行部門を明確に区分し、適切なコミュニケーションを確保する組織を構築することで、シングルループ学習とダブルループ学習を適切に切り替える可能性が高くなる。

ウ　執行部門により多くの権限を委譲することを進めると、シングルループ学習を促進し、ダブルループ学習を阻害する可能性が高くなる。

エ　職務を細分化し、過程別専門化を進めていくことが、シングルループ学習を阻害し、ダブルループ学習を促進する可能性を高める。

オ 専門化された各部門の責任・権限を明確化することを通じて、シングルループ学習を抑え、ダブルループ学習を促進する可能性が高くなる。

1 低次学習と高次学習

組織学習は、学習レベルによって低次学習と高次学習に分けられます。

低次学習	既存の枠組みの中で継続的な改善を加えていく組織学習です。手段や方法の改善を主眼とするシングルループ学習は、低次学習の1つに位置づけられます。
高次学習	組織全体を根本から変革していく学習です。従来の行動規範やフレームワークにとらわれず、全く新しい価値観の創造を志向するダブルループ学習は、高次学習の1つに位置づけられます。

2 学習レベルの決定要因

学習レベルに影響を与える要因には様々なものがありますが、ここでは主たる要因を取り上げます。

評価制度	過程主義よりも成果主義の方が高次学習につながります。過程主義では、今の組織がよしとする過程が評価につながるので、高次学習は阻害され、低次学習が促進されやすいといえます。
職務内容	職務内容が専門的であったり細分化されていたりした場合、高次学習よりも低次学習につながりやすくなります。執行的要素よりも企画的要素の強い職務の方が高次学習につながりやすいといえます。
権限委譲	権限委譲によって低次学習よりも高次学習につながりやすくなります。これは、職務内容に企画的要素が増えることなどによるものです。
学習意欲	ある程度までは学習意欲と低次学習に相関がありますが、それ以上に学習意欲が大きくなると低次学習が減り高次学習が増えていきます。
外部環境	急激に変化する厳しい外部環境では低次学習よりも高次学習が促されます。

3 組織の変革過程と組織学習

組織の成長段階では、安定的な状況と危機的な状況の双方が交互に訪れます。組織は、これらの状況変化に対し、安定的な状況では漸次的進化過程、危機的な状況では革新的変革過程によって対応していきます。経営者は状況に応じて、漸次的進化過程と革新的変革過程のバランスをとることが重要となります。

4 経営組織②

漸次的進化過程 （低次学習に相当）	継続的に改善が行われる進化プロセスのことです。一般的には、既存の仕組みを活用しながら現在の仕事の効率化を進めるなど、小さな改善努力を継続的に積み重ねていくやり方です。
革新的変革過程 （高次学習に相当）	危機的な状況において、別の段階へと移行していく断続した進化プロセスを指します。従来のやり方では組織の存続が危ういため、新しい戦略や組織構造などを構築していかなければなりません。

💬 OnePoint　変革過程

①漸次的進化過程
②革新的変革過程
③衰退の過程

過去問 トライアル解答　**イ**

☑チェック問題

組織学習は多くの場合、低次学習になりやすく、高次学習が困難である。その理由は、組織の行動と成果との因果関係が、高次学習の場合には具体的で明確であるのに対し、低次学習の場合には曖昧であるからである。　　　⇒✕

▶ 低次学習とは、単純な行為の繰り返しや修正によって行われるものであり、行動と成果の因果関係が明確である。

16 組織学習と組織変革
組織学習サイクル

学習事項 組織学習サイクル，不完全な学習サイクル，組織的知識創造モデル(SECIモデル)

このテーマの要点

サイクルで考える！　学べぬ組織の4つの状態！

組織の学習は、個人の変化が組織の行動プログラムの変革につながり、結果として環境が変化し、変化した環境を個人が認識し、個人が変化して組織の行動プログラムの変革につながる、というサイクルで行われています。このサイクルが滞りなく進めば、高次学習を行えますが、実際にはサイクルの一部が断絶してしまうことによって、低次学習に留まってしまいます。断絶によって起こる、役割制約的学習、傍観者的学習、迷信的学習、曖昧さのもとでの学習、について整理しておきましょう。

過去問トライアル	平成30年度　第18問
	組織学習
類題の状況	R05-Q11　R05-Q20　R04-Q10　R03-Q10　R02-Q21　H29-Q20　H16-Q23　H15-Q19

変化が激しい環境に適応する組織にとって、組織学習を促進していくことは不可欠である。組織学習に関する記述として、最も適切なものはどれか。

ア シングルループ学習とは、ある目的とそれを達成するための行為の因果関係についての知識を、一度見直すことを意味する。

イ 組織内の人々は役割が規定され、その成果によって評価されるために、環境の変化に対応した新しい知識を獲得しても、それを直ちに個人や組織の行動の変化に反映できないことがある。

ウ 高い成果をもたらした組織のルーティンは、繰り返し使用することによって、より高い成果を生み出すことにつながるため、慣性の高い組織の方が長期適応する能力は高くなる。

エ 低次学習よりも高次学習を促進するためには、明確なコンテキストのもとで、ある行為の結果に関する大量の情報を処理し、その行為の有効性を評価する必要がある。

オ 部門間を緩やかな結合関係にすることによって、傍観者的学習の可能性が低下するため、組織は全体として環境の変化に適応しやすくなる。

1 組織学習サイクル

　組織学習サイクルとは、個人の知識の変化により個人レベルそして組織レベルの行動に変革が生まれ、環境での成果を経て、再び個人の知識に影響を与える一連の流れのことです。

【4-16-1 組織学習サイクル】

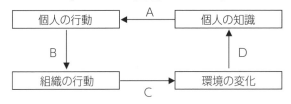

- 個人の知識が変化し学習した結果が、個人の行動に反映される（A）。
- 個人の行動の変化が、組織の行動を変化させる（B）。
- 組織の行動の変化が、環境での好成果に結びつく（C）。
- 環境での好成果が、個人の知識を強化する（D）。
- もし低い成果ならば、新たな個人の知識が作られる（D）。

2 不完全な学習サイクル

　組織学習サイクルは不完全になる傾向があり、高次学習ではなく低次学習が促進される傾向が強いといえます。これは、組織学習サイクルの一部に断絶が生じることによって起こります。

[1] 役割制約的学習（Aにおける断絶）

　個人の知識の変化が行動の変化に結びつかないケースです。組織内諸手続きなどの遵守が強く求められる場合、個人がより良い案に気づいても行動にはつながりにくくなります。また、集団凝集性が高まれば同調が求められるので、知識が行動につながりにくくなります。

[2] 傍観者的学習（Bにおける断絶）

　個人の行動と組織の行動に断絶が生じているケースです。個人や一部門の行動が、その上位組織によって採用を否決されるケースや、統一的な組織文化ではなく下位組織ごとの文化が形成されるケースにおいて発生します。

[3] 迷信的学習（Cにおける断絶）

　組織の行動が、環境の反応とは無関係に展開されるケースです。組織の行動がすぐに環境に結びつくとは限らず、また、組織の行動とは関係ない要因で環境が変化

することもあります。そのため、行動の有効性を誤って解釈し、間違った学習がなされます。

［4］ 曖昧さのもとでの学習（Dにおける断絶）

　組織の行動がもたらした環境変化を、組織メンバーが適切に解釈できず、結果として個人の知識が修正されないケースです。人間は物事を自己の認識の枠組みを通して解釈します。また、定型的な情報収集をしていれば、定型外の情報が漏れてしまうので、環境の変化に気づかない場合も出てきます。

3　組織的知識創造モデル（ＳＥＣＩモデル）

　組織的知識創造モデルとは、組織が知識を創造するプロセスをモデル化した理論です。知識を暗黙知と形式知に分け、人間の知識は暗黙知と形式知の社会的相互作用を通じて創造され拡大していくとしたものです。そのプロセスとなる、「共同化（Socialization）」、「表出化（Externalization）」、「連結化（Combination）」、「内面化（Internalization）」の頭文字をとりＳＥＣＩモデルと呼ばれています。

- 暗黙知
  言葉や文章で表すのが難しい思い、視点、ノウハウ、メンタルモデルなど主観的で身体的な知識
- 形式知
  言葉や文章でなどで明示的に表現された知識

【4-16-2 組織的知識創造モデル（SECIモデル）】

過去問 トライアル解答 イ

☑チェック問題

組織学習サイクルの断絶において、個人の知識と行動の変化の断絶を「役割制約的な学習」という。組織内には、業務手順や罰則規定など、個人の自由な行動を抑制するような制約が多く存在している。その結果、個人が知識を変化させても、それが個人の行動の変化に結びつかなくなる。　　　　　　　　　⇒○

4
経営組織②

組織学習と組織変革
組織慣性

学習事項 組織慣性，埋没コスト（サンクコスト），有能性のワナ，ゆでガエルシンドローム

このテーマの要点

緩やかな悪化は実は危険！？

組織には変化せずに変わらずにいようとする傾向があります。そのことを組織慣性といい、組織に安定性を持たせるものですが、一方で、組織変革の際には障害として立ちはだかります。

本テーマでは埋没コスト（サンクコスト）などの組織慣性につながる要因、有能性のワナ、ゆでガエルシンドロームといった、組織変革がうまく進まない組織で散見される障害について整理していきます。

過去問トライアル	平成18年度　第14問
	組織慣性
類題の状況	R03-Q17　H29-Q17　H27-Q20　H22-Q13　H17-Q9

企業組織が強い慣性を持つと、環境の変化に適応して自らを変革することが困難になる。このような組織慣性についての記述として最も適切なものはどれか。

ア 企業が既存の設備や資産に大きな投資をしていると、それらが機会費用となって、環境変化に対する組織慣性となってしまう場合がある。

イ 既存の商品の品質や性能に厳しい要求を突きつける取引相手の動向をフォローすることで、既存の技術や製品への投資を継続することへの組織慣性を小さくすることができる。

ウ 現在優先的に資源配分を受けているため、組織内でパワーを持っている人々が、資源配分のパターンを変更することに抵抗し組織慣性が強くなる。

エ 伝統的な情報収集システムを通じて入手できる情報には限界があるため、最先端の情報処理技術を駆使した情報システムを構築しておくことで、組織慣性を小さくすることができる。

1 組織慣性とその要因

　組織には変化しようとする力とそのままの位置にいようとする力が働きます。後者を慣性といい、良い面では組織の安定性につながりますが、時として必要な組織変革の足かせになるといった悪い面もあります。

　組織に慣性が働く理由は、組織の変化に対して制約が課されるからです。また、そもそも変化の必要性を認識できない場合、組織は変化せずに留まろうとします。

制約となる要因

埋没コスト （サンクコスト）	埋没コストとは、変化（事業の撤退や縮小など）を受け入れても回収できない費用のことです。埋没コストが大きいほど慣性は強くなります。
情報の不足	組織を通して得られる情報は、現状の組織に合った情報が選別されているため、変化に必要な情報が不足しがちとなります。
政治的圧力	変化によって既得利権が失われることがあるため、変化しようとすれば利権を持っている内外の者から圧力をかけられます。
一貫性の要求圧力	内部からは、歴史や伝統、組織文化（判断基準を含む）を守ろうとする圧力がかかります。また、外部である社会からは、信頼性や会計責任といった観点での一貫性が求められ、変化に対して慣性が働きます。
参入・撤退障壁	財務面や法制度面での障壁が影響します。新領域の参入障壁が高い場合や、既存領域からの撤退障壁が高い場合には、慣性も強く働きます。

認識不足をもたらす要因

希求水準	組織や個人が求める希求水準が実際の成果よりも低いほど、変化の必要性は認識されません。
環境構造	環境が厳しいと成果は低くなります。また、環境が複雑だと、意思決定と成果の因果関係が見えず、現状への疑問や変化への期待を持てません。
環境変化の速度	希求水準は実際の成果を受けて常に修正されていきます。そのため、環境がゆっくり変化する場合、希求水準も徐々に修正されるので、成果とのギャップが生じにくくなります。
戦略的近視眼	組織が処理できる情報は限られているため、既存事業に必要な情報を収集し、既存の枠組みに基づいて情報を処理します。そのため、変化の必要性を示す情報を排除したり、気づけなかったりします。

♂ Keyword

▶ 希求水準

　これぐらいは欲しいと期待している業績などの水準のことです。

4

経営組織②

組織慣性が働き、変革がスムーズに進まない組織では、次の障害が見られます。

埋没コストへの執着	今まで投入したコストが埋没するため、現状を維持しようとすることです。
外部環境への ロックイン	変革を進める場合に、外部の利害関係者から抵抗を受けることです。
有能性のワナ	現状に不満がないため、変革を起こそうとしないことです。
コミットメントの 上昇	失敗の後で、むしろ過去の戦略に対するコミットメントが強化されることです。
ゆでガエル シンドローム	業績低下が緩やかなために、希求水準も徐々に低下し、いつの間にか変革の糸口すらつかめなくなることです。

● OnePoint　コミットメントの上昇

コミットメントの上昇は、次の理由で起こります。
①失敗を認めることの心理的な負担
②従来の戦略の成功期待とそれによる損失補填期待
③損失や脅威を与えられた場合、既存戦略への依存傾向
④失敗原因の外部環境への帰属と将来についての希望的観測

過去問 トライアル解答　▶　**ウ**

☑チェック問題

　組織学習は多くの場合、低次学習になりやすく、高次学習が困難である。その理由は、一定期間以上、目標水準を超える業績が続くと、いわゆる「有能性のわな（competency trap）」が発生し、現在の能力を磨く方向にしか関心がいかなくなるからである。　　　　　　　　　　　　　　　　　　　　⇒◯

18 組織学習と組織変革
組織変革

学習事項 組織変革，変革時の問題と対策

このテーマの要点

変革案だけじゃ変わらない！？　障害を乗り越える移行プロセスマネジメント！

　組織が永続的に存続していくためには、環境の変化に対して組織を戦略的に変革していく必要があります。本テーマでは、組織変革の進め方として、①変革の必要性の認識、②変革案の策定、③変革案の実施および定着の３つのプロセスを学びます。試験で出題される組織変革に関する事例形式の問題を解くには、組織変革の知識だけではなく、企業文化、組織慣性、コンフリクト、モチベーション、組織学習など、様々な分野の知識も踏まえ、総合的に対応する必要があります。

過去問 トライアル	平成29年度　第21問
	組織アイデンティティ
類題の状況	R05-Q23　R05-Q18(再)　R04-Q17　R03-Q23　R01-Q20⑴⑵ H29-Q22　H27-Q18　H27-Q19　H27-Q20　H26-Q21 H24-Q19　H22-Q13　H19-Q19　H18-Q15　H15-Q15 H14-Q2

　組織を取り巻く環境の変化が激しくなるにつれて、絶えざる組織変革が求められる一方で、組織アイデンティティの重要性が認識されてきている。組織アイデンティティに関する記述として、最も適切なものはどれか。

ア　異なる利害関係者が関わる組織においては、コンフリクトなどが頻繁に発生するため、組織アイデンティティは効果を発揮することができない。

イ　組織アイデンティティは、業界内の自社の競争上のポジションなどを認識することを通じて確立されるもので、トップマネジメントが経営理念や組織文化に反映していく自社のイメージを意味する。

ウ　組織アイデンティティは、組織の構成員による自己認識であるため、組織の外部からの影響を受けて変化する可能性が少なく、組織に強い一体感をもたらす効果がある。

エ　組織アイデンティティは、他者から自社がどう見られているかを映し出すとともに自社のイメージを他者に印象付け、組織文化に埋め込まれると同時に組織文化の理解を表したものとなる。

オ　単一の組織アイデンティティは外部環境への適応に対する抵抗要因となるた

め、複数の組織アイデンティティを持つことが、環境への過剰適応を生み出す可能性がある。

1 組織変革の必要性の認識

組織変革は、まずその必要性が認識される必要があります。経営者が変革の必要性を認識するためには、情報に対して多様な解釈を試みる必要があります。

多様な解釈を行うためには、組織として利用できるスラック資源を持っていることや経営者が生のデータに直接アクセスすること等が必要になります。また、多様な解釈のきっかけとして、コンフリクトがその役目を果たす場合もあります。

● OnePoint　変革の必要性認識

変革の必要性認識には低次学習から高次学習への切り替え（認知ギアの切り替え）が必要です。そのためには、リッチな経験といわれる多様な解釈のできる経験が重要となります。

2 組織変革案の策定

組織変革の必要性が認識されると、次は組織変革案の創造が求められます。組織変革では、個人的なアイデアから組織レベルの公式な変革案に昇華させるため、情報を多義的に捉えたのち、組織として共通の解釈に至る必要があります。組織変革案の創造に影響を与える要因には、次の3点があります。

自律的組織単位	多様な思考の人々が変革グループに参画し、自律性を持って問題解決にあたることが必要です。つまり、内発的に動機づけられた、自らの目標設定において自由度の高い人々の存在が変革のカギになります。
フェイス・トゥ・フェイス・コミュニケーション	革新的なアイデアは、明文化できない暗黙知の形態をとることが多くなります。フェイス・トゥ・フェイスのコミュニケーションを通じて、暗黙知の多義性が増幅され、その後に次第に共通の新しい解釈がなされるようになります。
冗長性と最小有効多様性の法則	グループに参画するメンバーは専門領域を持ちつつ、組織全体に関する知識や情報を共有している必要があります。各メンバーが重複した情報を持つ冗長性は、メンバー間の情報の多義性が増幅されることを抑制する効果があります。むろん、変革には多様性の確保も必要になるため、冗長性を確保しつつも最小限必要な多様性も確保しなければなりません。

経営組織②

4

スラックに余裕がない場合、組織は革新よりも日常業務に関する意思決定を優先的に処理します（プランニングにおけるグレシャムの法則）。

コンフリクトは、組織の既存のルールでは処理できない問題の発生を示すシグナルとなるため、組織革新の契機と考えることもできます。利害者集団間のコンフリクトは環境の諸要因の変化を示し、組織内コンフリクトは組織内部の機能障害を示しています。

☌ Keyword

▶ 最小有効多様性の法則

アシュビーが提唱した概念で、「環境の多様性と同じレベルの多様性が組織単位に組み込まれたとき、最も効率的に学習が促進される」というものです。

3 組織変革案の実施および定着（移行プロセスのマネジメント）

組織の変革案が明らかになると、次は実際に変革を行うことになります。「移行状態」の組織管理には、特別の注意を払う必要があります。移行過程では、抵抗、混乱、対立等が問題となります。そのため、移行状態のマネジメントを専門に担当する管理者とチームを編成し、さらに、移行管理を行うチームが職務を行うために、トップがこの移行管理チームをサポートし、彼らの職務完遂を支援する必要があります。

問題	原因	対策
抵抗	・変化が生み出す「未知」への不安 ・新組織におけるアイデンティティ等の不適合 ・既得権の喪失	・現行組織の問題点のメンバーへの周知徹底 ・変革に影響を受ける人々の変革過程への参加 ・変革支持に対する報酬配分 ・現状脱却のための時間と機会の提供 ・新組織に向けての教育・訓練
混乱	・制度変更で流動的状態の発生による日常業務の管理・統制の機能低下	・望ましい新組織像の具体的な明示 ・関係者間の緊密かつ継続的な情報伝達 ・迅速な問題解決とその支持体制
対立	・変革に伴う既存のパワーバランスの変化	・中心的な権力集団からの協力の確保 ・各リーダーの部下に対する指導による変革

過去問 トライアル解答　**エ**

☑チェック問題

　経営改革案の実施段階で、経営者が行うべき方策の1つは、従業員が経営改革の進展とともに自らの新しい役割を理解し、それを実行に移せるよう十分なトレーニング・プログラムを準備することである。　　　　　　　　⇒○

第 **5** 分野

人的資源管理

人的資源管理

1 各テーマの関連

人的資源管理

- 実際の人事システム ──── 5-1 人的資源管理の全体像
- 労働法規関連 ──┬── 5-2 労働基準法
  └── 5-3 その他の労働法規

　人的資源管理の分野では、人事システムと労働法規関連について学習します。人事システムでは「5−1　人的資源管理の全体像」、労働法規関連では「5−2　労働基準法」を中心に基本的な論点に絞って確認します。

2 出題傾向の分析と対策

① 出題

#	テーマ	H26	H27	H28	H29	H30	R01	R02	R03	R04	R05
5-1	人的資源管理の全体像	2			2	1	1	1		1	
5-2	労働基準法	1	2	3	4	4	1	2	4	3	6
5-3	その他の労働法規			1	3			2	1	1	1

② 対策

　人的資源管理の分野の過去の出題傾向としては、人事システム（「人的資源管理全体像」）では人事制度の見直し、キャリア開発プログラム、個人へのインセンティブなど「能力開発」に関する出題が多いといえます。過去の出題では基本知識を問われることが多く、本テキストレベルの知識は習得して対応できるようにしてください。一方、労働法規関連では近年は「労働基準法」を中心に毎年3〜5問程度が出題されます。労働法規関連は実務的な問題であり、時間外・休日労働、社外積立型退職金、安全衛生管理体制、解雇、割増賃金の算定、基礎賃金、労働契約など幅

広いテーマから出題されています。それぞれに比較的細かい論点が問われるため、例年難易度は高くなります。労働関連法規の学習は、本テキストの基本論点の整理に留めた方がよいと思います。

1 実際の人事システム
人的資源管理の全体像

学習事項 人的資源管理，戦略的人的資源管理

このテーマの要点

人的資源管理と労務管理とはどこが違う？

企業は、ヒト・モノ・カネの３つの資源を利用しながら活動を行っています。人的資源管理は、ヒトすなわち人的資源にかかわる管理機能を担っています。

ここでは、人的資源管理の全体像を把握することを目的に、人的資源管理の要素である、採用・人員配置、評価、報償、賃金、能力開発などの管理機能を簡単に概観します。

過去問 トライアル	平成20年度　第24問
	能力開発の体系と手法
類題の状況	R04-Q22　R02-Q23　R01-Q21　H30-Q19　H29-Q18 H29-Q23　H26-Q22　H26-Q26　H23-Q15　H21-Q20 H17-Q18　H16-Q16　H16-Q24　H15-Q25　H15-Q27 H14-Q14　H14-Q17

企業経営の中で人材育成は不可欠の要件の１つである。その手法としての能力開発の体系や手法に関する記述として、<u>最も不適切なものはどれか</u>。

ア　CDP（キャリア・ディベロップメント・プログラム）は、社員各自の希望と企業の人材ニーズに照らした長期的なキャリア・プランに基づく教育訓練と人事評価や処遇を合わせて行う必要がある。

イ　OFF-JTは、集合教育、外部の講習会への参加などで、通常の業務遂行外で行われるため、計画的に実施することができる長所がある。

ウ　OJTは、上司や先輩が部下に対して日常的に業務上の知識や技能を指導する方法で、その成果が仕事に直接反映されやすい長所がある。

エ　教育訓練は、一般に階層別教育訓練、職能別教育訓練および課題別教育訓練から構成される。

オ　自己啓発は、社員の自発性に根ざした自らが必要と考えている業務上の知識のレベルアップや他の知識の取得および自己の関心事について自ら挑戦することで、

自己啓発意欲を支援する趣旨から企業がその費用の一部を支援する義務がある。

1 HRM（人的資源管理）の意義

HRM（Human Resource Management：人的資源管理）とは、「人材を経営資源の1つとして捉え、有効活用するための仕組みを構築・運用する諸活動」のことです。伝統的な労務管理では、労働力を「単なる生産手段」として捉える傾向が強く、労働力の調達、労働条件の整備や労使関係の調整などの観点に留まる考え方でした。

これに対しHRMは、動機づけ理論などの行動科学の発展に応じて用いられるようになった概念で、「企業側が人材をいかに有効に活用するか」に力点が置かれています。

HRMは1つのシステムと考えることができ、主に採用・人員配置、評価、報償、賃金、能力開発などの管理機能を包含しています。

> **● OnePoint　SHRM（戦略的人的資源管理）**
>
> SHRM(Strategic Human Resource Management：戦略的人的資源管理)とは、企業戦略の観点からHRMシステムを構築することで、企業戦略に適応した従業員の行動を引き出し、企業の業績向上に結びつけようとする考え方です。SHRMが活発に議論された背景として、「資源アプローチ」の考え方があります。これは、企業の競争優位の源泉は、企業内に蓄積された能力や資源に依存するとした考え方であり、特に、持続可能な競争優位の源泉として人的資源が重視されたことが大きく影響しています。

2 採用・人員配置

企業が適任な人材を採用し適切な場所に配置するには、その業務内容や求められる人材の要件を明確にする必要があります。このための手法に職務分析・職務評価があります。

- 職務分析：職務を遂行する上で必要な知識や能力、負荷などを調査し明らかにする作業。主にこの作業で業務の量を明確にします。
- 職務評価：分析された職務の内容が事業の価値連鎖のどこの位置にあたるのか分析し、職務の重要度を全社的な視点で測定する（重みづけを行う）。主にこの作業で業務の質を明確にします。

5

人的資源管理

3 評価（人事考課）

　人的資源管理は、企業の経営資源の蓄積を行うことであり、それも、目に見える形で測定できないと制御も困難になります。そこで、評価という作業を通じ、全体の社員の習熟度やモチベーション、また、成果としての結果を計る必要があります。その測定を通じ、適切な処遇や教育を行います。

　人事考課では、考課を受けるのも人間であり、行うのも人間であるため、その考課者による心理的誤差は避けることができません。そのため、考課者訓練が重要になりますが、その他に、被考課者を参画させる自己申告制度や、直接の考課者以外の人間（被考課者の同僚・顧客等）の評価も加える多面評価（360度評価）も採用されます。

4 報償

　報償（報酬）とは、企業が労働者または役員等を含めた利害協力者への労働の対価として支払うものを指し、金銭的報酬と非金銭的報酬の2つがあります。
- 金銭的報酬（賃金（給与やボーナス）や福利厚生・特別手当など）
- 非金銭的報酬（昇進や昇格、社員への登用、または個人的な仕事への達成感ややりがいなど）

評価と連動して行われる報償は、人の査定という行為と育成という作業を同時平行的に行うことが求められます。評価が高くても報酬が低かったり、評価に差がないにもかかわらず特定の人の報償が大きかったりすれば、組織内の不公平感や連帯感の喪失を招きかねません。報償も評価と同じく、目に見える形でその基準等を就業規則に入れて、従業員全員に周知させておく必要があります。

5 賃金

　賃金とは、労働基準法上、賃金・給料・手当・賞与その他名称の如何を問わず、労働の対償として使用者が労働者に支払うすべてのものをいいますが、報償（報酬）とは意味合いが異なります。賃金は、賃収入だけで生計を立てている労働者が、時間単位で得られる収入源です。そのため立場上弱者になる労働者を保護するため、労働基準法、最低賃金法などで最低限の賃金の支払い基準を設けています。報償（報酬）は広義の意味では、賃金を包括する意味合いを持ちますが、法的規制や保護を受ける概念のものではありません。

　賃金の中心的な存在が、「基本給」と「諸手当」の「所定内賃金」です。残業代などは「所定外賃金」となります。基本給は、賃金の基本部分で、属人給（年齢・勤続年数・学歴など）と仕事給（職務内容などの仕事的要素）、それとこの2つを

掛け合わせた総合給のいずれかで決められるのが一般的です。

このうち仕事給は、職能給と職務給に切り分けられる場合があります。配置転換等の多い日本では、これまで職能給での運用が多かったのですが、職能給は年功的賃金になりやすいという問題があったため、近年、成果給も導入されるようになっています。

6 能力開発

能力開発は、人的資源管理では重要な位置づけとなります。評価や報償（賃金を含む）というシグナルを従業員に発信していても資質の向上に向かわせることは難しい場合があります。戦略に合致した人材の資質向上のためには、直接的に方向づけを行い、OJT、Off-JTや自己啓発などを組み合わせて効果的な教育訓練をすることが望ましいといえます。

- OJT（On the Job Training）

  実際の仕事の中で、上席者または技能を有する者が指導しながら、その業務に必要な知識や能力を部下に教育する方法です。

- Off-JT（Off the Job Training）

  別途、時間と場所を設け、集団的教育を行うもので、実際の業務から離れて行う方法です。

- 自己啓発

  組織の階層に関係なく、自分の意思で目的を持って自身の能力に磨きをかけるものです。組織的な取り組みは困難のため、制度上の優遇措置（資格取得の奨励金・学習費用の一部負担）等で対応するのが一般的です。

7 CDP

CDP（Career Development Program）は、組織ニーズと個人の人生または、その組織での目標とを対応させて、本人の能力開発を行っていくプログラムです。

組織目標を達成するために従業員にその方向性を指し示し、キャリアプランニングを継続的に支援していくことが望まれます。

CDPの効果的な運用には、キャリア・パスを作成する必要があります。また、その設計段階で本人のモチベーションが向上し、自己啓発の誘因効果があるとされています。

過去問 トライアル解答　**オ**

5

人的資源管理

Off-JTは、体系化された知識を整理した形で教育することができるため、職務に対する知識や能力を十分に持っていないときに、OJTと組み合わせて用いると効果が高い。 ⇒○

2 労働法規関連
労働基準法

学習事項 労働条件の決定（労働協約，就業規則，労働契約），労働時間，就業規則（絶対的必要記載事項，相対的必要記載事項）

このテーマの要点

労働協約、就業規則、労働契約の中で最も優先されるのは？

労働基準法は、労働法規において中核となる法律であり、労働者と使用者の契約関係を中心に制定された法律です。

労働基準法は近年では毎年1～4題出題されています。テーマとしては、就業規則、賃金、労働時間、解雇に関する出題が多いです。ここでは、労働基準法の中の労働条件に関する事項を学んでいきます。

過去問 トライアル	平成20年度　第22問
	就業規則の法定記載事項（労働基準法第89条関連）
類題の状況	R05-Q24　R05-Q25　R05-Q26　R05-Q19(再)　R05-Q20(再) R05-Q21(再)　R04-Q23　R04-Q24　R04-Q25　R03-Q24 R03-Q25　R03-Q26　R03-Q27　R02-Q24　R02-Q25 R01-Q22　H30-Q24　H30-Q25　H30-Q26　H30-Q27 H29-Q24　H29-Q25　H29-Q26　H29-Q27　H28-Q22 H28-Q23　H28-Q24　H27-Q22　H27-Q23　H26-Q23 H22-Q22　H15-Q26　　　　　　　*就業規則関連のみ

労働基準法では、常時10人以上の労働者を使用する場合は就業規則を作成し、労働者の過半数で組織する労働組合がある場合はその労働組合、労働者の過半数で組織する労働組合がない場合は労働者の過半数を代表する者の意見書を添付して、管轄の労働基準監督署に届出しなければならないとされている。この場合の就業規則の法定記載事項に関する記述として、最も不適切なものはどれか。

ア　解雇の事由を含む退職に関する事項

イ　始業・終業時刻や休憩時間および休日・休暇など労働時間に関する事項

ウ　賞与・期末手当および退職手当に関する事項

エ　賃金の決定や昇給、賃金締切日・計算方法・支払日および支払方法など賃金に関する事項

1 労働基準法の概要

［1］ 目的等

　労働基準法は、労働法規において中核となる法律であり、労働者と使用者の契約関係を中心に制定された法律です。

［2］ 労働条件の原則（第1条）

　労働条件は労働者が人たるに値する生活を営むための必要を満たすべきものでなければなりません（第1項）。この法律での労働条件の基準は最低のものであるから、この基準を理由として労働条件を低下させてはならず（第2項）、その向上を図るように労働関係の当事者は努めなければならないと定められています。

［3］ 労働条件の決定（第2条）

　労働条件は、労働者と使用者が対等の立場で決定すべきものです（第1項）。また決定された労働条件は労働協約、就業規則および労働契約を遵守し、誠実に互いにその義務を履行しなければなりません（第2項）。

　以下は労働条件の種類です。なお、拘束力は、法令≧労働協約≧就業規則≧労働契約の順となっています。

種類（根拠法）	要約	留意点
労働協約 （労働組合法）	労働時間などについて結ぶ協定	使用者と労働組合との書面による協定
就業規則 （労働基準法）	職場の規律、賃金、労働時間など労働条件を具体的に定めた規則	使用者が作成する職場の労働条件等を規定した文書（冊子）
労働契約 （労働基準法）	労働者1人ひとりが入社の際に使用者と結ぶ契約	使用者と個々の労働者との労働条件に関する契約（書面必要）

⚙ Keyword

▶ **労使協定**

　労使協定とは使用者と労働者（過半数労働者または過半数労働組合）が労働条件において書面による協定を結ぶことで免罰的効果を使用者に与えるものです（ちなみに、労働協約の契約主体は労働組合のみです）。本来、法律違反でも労使協定を結べば法律違反として問われません。例えば、時間外・休日労働は法律違反ですが、36協定という労使協定を結ぶことで、使用者の違法性は問われません。

5
人的資源管理

［1］ 法定労働時間（第32条）

① 使用者は、労働者に、休憩時間を除いて、1週間について40時間を超えて労働させてはなりません。

② 使用者は、1週間の各日については、労働者に、休憩時間を除き、1日について8時間を超えて労働させてはなりません。

［2］ 休憩（第34条）

❶ 休憩時間の長さ

- 6時間まで：与える必要がありません。
- 6時間を超えて8時間まで：少なくとも45分が必要です。
- 8時間を超える場合：少なくとも1時間以上が必要です。

❷ 休憩の3原則

① 途中付与：休憩は、労働時間の途中に与えなければなりません。

② 一斉付与：休憩は、一斉に与えなければなりません。

③ 自由利用：休憩時間は、自由に利用させなければなりません。

［3］ 休日（第35条）

❶ 原則

使用者は、毎週少なくとも1回の休日を与えなければなりません。

❷ 例外

4週間を通じて4日以上休日を与えることも認められています。

平成31年の改正労働基準法において、10日以上の年次有給休暇が付与される労働者に対し、5日について、毎年、時季を指定して取得させることが使用者に義務付けられています。

［4］ 時間外労働

❶ 36協定による時間外労働・休日労働（第36条）

使用者は、労使協定を締結し、これを所轄する労働基準監督署長に届け出た場合には、その協定で定めるところによって、法定労働時間を延長し、または法定休日に労働させることができます。

平成31年の改正労働基準法において以下の罰則付き上限規制がなされています。

① 原則

1か月45時間、1年間360時間

② 例外（臨時的な特別な事情がある場合）

- 年間720時間

- 単月100時間未満（法定休日労働含む）
- 複数月平均80時間以内（法定休日労働含む）

② 時間外、休日及び深夜の割増賃金（第37条1項・4項）

① 労働時間を延長し、または休日労働をさせた場合には、通常の労働時間または労働日の計算額の2割5分以上5割以下の範囲内で、それぞれ政令で定める率以上の率で計算した割増賃金を払わなければなりません。

② 深夜（午後10時〜午前5時）業をさせた場合には、通常の労働時間の賃金の計算額の2割5分以上の率で計算した割増賃金を払わなければなりません。

時間外労働	25%以上	時間外＋深夜労働	50%以上
休日労働	35%以上	休日＋深夜労働	60%以上
深夜労働	25%以上		

※休日＋時間外の概念はありません。
※1か月に60時間を超える時間外労働を行う場合、50%以上の割増賃金を支払う義務が課されています。

3 就業規則（第89条関連）

常時10人以上の労働者（事業所単位）を使用する使用者は、就業規則を作り、労働者の意見を添付した上で、所轄の労働基準監督署長に届出を行う必要があります。

なお、就業規則には、必ず記載しなければならない事項（絶対的必要記載事項）と「定めをする場合」には記載をしなければならない事項（相対的必要記載事項）があります。

絶対的必要記載事項	始業・終業の時刻、休憩時間、休日、休暇、就業転換に関する事項
	賃金（臨時の賃金等を除く）の決定、計算・支払いの方法、締切・支払いの時期、昇給に関する事項
	退職に関する事項（解雇の事由を含む）
相対的必要記載事項	退職手当
	臨時の賃金、最低賃金
	食費や作業用品を負担させる場合のその事項
	安全・衛生
	職業訓練に関する事項
	災害補償・業務外の傷病扶助
	表彰・制裁に関する事項
	労働者のすべてに適用される定めを置く場合はその事項

5 人的資源管理

● OnePoint 就業規則

就業規則の適用範囲、目的や用語の定義など、企業が必要とする事項を就業規則に定めることは任意であり、これを「任意記載事項」といいます。任意に付与される特別休暇は相対的必要記載事項です。退職とは、労働者の意思に基づく任意退職の他、定年や解雇など労働契約が終了するすべての場合をいいます。

過去問 トライアル解答　**ウ**

☑チェック問題

常時10人以上の労働者を使用する使用者は就業規則を作成しなければならないが、この場合の常時使用する労働者には、パートタイマーやアルバイト、嘱託社員などは含まない。　　　　　　　　　　　　　　　　　　　　　　⇒×

▶　常時10人以上の労働者を使用する使用者は就業規則を作成しなければならないが、この場合の常時使用する労働者について、その雇用形態は問われないので、パートタイマーやアルバイト、嘱託社員なども含まれる。

MEMO

3 労働法規関連
その他の労働法規

学 習 事 項 労働者派遣法, 労働契約法, 男女雇用機会均等法, パートタイム・有期雇用労働法, 育児・介護休業法, 労働安全衛生法, 労働組合法

このテーマの要点

労働法規関連の学習は絞り込みが肝要！

労働法規関連では近年は毎年3～5問程度が出題されています。そのうち数問は難問です。一般の受験生の1次試験対策としては、労働基準法の基礎的な部分と最近の新法、改正ポイントに絞り込んだ学習が現実的です。

ここでは、主な労働法規の概要（労働基準法は前節で扱いました）について学んでいきます。また、最近の改正事項と各法規

の出題状況を確認します。出題が予想される各論については、直前対策講座などでのピンポイント対策が有効です。

過去問 トライアル	平成28年度　第22問
	労働契約法
類題の状況	R05-Q27　R04-Q26　R02-Q26　R01-Q23　R01-Q24 H28-Q24　H28-Q25　H27-Q25　H21-Q21　H13-Q16

労働契約に関する記述として、最も適切なものはどれか。

ア 使用者が、労働者との間で、労働基準法で定める基準に達しない労働条件を定める労働契約を結んだ場合、労働基準法で定める基準より労働者に有利な部分も含めて、当該労働契約は無効となる。

イ 使用者は、満60歳以上の労働者との間で、5年の契約期間の労働契約を締結することができる。

ウ 使用者は、労働契約の締結において、労働契約の不履行について違約金を定めることはできないが、労働者が使用者に損害を被らせる事態に備えて、損害賠償額を予定することはできる。

エ 労働基準法は、使用者が労働者に金銭を貸すこと、及び貸金債権と賃金を相殺することを一律に禁止している。

● OnePoint 　労働法の分類と出題状況

＜労働条件に関する主な法律＞

　労働条件の最低基準を定めた労働者保護を目的とする法律です。労働基準法と関連させながら近年は毎年出題されます。また、労働契約法に関する出題頻度が高まっています。

　労働基準法、労働契約法、最低賃金法、パートタイム・有期雇用労働法、育児・介護休業法、男女雇用機会均等法があります。

＜雇用対策に関する主な法律＞

　労働力需要と供給均衡を図り労働力不足解消や失業防止策などを規定する法律です。高齢者雇用安定法は配点は低いながら、出題頻度は高いです。労働者派遣法は最近、改正が行われています。

　高齢者雇用安定法、労働者派遣法、障害者雇用促進法、雇用対策法、職業安定法があります。

＜社会保険・労働保険に関する主な法律＞

　業務災害等による労働者の生活保障制度を規定する法律です。出題内容が専門的です。労働者災害補償保険法の出題が最も多いです。

　労働者災害補償保険法、雇用保険法、健康保険法、厚生年金保険法があります。

＜安全衛生に関する主な法律＞

　労働安全衛生法は近年は2～3年に一度の出題頻度です。出題内容が専門的です。

＜労使に関する主な法律＞

　労働者と使用者間の紛争の解決方法などを規定する法律です。労働組合法は近年は2～3年に一度の出題頻度です。

　労働組合法、労働関係調整法、個別労働紛争解決促進法があります。

---

1 労働者派遣法

[1] 法の目的

　労働者派遣法は、「職業安定法」と相まって労働力の需給の適正な調整を図るため労働者派遣事業の適正な運営の確保に関する措置を講ずるとともに、派遣労働者の保護等を図り、もって派遣労働者の雇用の安定その他福祉の増進に資することを目的としています。

5

人的資源管理

［2］ 近年の改正ポイント

次の3点が主要な改正ポイント（平成27年）です。

- すべての労働者派遣事業を許可制へ
- 派遣期間規制（期間制限）の見直し
- 雇用安定措置の義務化

また、令和2年施行において同一労働同一賃金に準じた改正がなされています。

- 労働者派遣契約締結時の、派遣先による派遣元への情報提供
  - →派遣先において職務内容が同一の労働者（比較対象労働者）の賃金や待遇に関する情報
- 派遣元事業主による不合理な待遇の禁止
  - →基本給、賞与その他の待遇について、派遣先の通常の労働者に対し不利なものにしてはならない

2　労働契約法

［1］ 法の目的

この法律は、労働者および使用者の自主的な交渉のもとで、労働契約が合意により成立し、または変更されるという合意の原則その他労働契約に関する基本的事項を定めることにより、合理的な労働条件の決定または変更が円滑に行われるようにすることを通じて、労働者の保護を図りつつ、個別の労働関係の安定に資することを目的としています。

［2］ 近年の改正ポイント

有期労働契約の反復更新のもとで生じる雇止め（解雇）に対する不安を解消し、働く方が安心して働き続けることができるようにするため、有期労働契約の適正な利用のためのルールが整備されています。

平成25年4月1日に改正労働契約法が施行され、無期転換ルールが規定されました。無期転換ルールとは、同一の使用者（企業）との間で、有期労働契約が更新されて通算5年を超えたときに、労働者の申込みによって無期労働契約に転換されるルールのことです。

3　男女雇用機会均等法

［1］ 法の目的

労働者が性別により、雇用・配置・昇進・昇給・教育・福利等において差別を受けることなく、女性労働者が母性を尊重されその能力を十分に発揮できる職場環境

を整える等のために設けられました。

[2] 主要な規制内容

- 性別を理由とする差別の禁止等 （① 募集および採用、② 配置、昇進、教育訓練、定年、解雇等）
- 婚姻・妊娠・出産等を理由とする不利益取扱いの禁止等
- セクシャルハラスメント
- 妊娠中および出産後の健康管理に関する措置

4 パートタイム・有期雇用労働法

[1] 法の目的

　短時間労働者および有期雇用労働者の適正な労働条件の確保、雇用管理の改善、通常の労働者への転換の推進などの措置等を講ずることによって、通常の労働者との均衡のとれた待遇の確保等を図ることを通じて、短時間労働者の福祉の増進を図ることを目的にしています。

　法の対象である「短時間労働者（パートタイム労働者）」は、「1週間の所定労働時間が同一の事業主に雇用される通常の労働者の1週間の所定労働時間に比べて短い労働者」とされています。例えば、「パートタイマー」「アルバイト」「嘱託」「契約社員」「臨時社員」「準社員」など呼び方は異なっても、パートタイム・有期雇用労働法の対象となります。

[2] 近年の改正ポイント

　平成19年には、労働条件の明示についての改正がありました。事業主は、パートタイム労働者を雇い入れたときは、速やかに、「昇給有無」「退職手当の有無」「賞与の有無」を文書の交付等により明示しなければなりません。違反の場合は10万円以下の過料となります。

　平成26年には、正社員と差別的取扱いが禁止されるパートタイム労働者の対象範囲の拡大などの改正がありました。

　令和2年施行の改正において、有期雇用労働者（事業主と期間の定めのある労働契約を締結している労働者）もパートタイム・有期雇用労働法の保護対象となっています。また、同一労働同一賃金に準じて「基本給、賞与その他の待遇それぞれについて」不合理な待遇を禁止するよう明示されています。

5

人的資源管理

5 育児・介護休業法

[1] 法の目的

　育児休業・介護休業、子の看護休暇などを取得しやすくするため、勤務時間に関して事業者が講じる措置を定めています。このように、育児や介護等を行う労働者の支援措置を講じることで、労働者の雇用の継続と再就職の促進を図り、職業生活と家庭生活の両立に寄与し、福祉の増進を図り経済・社会の発展に資することを目的としています。

[2] 近年の改正ポイント

- 事業主の努力義務から義務規定に変更される形で「子の看護休暇」が新設されています。
- 介護休業の取得回数の制限が緩和されています。
- 一定の場合、育児休業期間が延長されています（1歳6か月→2歳）。
- 妊娠・出産・育児・介護などを理由とする不利益扱いの禁止と防止措置義務が追加されています。

6 労働安全衛生法

[1] 法の目的

　労働災害の防止のために、次の観点で総合的な対策を行い、職場における労働者の安全と健康を確保し、快適な職場環境の形成を促進することを目的としています。

[2] 主要な規制内容

① 　機械等並びに危険物および有害物に関する規制による危害防止基準の確立
② 　安全衛生管理体制の構築による責任体制の明確化
③ 　安全委員会・衛生委員会・安全衛生委員会の設置による自主的活動の促進

　安全管理体制では、事業規模や業種に応じて「統括安全衛生責任者」を筆頭に「安全管理者」「衛生管理者」を配置し、並行して「産業医」「作業主任者」を置いて、労働者の安全と健康・衛生面の向上を図っています。

　10 ～ 49人以下の事業所では、事業主が「安全衛生推進者」または「衛生推進者」を選任し、同様の措置をとるようになっています。

[3] 近年の改正ポイント

　平成31年の改正において、産業医機能の強化と医師の面接指導が明記されています。

- 事業者による産業医への情報提供（健康診断実施後の措置や、一定の労働時間

を超える労働者の氏名や業務内容など)

- 省令で定める時間を超える「新たな技術、商品又は役務の研究開発に係る業務につく労働者」や「特定高度専門業務・成果型労働制の対象労働者」に対する医師の面接指導の義務化

7 労働組合法

[1] 法の目的

労働組合法は、集団的労使関係について規定し、労使双方が対等な立場に立って労働三権(団結権、団体交渉権、争議権)を具体的に保障することを目的として設けられた法律です。

[2] 主要な規制内容

- ショップ制(労働組合の団結を維持し、その機能を強化するために認められている制度)
- 不当労働行為(不利益な取扱いなど、使用者が労働者の団結権等を侵害する行為の禁止)
- 労働協約(労働組合と使用者が労働条件やその他の事柄に関して作成)

過去問 トライアル解答 **イ**

☑チェック問題

これまでの、特定労働者派遣事業(届出制)と一般派遣労働者派遣事業(許可制)の区分を廃止し、すべての労働者派遣事業が許可制となった(平成27年改正)。　　　　　　⇒○

5 人的資源管理

マーケティング論

第 **6** 分野

マーケティング概論

テーマ別ガイダンス

マーケティング概論

1 各テーマの関連

マーケティング概論

マーケティングの定義	6-1 マーケティングの定義
市場細分化	6-2 市場細分化と標的市場の設定
マーケティング環境分析	6-3 マーケティング・リサーチ

　マーケティング概論の分野では、はじめにマーケティングの全体像として、「6－1　マーケティングの定義」について学習します。次に、「6－2　市場細分化と標的市場の設定」のテーマにおいて、市場細分化、標的市場の設定について学習します。企業はすべての顧客に対してマーケティングをすることはできません。そのため企業は標的顧客（ターゲット）を設定します。この際、顧客を一定の基準によって、同じ性質を持つ者同士のグループに分ける市場細分化という方法がとられます。次に標的市場の設定について、無差別型マーケティング、差別型マーケティング、集中型マーケティングという手段を学習します。「6－3　マーケティング・リサーチ」は、ターゲット設定などの活動における問題解決のための環境分析のツールです。

2 出題傾向の分析と対策

① 出題傾向

#	テーマ	H26	H27	H28	H29	H30	R01	R02	R03	R04	R05
6-1	マーケティングの定義			1				1			
6-2	市場細分化と標的市場の設定	1			1			1	1		
6-3	マーケティング・リサーチ	1				1	1	1	1	1	1

② 対策

　マーケティング論については、戦略論や組織論の分野に比べると、かつては純粋な知識問題が多い点が特徴でした。ところが近年、ミニ事例形式での出題、計算が必要な問題、他分野（戦略論等）との複合問題などが出題されるようになり、難易度がアップしています。このテキストで基礎的な知識をしっかり押さえて、過去問等を通じ、応用できるよう準備しておきましょう。

　マーケティング概論の分野は、出題頻度がそれほど高くはないため、どうしても学習が疎かになりがちな面があります。基本的には、「マーケティングの定義」について各年代の特徴を理解するとともに、P.コトラーのマーケティング1.0～3.0の特徴について整理しましょう。「市場細分化」については、「市場細分化基準の定義」、「市場細分化の条件」を覚えましょう。また、「標的市場の設定」については、「集中型マーケティング」の詳細パターンを理解し、事例問題にも対応できるようにしましょう。「マーケティング・リサーチ」は「データの収集方法」を中心に学習するとともに、それぞれの手法の特徴について理解しましょう。

第6分野 マーケティング概論

1 マーケティングの定義
マーケティングの定義

学 習 事 項 マーケティングの定義の変遷，マーケティングコンセプト

このテーマの要点

マーケティングの歴史的な流れをつかもう！

マーケティングは、今でこそ当たり前の言葉とし
て使用されるようになりました。しかし、この言
葉が約100年前に登場してから現在までの間には、
様々な定義の変遷を経ています。マーケティング論
の導入となるこのページでは、マーケティングの定
義やマーケティングコンセプトの変遷（生産志向→
製品志向→販売志向→顧客志向→社会志向）を理解
し、マーケティングの概念を捉えましょう。

【マーケティングの定義】

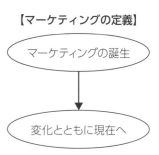

過去問 トライアル	平成24年度　第25問
	マーケティングの定義
類題の状況	R02-Q28　H28-Q33　H24-Q8　H22-Q28　H21-Q30 H20-Q35　H17-Q27

マーケティングについての共通認識であるマーケティング・パラダイムは時代と
ともに変化している。1990年代には、それまでの　A　パラダイムに変わって、
　B　パラダイムに注目が集まるようになった。その主要な背景として、　C　
によって新規顧客獲得のためのコストが非常に大きくなったことが挙げられる。

さらに最近では、P.コトラーらが、製品中心の「マーケティング1.0」、消費者志
向の「マーケティング2.0」に代わる新たなマーケティングとして「マーケティング
3.0」を提唱して大きな注目を集めている。

（設問１）

文中の空欄A～Cにあてはまる語句の組み合わせとして最も適切なものはどれ
か。

ア　A：関係性　　　B：交換　　　C：ＩＣＴの進展

イ　A：関係性　　　B：交換　　　C：市場の成熟

ウ　A：交換　　　　B：関係性　　C：ＩＣＴの進展

エ　A：交換　　　　B：関係性　　C：市場の成熟

（設問2）

　文中の下線部の「マーケティング3.0」固有の特徴として、<u>最も不適切なものはど
れか。</u>

ア　企業理念の重視
イ　協働志向・価値共創の重視
ウ　顧客満足の重視
エ　社会貢献・社会価値の重視
オ　精神的価値の重視

1　マーケティングの定義の変遷

マーケティングの定義の変遷のポイントについて押さえましょう。

年代	定義
1960年	生産者から消費者もしくは利用者への財の流れを方向づける企業活動の遂行
期間中に展開された概念	・社会的責任のマーケティング（ケネディ大統領による4つの権利） ①安全を求める権利　②情報を知らされる権利　③選択する権利 ④意見を反映させる権利 ・戦略的マーケティング 個々のマーケティングの視点でなく全体戦略的な視点から展開 ・非営利組織のマーケティング 病院、教会など、営利組織以外のマーケティング
1985年	個人および組織の諸目的を達成させる交換を創り出すために、アイディア、財、およびサービスをめぐるコンセプトの創生、価格、プロモーション、および流通にかかわる計画と実行のプロセス
2004年	顧客価値を創造・伝達・提供し、組織とそのステークホルダーの双方を利する形で顧客との関係性を管理するための組織機能と一連のプロセスのこと
2007年	顧客やクライアントパートナー、さらには広く社会一般にとって価値のあるオファリングスを創造・伝達・提供・交換するための活動とそれにかかわる組織・機関・および一連のプロセスのこと

⚙ Keyword

▶　2004年のマーケティングの定義と2007年との違い

　2007年の方が、より単発的な活動でなく、継続的な活動であり、透明性や広がりを意図しています。

❶ マーケティングコンセプトの変遷

　かつてはモノの供給よりも需要が上回っていたため、生産志向では効率よく作ることが重視されていました。製品志向では良い品物を作ることが重要で、営業の役目は消費者にそれを分け与えるイメージです。その後、供給が需要を上回り、販売志向においては、市場の拡大や販売促進活動が重視されました。マーケティング志向（顧客志向）において、ようやく顧客のニーズの重要性が認識され、現在のマーケティングにおける中心的な考え方になっています。

【6-1-1　マーケティングコンセプトの変遷】

生産志向：生産効率重視　大量生産・大量消費

↓

製品志向：プロダクト志向　品質向上　需要＞供給

↓

販売志向：プロダクト・アウト　販売員の売り込み　需要＜供給

↓

マーケティング志向：マーケットイン　顧客満足の獲得　ニーズ志向

↓

社会志向：消費者の長期的利益　社会福祉志向

❷ コトラーのマーケティングコンセプト

　マーケティング研究者のP.コトラーはマーケティングを取り巻く環境の変化に合わせて、下図のようにマーケティングコンセプトを整理しています。

　製品中心の「マーケティング1.0」、顧客中心の「マーケティング2.0」に代わり、「マーケティング3.0」は、社会中心のマーケティングであり、企業理念の重視、協働志向・価値共創の重視、社会貢献・社会価値の重視、精神的価値の重視といった固有の特徴があります。

【6-1-2　コトラーのマーケティングコンセプト】

	マーケティング 1.0 製品中心	マーケティング 2.0 顧客中心	マーケティング 3.0 社会中心
目的	製品の販売	顧客の満足と維持	社会の満足と幸福
顧客に対する 企業の見方	マス製品の販売対象	マインドとハートを 持つセグメント	マインドとハートと 精神を持つ全人的存在
主な提供価値	機能的価値	機能的価値 情緒的価値	機能的価値 情緒的価値 社会的価値
マーケティング・ キーワード	4P（製品、流通、価格、 プロモーション）	STP（市場細分化、ターゲ ティング、ポジショニング）	ネットワークと共創

（『マーケティング 第2版』 恩蔵直人　日本経済新聞出版社　p.25）

⚲ Keyword

▶　マーケティング・マイオピア

　製品志向が進むと、近視眼的なマーケティングに陥りやすくなります。例えば、鉄道会社が顧客にとって必要なものは、輸送手段ではなく列車である、と考える場合などがあります。

▶　マーケティング3.0

　P.コトラーらが近年提唱した新たなマーケティング概念です。製品中心の「マーケティング1.0」、消費者志向の「マーケティング2.0」に代わり、「マーケティング3.0」は、価値主導のマーケティングであり、企業理念の重視、協働志向・価値共創の重視、社会貢献・社会価値の重視、精神的価値の重視といった固有の特徴があります。

過去問 トライアル解答　(1)エ (2)ウ

☑チェック問題

　「マーケティング3.0」とは、P.コトラーが近年提唱した「価値中心のマーケティング」の考え方であり、消費者との協働を通して新しい価値を創出していく概念を中心に掲げられている。　　　　　　　　⇒○

2 市場細分化
市場細分化と標的市場の設定

学習事項 市場細分化基準，標的市場の設定（無差別型，差別型，集中型），市場選択のパターン

このテーマの要点

ターゲットをつかもう！

効果的なマーケティングには、適切な標的顧客（ターゲット）の設定が必要です。そのためには、まず多様なニーズが存在する市場を適切な基準によって細分化する必要があり、次に標的とすべき市場を設定していきます。市場細分化の基準には、①地理的基準、②人口動態的基準、③心理的基準、④行動基準があります。標的市場の設定には、①無差別型、②差別型、③集中型の3パターンのマーケティングがあり、各企業に応じた戦略を選択します。

【ターゲット設定プロセス】

顧客

・市場細分化基準
・標的市場の設定

標的顧客
（ターゲット）

過去問 トライアル	平成22年度　第23問
	市場細分化と標的市場の設定
類題の状況	R02-Q29⑴　R01-Q27　H29-Q30⑴　H26-Q30　H22-Q29⑵ H21-Q23　H20-Q38　H17-Q36　H16-Q48　H15-Q29

地方銀行のA銀行は、リテール・バンキングの顧客基盤を全国規模に拡大するために、インターネット・バンキングのシステム整備を他行に先駆けて完了した。

次に、製品・ブランド開発やプロモーション計画に着手しなければならない。A銀行の今後の市場細分化（セグメンテーション）と標的市場設定（ターゲティング）に関する記述として、最も不適切なものはどれか。

ア　銀行の製品・サービスに対する需要の異質性は確実に存在するので、それらをうまく見いだして対応することができればブランド化の実現は十分可能である。

イ　行動による細分化変数のひとつに購買決定に関する役割がある。それは、「発案者」、「影響者」、「決定者」、「購買者」、「使用者」の5つに類型化される。

ウ　市場細分化（セグメンテーション）と製品差別化はブランド化シナリオの中核にある考え方で、両者はしばしば代替的な関係に置かれる。

エ　市場細分化（セグメンテーション）を通じた競争は、競争相手に対して正面か

ら挑戦していく性格をもつ。

オ デモグラフィクスによる細分化変数には、年齢、ライフステージ、性別、所得、社会階層などが含まれる。

1 市場細分化基準

様々な市場のニーズに対して、同質的なグループに分類することが市場細分化の目的です。そのため、各グループは他のグループと違う特徴を持ちながら、同じグループ内では同じ特徴を持っていなければなりません。

変数（基準）	典型的な区分
地理的基準（ジオグラフィック基準）	国、地域、都市
人口動態的基準（デモグラフィック基準）	年齢、性別、ライフステージ
心理的基準（サイコグラフィック基準）	価値観、ライフスタイル、社会階層
行動基準	購買状況、使用率、ロイヤルティ、求めるベネフィット

● OnePoint　市場細分化の目的

市場細分化の目的は、市場細分化を行い、そのうちの特定のセグメントに対してマーケティングミックスを展開することです。競争相手と差別化を図ることが、発想の軸になります。

♂ Keyword

▶　市場細分化の条件
①測定可能性→市場規模が定量的に測定できること
②到達可能性→市場を構成する人に接触できること
③維持（利益確保）可能性→一定の売上や収益を生み出すこと
④差別化可能性→細分化した市場間に差があること
⑤実行可能性→効果的なマーケティング活動を行えること

【6-2-1　標的市場設定の3類型】

マーケティングミックス1		セグメント1
マーケティングミックス2		セグメント2
マーケティングミックス3		セグメント3

- 無差別型マーケティング（マーケティングミックス全体をセグメント全体に投入）

　市場の異質性を敢えて放棄し、市場全体を対象とする方法。資金が大量に必要ですが、規模の経済を達成させるのには有効です。

- 差別型マーケティング（各々のセグメントに対して各々のマーケティングミックスを投入）

　セグメント分け（1・2・3）した各々の市場に対して適切なマーケティングミックス（1・2・3）を、それぞれ展開していく戦略です。

- 集中型マーケティング（特定のセグメントに対してマーケティングミックスを投入）

　セグメント分けした市場の中で、1つまたは選択した市場セグメント（例えばセグメント1・3）に対して、自社のマーケティング資源を集中させる戦略です。

　上記3つのマーケティング類型は、さらに下記のような詳細のパターンに分類されます。

【6-2-2　標的市場選択の4つのパターン】

市　場

- 単一セグメント集中型

　1つのセグメントに1つの製品を投入し、差別化戦略を狙います。リスクは高いです。

- 選択的専門化型

　製品と市場間の関係が少なく、シナジー効果は期待できませんが、リスクを分散できます。

- 製品専門化型

　1つの製品によるシナジー効果を発揮させます。代替品の登場によるリスク

があります。

• 市場専門化型

　自社に有利なセグメントで競争相手と差別化します。市場規模縮小のリスクがあります。

♂ Keyword

▶ スーパーセグメント

　相互に異様な性格を持つ複数の市場細分の間において、活用できる類似性によって分類された市場細分群のことです。

　(例)　四輪駆動車（四輪駆動車は、下記の複数のセグメントの構成者から選好されるため、スーパーセグメントと考えることができる。)

　①登山やスキー愛好家

　②都会でのドライブを楽しむ人

過去問 トライアル解答 ▶ エ

☑チェック問題

　市場細分の評価は、「測定可能性」、「利益確保可能性」、「差別化可能性」、特に物流と情報流の上での「到達（接近）可能性」、さらにはマーケティング・プログラムの「実行可能性」を主な基準として行われる。　　　　　⇒○

3 マーケティング環境分析
マーケティング・リサーチ

学習事項 マーケティング・リサーチのプロセス，データの種類，データの収集方法，測定尺度

このテーマの要点

データの収集方法を中心に学習する

マーケティング・リサーチは、マーケティング環境分析・目標設定・ターゲット設定などのマーケティング活動における諸々の問題解決に必要な情報を明確にし、情報収集の方法をデザインし、データ収集プロセスの管理・遂行を行い、結果の分析を行い、その分析結果を公表することです。ここでは、データの収集プロセスと収集方法を中心に学習します。

【データ収集プロセス】

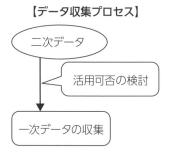

過去問 トライアル	平成23年度　第28問
	一次データを収集するための調査方法
類題の状況	R05-Q24(再)　R03-Q37　R02-Q32⑴　R01-Q32⑵　H30-Q30 H28-Q29　H26-Q27⑵　H24-Q28　H18-Q23　H16-Q46 H16-Q47　H14-Q23

　市場調査において一次データを収集するための調査方法に関する記述として、<u>最も不適切なものはどれか</u>。

ア　インターネットによるサーベイ調査は低コストで短期間にデータを回収できるが、面接法や電話法ほど正直な回答が得られない。

イ　観察調査は客観性と正確性に優れているが、収集できるデータのタイプには制約がある。

ウ　グループ・インタビューでは、回答者の反応に応じて機動的な質問ができるが、調査の成否がインタビュアーの力量に大きく左右される。

エ　実験法によって、特定の要因間の因果関係を明らかにすることができるが、その他の要因の影響を統制できなければ実験結果を信頼することはできない。

オ　留置法によってサーベイ調査を行うことによって質問票の回収率と調査結果の信頼性を高めることができるが、調査コストは高くなってしまう。

1 マーケティング・リサーチのプロセス

マーケティング・リサーチは、下記のような体系的アプローチが求められます。

【6-3-1 マーケティング・リサーチのプロセス】

リサーチ目的の明確化
1) 探索的リサーチ
2) 検証的リサーチ
・記述的リサーチ
・因果的リサーチ

調査計画の策定と情報収集
1) 情報ニーズの確定
2) 二次データの収集
3) 一次データ収集計画
4) 調査計画書の提出

調査計画の実行
データの収集と分析

調査結果の解釈と報告

リサーチ目的を明確化する上で重要なのが仮説の有無です。仮説を立てるのに行われるのが探索的リサーチです。その後、立案した仮説を立証するのに行われるのが検証的リサーチです。検証的リサーチには、市場規模など実態を把握するための記述的リサーチと、広告実施（原因）に対するブランドの認知度（結果）といった因果関係を明らかにする因果的リサーチがあります。

情報の収集段階では、まずは二次データからの収集を優先します。二次データには、企業内のデータベースや商用データベースなど様々なデータベースがありますが、一次データと比較して、費用面・コスト面で有利なためです。二次データの活用可否を検討した後、必要に応じて一次データを収集する手段・方法等を検討します。

2 データの種類

• 一次データ

調査目的のために独自に収集されるデータです。該当のマーケティング・リサーチのために収集される独自データであるため、二次データと比較して多くのコストを要します。

• 二次データ

他の目的のために収集された既存のデータです。比較的容易に入手できますが、利用目的と合致するか、収集時期は適切か、正確性や客観性などに留意が必要です。

[1] サーベイ調査（質問調査）

知識、態度、嗜好、購買行動などを質問して収集する手法です。

- 面接法：インタビュアーが被験者と直接対面し会話することによって情報を得ます。インタビュアーと被験者が1対1で行う形式（デプス・インタビュー）と、1対多で行うグループインタビューの形式があります。対面で質問できるため、複雑な質問ができたり、回答時の反応をみたりすることができます。
- 電話調査法：電話を用いて行います。回答者のある時点の行動や意識を調査する際によく用いられます。
- 郵送法：調査票を郵便で送り、回答者はそれを返送する形で収集します。少ないコストで大量の情報を収集できます。
- ※その他、郵送した調査票をもとに、調査員が後日直接回答を確認する「留置法」、ファクシミリを活用する「ファクス調査法」、インターネットを活用する「インターネット調査法」等があります。

【6-3-2　調査法の比較】

	面接法	電話調査法	郵送法	留置法	ファクス調査法	インターネット調査法
データの量	多い	中	中	多い	中	中
複雑な質問	可能	難しい	一部可能	一部可能	一部可能	一部可能
視覚的な用具の説明	可能	不可能	一部可能	一部可能	一部可能	一部可能
回答率	中	中	低い	中	低い	中
データの回収時間	中	短い	長い	長い	中	短い
インタビュアーのバイアス	高い	中	低い	低い	なし	なし
回答におけるバイアス	高い	中	低い	低い	低い	低い
コスト	非常に高い	中	低い	高い	中	非常に低い

（『マーケティング戦略　第5版』　有斐閣アルマ）

[2] パネル調査

　一定の期間に同一人物に対して継続的に調査を行う手法です。購入した商品のバーコードを機械で読み取り、その内容を回収することで、調査対象者の購買行動などを調査します。購買した商品のバーコードを店頭で読み取るストアスキャンパ

ネル方式と、自宅でバーコードを読み取るホームスキャンパネル方式があります。

[3] 観察調査

関連のある人々、行動、状況を観察して収集する手法です。

[4] 実験調査

目的に合致するいくつかの被験者グループを選出し、それぞれのグループに異なる処置を施し、関連性のない要因をうまく処理してグループごとの反応の違いをチェックするという手順で収集します。

● OnePoint　モチベーション・リサーチ

商品の購買、銘柄や店の選択など、消費者の購買行動の動機づけを探ることを目的とした調査です。つまり、何が動機となり、購買決定されたかの調査がモチベーション・リサーチで、投影法や深層面接法を用いて購買行動における欲求構造を引き出し、その意味を解釈しようとする技法です。

投影法：曖昧な刺激や状況を設定して、それに対してなされる解釈や判断・表現などからパーソナリティーや欲求を知ろうとする心理診断の技法で、ロールシャッハ・テストなどを使う。

深層面接（depth interview）法：自由連想法などの投影検査によって、直接的な質問では得られない無意識の部分を捉える面接のこと。

⚲ Keyword

▶　エスノグラフィー

エスノグラフィーとは観察調査の１つで、研究対象のいる場に研究者自身が身を置き、対象者が世界をどのように捉え、どのような行動をとるのかについて理解しようとする調査手法です。

▶　セントラル・ロケーション・テスト

事前に設定された数箇所の会場に対象者を招き、そこでテストを行う会場テストのことです。テスト要因以外の要因をコントロールしやすい利点があり、新製品の仕様評価などで用いられます。一方、実際の使用場面との乖離が生じるというデメリットがあります。

▶　ミステリー・ショッパー調査（覆面調査）

訓練を受けた調査員や依頼を受けた一般の消費者が、顧客に扮装したミステリー・ショッパー（覆面調査員）として実際に買い物をしたりサービスを体験することで、問題点や課題点を指摘する調査手法です。

測定尺度とは、収集したサンプルの状態を測定する際に用いられる尺度で、主に下記の4つに識別されます。

名義尺度	対象をカテゴリーや属性に識別するときの尺度であり、数値に順序や間隔といった意味は持たない （例）「男性：1、女性：2」「A製パン：1、B乳業：2」
序数尺度	数値の大小関係を示す尺度であり、順序付けはできるが順位間の違いの程度の情報は持たない （例）「好きなブランド」などについて、1位、2位といった順序を示すが、選好度の度合いは示さない
間隔尺度	数値間の間隔といった量的な情報が備わっており、数値の差のみに意味を持つ （例）気温10度から20度では10度上昇している（「2倍上昇している」とはいわない）
比例尺度	間隔尺度が加減の意味を持つのに対し、乗除も意味を持ち絶対的な数値の比較ができる （例）重量60キロと20キロでは、40キロの差があり、3倍の重さである

【6-3-3　測定尺度の分類】

	比較の次元	例	データの種類
名義尺度	独自性	性別、職業 ブランド名など	質的データ
序数尺度	順番	ブランドの選好度、 鉱物の硬度など	質的データ
間隔尺度	間隔	温度、ブランドに 対する態度など	量的データ
比例尺度	絶対的な 大きさ	購買者数、購買 確率、重量など	量的データ

それぞれの尺度は、その上位の尺度の持つ性質を含む。（例えば、比例尺度は、名義尺度、序数尺度、間隔尺度の持つ性質を含む）

過去問 トライアル解答　▶ **ア**

☑チェック問題

面接法や電話法は、質問者や質問内容次第では、バイアスが掛かりやすい場合があり、必ずしもインターネットによる調査よりも正確な回答を得られるわけではない。　　　　　　　　　　　　　　　　　　　　　　　　　　　⇒○

第 **7** 分野

消費者購買行動

消費者購買行動

1 各テーマの関連

消費者購買行動

┬ 購買決定プロセス ── 7-1 消費者購買意思決定プロセス

└ 消費者行動に影響を与える要因 ── 7-2 新製品の普及過程と準拠集団

　適切なターゲットを設定するには、消費者が購買行動をとるにあたって、購買意思決定プロセスや購買決定に影響を与える外的要因について理解していなければなりません。そのため「7-1　消費者購買意思決定プロセス」において、消費者の購買決定プロセス、消費者の情報処理（ブランドカテゴライゼーション）、消費者の購買決定に影響を与える要素（関与、知識、態度）、購買決定のタイプ、反応プロセスモデル（AIDMA、AISAS）について学習します。次に、「7-2　新製品の普及過程と準拠集団」において、イノベーション（新製品）はどのような普及過程を経て消費者に受容されていくのか、また、その過程に関連して準拠集団という購買意思決定に影響を与える他者について学習します。

2 出題傾向の分析と対策

❶出題傾向

#	テーマ	H26	H27	H28	H29	H30	R01	R02	R03	R04	R05
7-1	消費者購買意思決定プロセス		2		2	1	1				3
7-2	新製品の普及過程と準拠集団	2	1	1	2		1	1		1	1

❷対策

　「消費者購買意思決定プロセス」については、「関与」「知識」「態度」といった要素を軸に、考えさせる出題が多いため、正しく理解しましょう。例えば、消費者が高関与の場合あるいは低関与の場合、どのような情報探索をし、どのような意思決定を行うのかといった点について解答させる問題が頻出です。「新製品の普及過程と準拠集団」については、ロジャースのイノベーションの普及過程は戦略論でも出題歴があるので注意しましょう。また、「準拠集団」「帰属集団」「希求集団」「分離集団」の違いを正しく理解するとともに、製品の必需性や使用場面における準拠集団が与える影響の特徴について正しく理解しましょう。

購買決定プロセス
消費者購買意思決定プロセス

学習事項 消費者の購買意思決定プロセス，消費者の情報処理，消費者の購買決定に影響を与える要素，購買決定のタイプ，反応プロセスモデル

このテーマの要点

消費者の心をつかもう！

標的顧客（ターゲット）が決まれば、次はターゲットに対して効果的なプロモーションを行っていく段階に移ります。しかしその前に、そもそも消費者は購買にあたってどのような意思決定をして、またどのような影響を受けているのかを理解しなければなりません。

本テーマにおいては、消費者の購買意思決定プロセスについて学ぶとともに、長期記憶として代表的な「知名集合」「想起集合」「拒否集合」について、また「関与（思い入れ）」という概念とのつながりを学習します。また、同時に購買決定のタイプや反応プロセスモデルについて学習します。

【消費者の購買に与える要因】

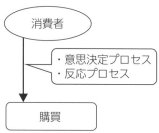

過去問トライアル	平成27年度　第31問
	消費者購買意思決定プロセス
類題の状況	R05-Q29　R05-Q35⑴　R05-Q30(再)　R01-Q34　H30-Q38　H29-Q29⑴　H29-Q33　H27-Q30　H25-Q25　H25-Q27　H24-Q26　H22-Q27　H21-Q29　H20-Q36　H19-Q27　H16-Q35　H15-Q31

　人は、一般的に、自分にとって最良と思われる商品を購入する。しかし、購入後に「本当にこの選択でよかったのか」、「迷ったもうひとつの商品のほうがよかったのではないか」と思い悩むことは、決して珍しいことではない。購入した商品は最良と思う一方で、他の商品のほうがよかったのではないかとも考える。人は、こうした2つの認識の矛盾から、<u>心理的な緊張</u>を高める。

（設問1）
　文中の下線部の「心理的な緊張」状態を表す語句として、最も適切なものはどれか。

ア サイコグラフィックス

イ 認知的不協和

ウ バラエティシーキング

エ ブランドスイッチング

（設問2）

文中の下線部の「心理的な緊張」状態に関する記述として、最も適切なものはどれか。

ア この状態が生じると、好ましい情報を求めて、当該企業のホームページや広告を見る傾向がある。

イ この状態が生じると、当該購買行動が非常に重要な出来事であったかのように過大に感じる。

ウ この状態は関与が低くブランド間知覚差異が小さいと生じやすい。

エ この状態は信頼財よりも探索財や経験財において生じやすい。

7 消費者購買行動

1 消費者の購買意思決定プロセス

① ニーズの認識　外的刺激の場合と内的刺激の場合あり
② 情報探索　　　（情報源）
　　　　　　　　　① 個人的情報源　……口コミ、家族・友人などから
　　　　　　　　　② 商業的情報源　……マーケティング情報、広告など
　　　　　　　　　③ 公共の情報源　…… 4 大媒体など
　　　　　　　　　④ 経験的情報源　……自分で体験するなど
③ 代替案の評価　集めた情報の中から、評価基準に基づいて評価を行う
④ 購買決定（選択）最も評価の高いものを購入する。ただし例外もある
⑤ 購買後行動　　事前の期待＜事後の評価→満足　⇒　再購買・口コミ
　　　　　　　　事前の期待＞事後の評価→不満足　⇒　認知的不協和の解消
　　　　　　　　　　　　　　　　　　　　　　　　　ネガティブ口コミ

Keyword

▶ 認知的不協和の解消
　購買後、不安や不満を覚えた顧客は、できる限り自分の行動は正しかったと解釈しようとすることです。

2 消費者の情報処理（ブランドカテゴライゼーション）

　消費者は過去の購買活動などを中心とした様々な刺激によって、市場にある商品群をいくつかのカテゴリーに分類しています。これをブランドカテゴライゼーションといいます。

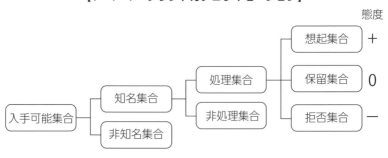

【7-1-1　ブランドカテゴライゼーション】

① **知名集合**　消費者が名前を知っているブランド（商品群）のこと
② **処理集合**　消費者が名前を知っていて製品属性を理解しているブランド（商品群）のこと
③ **想起集合**　消費者が買ってもいいと思っているブランド（商品群）のこと
④ **保留集合**　消費者が態度を保留しているブランド（商品群）のこと
⑤ **拒否集合**　消費者が買いたくないと思っているブランド（商品群）のこと

　メーカーは自社の商品を、消費者の知名集合および処理集合に入れ、さらに想起集合に入れることが重要です。拒否集合や保留集合に入っていては購入されることはありません。

3　消費者の購買決定に影響を与える要素

　消費者は以下に示した、関与、知識、態度などによって購買決定や情報処理を行います。これらは、消費者個人によって個人差があります。

関与	関与とは、どれだけその商品に対して思い入れやこだわりがあるかを示す考え方です。高関与の人ほど、上記の図表における知名集合、拒否集合に分類される商品は多くあります。また、多機能の製品を好む傾向があります。
知識	関与が情報処理への動機づけを規定するのに対し、知識とは、購買時における情報処理の能力を規定するものです。化粧品の対面販売などは、消費者の知識がない場合に適した販売手法の例です。
態度	ブランド、店舗、サービス、広告など、ある対象に対する消費者の全体的評価のことです。態度は購買行動の準備状態であり、企業は自社商品の購買につながるような態度形成や態度変容を目的として、消費者に対して、広告や店頭プロモーションなどのマーケティング・コミュニケーションを行う必要があります。

✧ Keyword

▶　知覚リスク

　知覚リスクとは製品を購買・使用する際に、消費者が回避したいと考える望ましくない結果のことです。知覚リスクには、物理的（使用したら怪我をするかもしれない）、経済的（今日購買したら明日値引きされているかもしれない）、機能的（すぐに壊れるかもしれない）、社会心理的（使用したら友人に似合わないと思われるかもしれない）といったリスクが含まれます。

▶　精緻化見込みモデル

　広告やコミュニケーションに対する消費者の態度の変化を説明するときに用いられる理論です。関与や知識が高い消費者は、メッセージに含まれる商品特性などの「中心的ルート」によって態度変化が生じるのに対して、関与や知識が低い消費者はタレントや音楽などの「周辺的ルート」によってメッセージを評価して態度変化が生じるとされています。

▶　多属性態度モデル

　消費者の態度を「好き－嫌い」といった1次元的なものではなく、その対象が所有する製品属性（価格、デザイン、性能など）の重要度や、その製品属性を対象が有しているという主観的判断から捉えようとする理論です。例えば、ある消費者にとって1つの属性において低い評価であったとしても、他の属性に対する評価によって補償されることがあるといったことを説明するモデルです。

4　購買決定のタイプ

【7-1-2　購買決定のタイプと特徴】

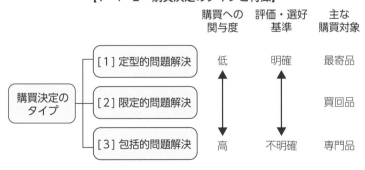

		購買への 関与度	評価・選好 基準	主な 購買対象
購買決定の タイプ	[1] 定型的問題解決	低	明確	最寄品
	[2] 限定的問題解決			買回品
	[3] 包括的問題解決	高	不明確	専門品

❶ 定型的問題解決　　ブランド間での格差がほとんど意識されない場合

　（日常的反応行動）　消費者が当該製品やブランドをよく知っている場合

②**限定的問題解決**　既知のブランドにおいて、新製品が登場した場合
　　　　　　　　　　従来の製品と異なる部分などについて、追加的な情報探索や
　　　　　　　　　　評価をします。
③**包括的問題解決**　ブランドを評価・選考する基準ができていない場合
　（広範囲・拡大的）　製品特性や代替品の評価に時間をかける傾向があります。

⚷ Keyword

▶　低関与マーケティング戦略

　製品を顧客にとって関与度の高い問題と関係づける戦略です。例えば、ウーロン茶を「お茶」としてのみ捉えるのではなく、「ダイエット」というイメージをプラスすることで、「ダイエット志向のある人」にも需要を広げることができます。

▶　バラエティシーキング

　低関与製品のうち、ブランド間の差異が大きい場合に見られる頻繁なブランドスイッチングのことです。例えば、清涼飲料水やスナック菓子など。

---

5 反応プロセスモデル

　消費者が製品に接してから購買に至るまでのプロセスによって、AIDAモデル・AIDMAモデルなど、様々なモデルが考案されています。また、近年はインターネットの発達によるAISASモデルも有名です。このプロセスは、「認知」「情動」「行動」の3段階に分かれています。

❶AIDMAモデル

　「認知段階」①注意（attention）→「情動段階」②関心（interest）③欲求（desire）→④記憶（memory）→「行動段階」⑤行動（action）

❷AISASモデル

　「認知段階」①注意（attention）→「情動段階」②関心（interest）③検索（search）→「行動段階」④行動（action）⑤共有（share）

　上記モデルはすべての製品に当てはまるわけではありません。例えば、日用雑貨のように関与水準の低い製品は、情動段階がない場合もあります。または、行動後に情動段階が来る場合もあります。

過去問 トライアル解答　(1)イ　(2)ア

☑チェック問題

定型的問題解決行動は、消費者が当該製品や当該ブランドをよく知っている際に見られる。また、定型的問題解決行動をとり続けると、他の製品をますます考慮しなくなる。　　　　　　　　　　　　　　　　　　　　　　⇒○

2 消費者行動に影響を与える要因
新製品の普及過程と準拠集団

学習事項 新製品の普及過程，採用者類型，オピニオンリーダー，キャズム理論，準拠集団

このテーマの要点

消費者の行動に影響を与える要因を捉えよう！

消費者は、自身の内的要因だけでなく、外的要因によって態度形成が行われることがあります。このテーマで学ぶ「新製品の普及過程」と「準拠集団」はどちらも消費者行動に影響を与える要因を示したものです。

【消費者の購買に与える要因】

「新製品の普及過程」は革新的な商品（イノベーション）がどのような普及過程を経ていくかをモデル化したものです。携帯電話からスマートフォンへとシフトした過程をイメージすると理解しやすいでしょう。一方で、「準拠集団」とは個人の行動に影響を与える集団のことです。準拠集団が製品選択やブランド選択にどのような影響を与えるのかについて学習していきましょう。

過去問 トライアル	平成20年度　第36問
	消費者購買行動
類題の状況	R05-Q22(再)　R04-Q27　R02-Q33　R01-Q9　H29-Q34(1) H29-Q35　H28-Q33　H27-Q30　H26-Q10　H26-Q30 H24-Q27　H19-Q32　H17-Q39

消費者の購買行動は、いくつかの段階を経て行われている。これに関する記述として、最も<u>不適切なもの</u>はどれか。

ア ある特定の商品カテゴリーにおけるさまざまなブランドに関する消費者の知覚を図にしたものを知覚マップという。

イ 高関与の場合には、その商品カテゴリーの関心度が高いので、広範囲に情報探索活動が行われる。

ウ 購買行動の出発点となる問題認識は、最寄品の場合、家庭内ストックのような内部と、広告などの外部からの刺激が主な要因となる。

エ 消費者が商品を評価する際には、選好が重要であり、これは、この消費者の主観的評価に基づくものである。

オ 選択の対象として、存在を知っている商品のすべてについて、情報収集・評価

を行う傾向にある。

1 新製品の普及過程

アメリカの社会学者E.ロジャースはイノベーター理論の中で、新製品の普及過程と採用者類型を図表7-2-1のように示しました。イノベーションを採用する人の数は最初ゆっくりと増え始め、次第に増加し、ピークに達し、未採用者の数が減少するにつれて新たな採用者の数は減少していきます。また、イノベーションの普及には個人の影響力が重要であり、個人の影響力とは別の人の態度や購買確率に与える影響のことをいいます。特に、追随者はイノベーションを評価する際に他者の動向を窺うため、初期採用者がオピニオンリーダーとなって影響力を発揮することがイノベーションの普及において重要になります。

①革新者（イノベーター）

新しいものを進んで採用する冒険好きの採用者グループです。リスクがあっても新しいアイデアを試みる性格を持ち、イノベーションの普及過程において最初の採用者グループとなります。

②初期採用者（アーリー・アダプター）

自身の関心によって行動する採用者グループで、早い時期に、しかし慎重にイノベーションの評価を行います。共同体のオピニオンリーダーとして、他者の採用の意思決定に影響を与えます。

③前期追随者（アーリー・マジョリティー）

他者の動向を窺いながら、平均的な人より早くイノベーションを試みる採用者グループです。キャズム理論では、初期採用者と前期追随者の間に深く大きな溝（キャズム）があるとしています。

④後期追随者（レイト・マジョリティー）

新しいアイデアに懐疑的な採用者グループです。大多数の人が試みた後にイノベーションの採用を検討します。

⑤採用遅滞者（ラガード）

伝統に縛られた採用者グループで、変化に対して懐疑的な性格を持ちます。イノベーションが新たな伝統ないしは文化となった時点で採用を試みます。

7 消費者購買行動

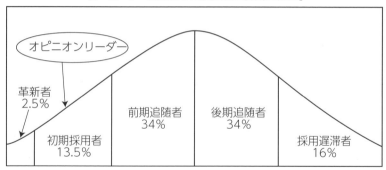

【7-2-1　新製品の普及過程と採用者類型】

出所：Ｐ．コトラー　恩蔵直人監修『マーケティング・マネジメント ミレニアム版』ピアソン・エデュケーションに一部加筆

⚔ **Keyword**

▶　キャズム理論

ジェフリー.Ａ.ムーアはイノベーションの普及においてキャズム理論を提唱しました。図表7-2-1において隣り合う採用者グループの間には隙間（クラック）が存在し、イノベーションを普及させるためには採用者グループごとに異なるマーケティング方法が必要であるとしています。特に初期採用者と前期追随者の間には深く大きい溝（キャズム）が存在し、イノベーション製品を初期市場からメインストリーム市場に移行させるためには、このキャズムを乗り越えることが不可欠であるとしています。初期採用者と前期追随者の大きな相違点として、初期採用者は他者に先んじて「変革」を実現しようとするが、前期追随者は変革ではなく、既存のやり方を改善する「進化」を求め、変革に消極的である点です。よって、前期追随者がイノベーションを採用する際に重要視するのは他者のいくつかの有用な先行事例と、手厚いサポートであるとしています。

2 準拠集団

　個人の行動や態度に対して、基準となる枠組みを提供する集団を準拠集団といいます。これら準拠集団からの影響によって消費者は自らが所属する集団の規範となるような商品を購入したり、あこがれの対象となる集団の価値を表現するような商品を購入したりします。

【7-2-2　準拠集団の概要】

①帰属集団・・・自分が所属する集団
　　　　　　　1次：家族・友人
　　　　　　　2次：学校・集団
②希求集団・・・あこがれの存在がいる集団
　　　　　　　真似をしたい集団
③分離集団・・・真似をしたくない集団
④準拠集団・・・自分の行動に影響を与える集団
　　　　　　　左図①～③のすべてが準拠集団

【7-2-3　準拠集団が与える影響】

使用場面 ＼ 必需性	必需品 (製品選択への 準拠集団の影響・弱)	贅沢品 (製品選択への 準拠集団の影響・強)
パブリック (ブランド選択への 準拠集団の影響・強)	＜必需品・パブリック＞ 影響：製品＝弱 　　　ブランド＝強 例：腕時計、車	＜贅沢品・パブリック＞ 影響：製品＝強 　　　ブランド＝強 例：ゴルフクラブ、スキー
プライベート (ブランド選択への 準拠集団の影響・弱)	＜必需品・プライベート＞ 影響：製品＝弱 　　　ブランド＝弱 例：マットレス、冷蔵庫	＜贅沢品・プライベート＞ 影響：製品＝強 　　　ブランド＝弱 例：ＴＶゲーム、製氷機

過去問 トライアル解答　オ

7

消費者購買行動

　他人の目に触れないような商品のブランド選択行動について、準拠集団が与える影響は大きい。　　　　　　　　　　　　　　　　　　　　　⇒×

▶　正しくは、「影響は小さい」である。例えば寝具や部屋着など、プライベートに使用する商品は、使用場面が他人の目に触れないので、どのブランドを選択するかはさほど重要ではない。その場合はブランドよりも機能や好みなどで商品を選択する。それに対し、例えばスーツや外出着など、人目に触れる場面で使用する商品は、他人の目が気になるので、準拠集団がブランド選好に影響を与える。

マーケティングミックス

マーケティングミックス

1 各テーマの関連

マーケティングミックス

マーケティングミックスの考え方 ── 8-1 マーケティングミックス

　マーケティングでは、ターゲットに対してマーケティングミックスをフィットさせていくことが重要です。「8－1　マーケティングミックス」は、事例問題を通して、ターゲットにマーケティングの諸要素をフィットさせていくことを学習します。ここで、「製品」「価格」「プロモーション」「チャネル」というマーケティングの諸要素の概要をイメージします。そして、次の分野以降で各諸案件について詳細な理解を深めることになります。

2 出題傾向の分析と対策

① 出題傾向

#	テーマ	H26	H27	H28	H29	H30	R01	R02	R03	R04	R05
8-1	マーケティングミックス										

② 対策

　この分野は、2次試験の事例Ⅱと直結する考察問題が出題されます。考察問題については、ターゲットとマーケティングミックスの「フィット」を中心に、過去問で考え方のエッセンスをしっかり学習してください。

1 マーケティングミックスの考え方

マーケティングミックス

学習事項 マーケティングミックス，製品，価格，チャネル，プロモーション

このテーマの要点

ターゲットの心をマーケティングミックスでつかもう！

ターゲットが決まれば、次はターゲットにしっかりとアプローチしていくことが必要です。そのアプローチの手段が「マーケティングミックス」です。このとき、大切なことは、①マーケティングミックスがターゲットに適合（フィット）していること、②マーケティングミックスの各要素間がフィットしていることの2つです。こうした点に留意しながら、企業はターゲットにフィットしたマーケティング戦略を構築することが必要です。マーケティン

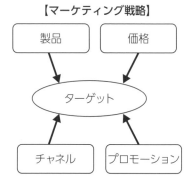

【マーケティング戦略】

グミックスの各要素は、マーケティングの4Ｐと呼ばれ、製品・価格・チャネル・プロモーションの4つから構成されています。本テーマでは、その全体像について学習します。

過去問トライアル	平成16年度　第49問
	マーケティングミックス
類題の状況	H24-Q29　H23-Q29　H22-Q30　H20-Q29　H18-Q31 H15-Q44

B社は、もともとは一般的な歯磨きを旅館に納入していた。B社は研究開発に熱心で、高い評価を得ていた。あるとき、高級ホテルから専用の石鹸の製造を依頼され納入した。あわ立ちのよさと、心を癒す香り、風呂上りの肌のしっとり感といった品質の高さで、宿泊客に受け入れられて、その後、いくつかの高級ホテルへ、それらのホテルごとの仕様に応じた石鹸類を納入するようになった。いつのまにか、高級ホテルにつきものの高級石鹸というイメージが一部に定着してきた。歯磨きだけを製造していた時には、メーカー名を出すこともなかったが、高級石鹸メーカーとしてメーカー名も知られるようになった。

B社は、事業拡大のためにいくつかの方法を検討している。最も適切なものはどれか。

ア 高級ホテルだけでなく、中級ホテルへ営業活動を行う。
イ 航空機内の通販カタログ会社へ、自社ブランドの石鹸の掲載を依頼する。
ウ スーパーマーケットで、自社ブランドの石鹸を販売する。
エ 石鹸類だけから、客室で使用するリネン類へ取扱商品を広げる。
オ 利便性を考え、コンビニエンスストアで販売する。

1 STP

　これまで、多様なニーズが存在する市場を、適切な市場細分化の基準で細分化して（セグメンテーション：S）、標的とすべき市場を決めていくこと（ターゲッティング：T）を考えてきました。

　次に標的とした市場の中で、自社のブランドや製品をそのセグメント内でどのようなポジションに位置づけるのか（ポジショニング：P）を決定します。

2 マーケティング戦略

　企業は、ターゲットに対して適切なマーケティングミックスを展開していきます。マーケティングミックスとは、製品・価格・チャネル・プロモーションというマーケティング要素の集合です。

　ターゲットとマーケティングミックスの展開において、次のような不適合に陥るケースがあります。

【8-1-1　ターゲットとマーケティングミックス】

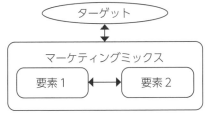

① **ターゲットとマーケティングミックスの不適合**

　　例えば、子供のおもちゃのCMを、深夜のTV番組で放送しても効果は得られません。

② **マーケティング要素間の不適合**

　　例えば、ファミリーレストランというチャネルに、1万円のメニューを置いても、なかなか注文する顧客はいないでしょう。

　試験対策上、主に次の2点に注意して問題に当たりましょう。

❶ブランドイメージの低下　高級メーカーというイメージを崩さないためには
→　高級というイメージを崩さないチャネルを選択します。

❷強みを活用できているか　高級石鹸メーカーという知名度がある場合
→　高級石鹸という製品の強みを活かします。
（無計画な製品ラインの拡大は、今までの強みを活かせません）

3 マーケティングミックスの各要素

　次テーマよりマーケティングミックスの各要素について学習をします。ここでは、その概要について紹介します。以下の要素を総称して、マーケティングの4Pと呼びます。なお、4Pは企業側からの視点ですが、顧客の視点に立った場合4Cとして整理されています。

①製品（Product）⇔ 顧客ソリューション（Customer Solution）

　製品（無形のサービスを含む）の概念や特徴について、新製品に関連した製品のライフサイクル、ブランドの種類や基本戦略について学習します。

②価格（Price）⇔ 顧客コスト（Customer Cost）

　価格について、価格戦略に関する基本的な知識や、新製品に価格を設定する際の考え方について学習します。

③チャネル（Place）⇔ 利便性（Convenience）

　自分の行動に影響を与える集団メーカーが自社製品を消費者に届けていく際の、様々なルートの種類や特徴について学習します。また、卸売業についても学習します。

④プロモーション（Promotion）⇔ コミュニケーション（Communication）

　メーカーや流通業者が、消費者に対して商品をアピールしていくための手段について学習します。広告、パブリシティ、人的販売、販売促進などがあります。

過去問 トライアル解答 **イ**

☑チェック問題

　ある大手食品メーカーが、世帯所得の比較的高い主婦層を対象として高級チョコレートの需要の状況を探るために、メーカー名を一切表に出さないで、喫茶部門を併設したアンテナショップを開設した。当初は設定した顧客層が来店していたが、おいしいチョコレートと紅茶を目当てに女子高校生を含めて多様な顧客が多数押しかけるようになった。この場合、アンテナショップの開設の当初の目的を達成するために行うべきことのうち、「紅茶の価格を高くする」という施策は適切なものである。　　　　　　　　　　　　　　　　　　　　　　⇒○

第 **9** 分野

製品戦略

製品戦略

1 各テーマの関連

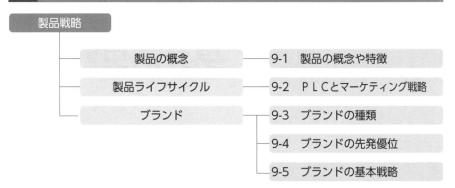

製品戦略

- 製品の概念 ──── 9-1 製品の概念や特徴
- 製品ライフサイクル ──── 9-2 PLCとマーケティング戦略
- ブランド ──── 9-3 ブランドの種類
  - 9-4 ブランドの先発優位
  - 9-5 ブランドの基本戦略

「9−1・2」は「製品戦略」においての製品の概念や製品ライフサイクル（PLC）について学習します。また、「9−3・4・5」において、製品の中核概念となる「ブランド」について理解を深めます。

2 出題傾向の分析と対策

① 出題傾向

#	テーマ	H26	H27	H28	H29	H30	R01	R02	R03	R04	R05
9-1	製品の概念や特徴	1		1	2	1	1		1	2	3
9-2	PLCとマーケティング戦略				1		1	1		1	
9-3	ブランドの種類	1	1			1		1		1	1
9-4	ブランドの先発優位										
9-5	ブランドの基本戦略	1		1		1		1			2

② 対策

マーケティングミックスで出題の中心となるのは、「製品戦略」と「プロモーション戦略」です。特に製品戦略の中で「ブランド」については、毎年のように1〜3

問程度出題される最頻出論点です。ブランドに関しては、知識問題と考察問題の両方が出題されています。知識問題については、詳細な知識を問われるケースもありますが、いずれにしても過去問で出題された知識をしっかりと蓄積して、それに基づいて対応することが肝要です。考察問題については、ブランドの基本戦略を中心に、過去問で考え方のエッセンスをしっかり学習してください。

　2次試験ではどのようにブランドを育成していくかという論点も問われるので、いかに体系的にブランド展開を図るかという視点を持って学習に臨んでください。

9

製品戦略

第9分野 製品戦略

1 製品の概念
製品の概念や特徴

学習事項 製品の3層構造(核・形態・付随機能), 製品価値, 製品の分類(①消費財・産業財, ②最寄品・買回品・専門品・非探索品)

このテーマの要点

製品とは何だろう？

マーケティングの4Pのうち、製品について学習します。まず、製品の特徴として、製品は「核」「形態」「付随機能」という3つの層に分かれています。「核」は製品の便益の束とも呼ばれる本質的な部分、「形態」は実際に目で見えるように具現化したもの、「付随機能」はアフターサービスなどを指します。

次に、製品の分類を学習します。世の中には多くの製品があります。それらは分類することで、各々の製品の特徴が見えてきます。

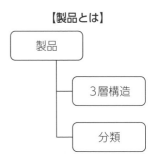
【製品とは】

本テーマでは、特性による分類（目に見えるものかどうか）、使用目的による分類（消費者が使うのか企業が使うのか）、購買習慣（購買頻度や探索性向の強さ）による分類について学習します。

過去問トライアル	平成21年度　第25問
	製品の特徴（最寄品、買回品、専門品、非探索品）
類題の状況	R05-Q28　R05-Q30　R05-Q32(再)　R04-Q34(1)(2)　R03-Q36 R01-Q32(1)　H30-Q31　H29-Q31(2)　H29-Q36　H28-Q32 H26-Q27(1)　H23-Q31(1)　H18-Q28　H17-Q33　H16-Q50

消費者が買い求めるさまざまな商品は、購買習慣に基づいて、最寄品、買回品、専門品、非探索品に分類される。これらに関する以下の記述のうち、最も不適切なものはどれか。

ア 購買頻度が高く、即座に商品が引き渡されることが要求され、かつ比較や購買に際して最小限の努力しか払おうとしない商品は最寄品に分類される。

イ 専門品の購買行動では、消費者が買い物の途中で選好を明確にするが、買回品の場合、買い物出向に先駆けて選好が確立している。

ウ 非探索品とは、消費者がその製品・サービスに対する必要性が生じるまでは意識したり、興味を抱いたりすることのないものを指す。

エ　最寄品と買回品の区分は探索性向の水準の高低に基づいている。前者ではこの
　水準が極めて低く、後者では高くなっている。

1 製品の3階層構造

【9-1-1　製品の3層構造】

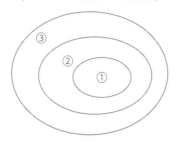

製品は3つの層から構成されます。
① 製品の核（便益の束）→　本質部分
　　例）化粧品・・・美しくなるもの
② 製品の形態→　差別化につながる
　　例）ブランド、品質、パッケージ
③ 付随機能
　　例）アフターサービス、保証

● OnePoint　製品の核

製品の核は、目に見えないものです。
製品の形態によって、目に見えたり、触れたり、実用化されます。
付随機能とは製品購入後の付加機能のことです。

---

2 製品価値

　製品の価値は下記の4つの価値に分類・定義できるとされており、製品そのもの
の価値（基本価値、便宜価値）を基盤としながらも、それを超えた感覚価値と観念
価値がブランドとしての価値であるとされています。

①基本価値

製品が当該カテゴリーに存在するためになくてはならない価値

（例）時計カテゴリー：正確に時間を刻む

②便宜価値

便利さや使い勝手の良さ、購買のしやすさなど、消費者にとっての利便性に依拠
する価値

（例）低価格：買いやすい

③感覚価値

製品の購買や使用、所有において、消費者に楽しさを与える価値、あるいは五感
に訴求する価値であり、主観的なもの

（例）ロゴ、パッケージデザイン

9

製品戦略

④ 観念価値

　製品自体の品質や機能以外の意味や解釈が付与された価値であり、ヒストリー性、シナリオ性などにより消費プロセスそのものに豊かさを作り出すもの

　（例）ブランドヒストリー、生産者の思いなど

【9-1-2　製品価値】

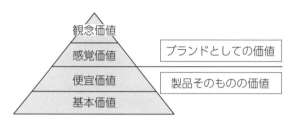

3　製品の分類

【9-1-3　製品の分類】

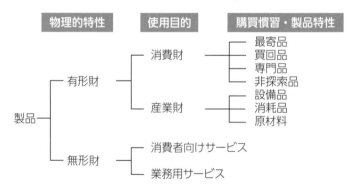

① 特性による分類

- 有形財　……製品や商品のように目に見えて触れることができるものです。
- 無形財　……サービスのことです。

② 使用目的による分類

- 消費財　……消費者を対象にした製品です。
- 産業財　……会社等の組織を対象にした製品です。
  - ・各担当者に同一の情報を提供するのではなく、ニーズに応じた情報提供が必要です。
  - ・各担当者は製品について情報を多く持っているとは限らないので、製品に関する情報を伝える必要があります。
  - ・自社や他社で製造している製品群を組み合わせるシステム販売が行われま

　す。

　（例）ＤＭ作成　＋　郵送代行

・テレビ広告などはあまり適さない製品です。テレビ広告は消費財に適しています。

③購買習慣による分類

* 最寄品　……日常的に消費される、購買頻度の高い食料品や日用雑貨品
最小限の努力で購買しようとするため探索性向は低い

* 買回品　……衣料品や家具など比較・検討して購入する消費財
買い物の途中で選好が明確になり、探索性向は高い

* 専門品　……購買頻度の低いブランドや趣味性を重視する**消費財**
買い物に先駆けて選好が確立していることがある
大きな努力を尽くして購買する

* 非探索品　……積極的に興味を示さない・示しにくい商品
あまりにも革新的で、まだ消費者に知られていない新商品

💬OnePoint　製品の分類

買回品は、同種の商品の販売店が近接することが多いという特徴があります。
専門品の例として、高級自動車などがあります。
非探索品の例として、墓石や生命保険などがあります。

♂ Keyword

▶　デジタル財

音楽や映画のようなコンテンツ、天気予報やニュースなどの情報、アプリケーションのソフトウェアなど、デジタル情報で表したものをデジタル財といいます。デジタル財には、①非排他性（他者が使用しても価値が変わらない）、②複製可能性（容易に複製できる）、③非空間性（インターネットを通じて瞬時に転送できる）という特徴があります。

過去問 トライアル解答　

☑チェック問題

買回品は同種の商品の販売店が近接することがある。　　　　　⇒○

9
製品戦略

2 製品ライフサイクル
ＰＬＣとマーケティング戦略

学習事項 プロダクトミックス，ＰＬＣ（導入期・成長期・成熟期・衰退期）の特徴，計画的陳腐化

このテーマの要点

製品の一生を考え、企業にあった品揃えを展開しよう！

本テーマでは、企業の製品戦略の要素である
「プロダクトミックス」と「製品ライフサイクル」
について学習します。「プロダクトミックス」は、
「製品ライン」と「アイテム」という概念により、
大きく4種類のタイプに分かれます。

製品ライフサイクル（ＰＬＣ）は、製品が市
場に登場してから淘汰されるまでを表した概念
で、「導入期・成長期・成熟期・衰退期」の4つ
の段階に分かれます。

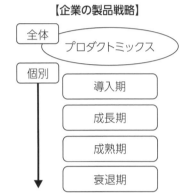

【企業の製品戦略】

過去問 トライアル	平成18年度　第34問
	製品ライフサイクルとマーケティング戦略
類題の状況	R04-Q33　R02-Q32⑵　R01-Q28　H29-Q31⑴　H24-Q31 H15-Q28　H15-Q35

製品を生き物の一生になぞらえる、製品ライフサイクルの考え方がある。これを
4段階（導入期、成長期、成熟期、衰退期）に分ける場合、成長期のマーケティン
グの特徴に関して、<u>最も不適切なものはどれか</u>。

ア　新しい市場セグメントを追加する。

イ　新しい流通チャネルを追加して、開放的なチャネル政策を展開する。

ウ　競争対抗のために価格を引き下げる。

エ　製品認知を目標とする広告を追加する。

（参照）平成15年度　第28問

製品が一度市場に出ると、売上が上がり、その後次第に売上伸び率が低下し、最
後には売上が下がっていくというカーブを描くことができる。これは通常、製品ラ
イフサイクルと呼ばれている。一般的には、導入期、成長期、成熟期、衰退期の4

段階に分けることができる。成長期に関する説明として<u>最も不適切なものはどれか</u>。

ア 既存の市場セグメント以外へ市場導入をする時期である。

イ 競争企業が多数、市場参入してくる時期である。

ウ 市場に品質を改善した新商品や価格を下げた普及品を導入していく時期である。

エ 製品の認知度を上げるために、広告とパブリシティに予算を多く配分する時期である。

オ 流通チャネルを新規開拓し、それを拡大する時期である。　　　（参照解答：エ）

1 プロダクトミックス（製品ラインとアイテム）

製品はラインとアイテムにより分類することができます。ラインとはカテゴリー単位の製品の分類基準です。アイテムとは、各製品ラインの中の個々の製品のことです。

製品ラインの「幅（広い・狭い）」と「深さ（深い・浅い）＝アイテム数」によって、小売業は4つのタイプに分類できます。

●百貨店「広く深い」　●専門店「狭く深い」
●ＣＶＳ「広く浅い」　●駅売店「狭く浅い」

【9-2-1　プロダクトミックス】

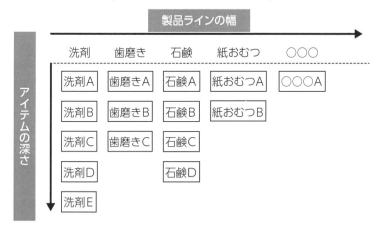

● OnePoint　製品の長さ

製品の「長さ」とは、あるプロダクトミックスに含まれる<u>アイテムの総数</u>です。
上図の場合、製品の長さは15となります。

9
製品戦略

2 製品ライフサイクル（ＰＬＣ）

　「導入期」は、まだ顧客が製品自体を知らないため、製品の認知度を向上させることが重要です。「成長期」では競合企業の参入も激しくなるため、様々なチャネルの導入や価格競争など市場シェアの拡大が求められます。「成熟期」では飽和した市場の中で製品の差別化が求められます。「衰退期」では、できる限りコスト削減をして、固定客を維持することが求められます。

【9-2-2　製品ライフサイクルの特徴】
※　試験対策として、導入期と成長期の違いを明確に理解すること

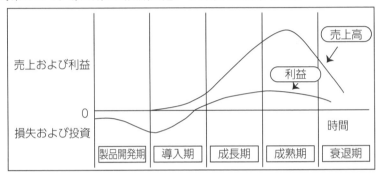

		導入期	成長期	成熟期	衰退期
特徴	売上	低	急成長	ピーク	低下
	コスト	高	平均	低	低下
	利益	マイナス	上昇	高	低下
	顧客	イノベーター	初期採用者	大衆	採用遅滞者
	競争者	ほとんどなし	増加	安定	減少
マーケティング目的		知名とトライアル	シェアの最大化	利益最大化とシェア維持	支出削減とブランド収穫
戦略	製品	ベーシック製品	製品拡張、サービス・保証	多様なブランド・モデル	弱小アイテムのカット
	価格	コスト・プラス法	浸透価格	競合者対応	価格切り下げ
	チャネル	選択的	開放的	より開放的	選択的：不採算店舗の閉鎖
	広告	初期採択者とディーラーへの知名	大衆への知名と関心喚起	ブランドの差別的優位性の強調	コア顧客維持必要水準まで削減
	販促	トライアルをめざし集中実施	消費者需要が大きいため削減	ブランド・スイッチをめざし増加	最小限に削減

（「マーケティング戦略　第5版」　有斐閣アルマ）

✎ Keyword

▶　計画的陳腐化

　企業が意図的に製品ライフサイクルを短縮化することです。消費者の買換需要を促進する目的で利用します。ファッション業界では、毎年雑誌にその年の流行が掲載され、消費者は大きな影響を受けます。従来と異なるデザインを導入することで、従来デザインの魅力を低下させ、買換需要を促進します。

▶　プロダクトエクステンション

　計画的陳腐化とは逆に、製品寿命を延ばしてロングセラー化を図る取り組みのことです。市場の変化に対応してマーケティング戦略を見直すとともに、その製品に修正を重ねることで製品寿命の長期化を図ります。カップラーメンなど技術革新のスピードが比較的遅い製品分野で見られます。

▶　共創（Co-creation）

　インターネットの普及・発展により、消費者が企業の製品開発に参加する共創（Co-creation）が様々な場で行われています。共創を通じて開発された商品は、①品質の高さ（新規性や顧客便益の高さ）、②ラベル効果（消費者によって作られたという情報自体が、他の消費者に好意的な印象をもたらす）といった利点を持つことが指摘されています。

過去問　トライアル解答　**エ**

9
製品戦略

☑チェック問題

　成熟期においては、自社ブランドに対するロイヤルティを維持したり、買い換えや買い増しを刺激するために、リマインダー型広告が重要となる。また、成熟期の広告では、機能面での差別化よりもイメージ面での差別化が重要になることが多い。　　　　　　　　　　　　　　　　　　　　　　　　　　　　　⇒○

ブランド
ブランドの種類

学習事項 ブランドの機能（識別・品質保証・出所表示），ＮＢとＰＢ，７つのブランド要素

このテーマの要点

ブランドのイメージをできる限りつかもう！

ブランドは、１次試験において出題頻度が高いテーマです。本テーマでは、まずブランドの基本的な機能を紹介したのちに、プライベートブランドの特徴、そして７つのブランド要素について学習します。類題も多いため、過去問の演習を繰り返して、正解肢を導くコツを会得してください。

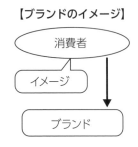

【ブランドのイメージ】

また、本試験では、毎年新しいブランドに関する用語が出題される傾向がありますが、過去問における基本的な用語の理解をベースにして、判断していくことが有効です。やみくもに用語の暗記に走るのではなく、言葉の意味を感じ取ってください。

過去問トライアル	平成24年度　第30問
	ブランドの種類（機能）
類題の状況	R05-Q37　R04-Q28　R02-Q34(2)　H30-Q36(2)　H27-Q26 H26-Q32　H25-Q29　H23-Q27　H22-Q29(1)　H21-Q28(3) H19-Q33　H16-Q31　H16-Q36(2)

次の文章は、ブランドの機能について記述したものである。空欄Ａ～Ｄに入る語句の組み合わせとして最も適切なものを下記の解答群から選べ。

ブランドは製品やその販売者を識別する印として　Ａ　の基礎となると同時に、製品に関する責任の所在を明確にすることで品質や機能を保証する役割を果たす。これがブランドの基本機能であるが、優れたブランドが有する機能はこれだけにとどまらない。

たとえば、これまでに食品や飲料のブラインド・テストでたびたび示されてきたように、ブランドが消費者の　Ｂ　を変化させることがある。また、「○○ならば耐久性は心配ないだろう」というように、購買行動における消費者の情報処理をブランドが単純化することもある。

こうしたブランドの諸機能によって、競合他社に対して個別市場を形成することで　Ｃ　が可能になる。また、消費者の　Ｄ　を形成することで、流通組織化の

基盤をつくることができる。

〔解答群〕

ア A：差別化　　B：態度　　C：プレミアム価格　　D：ブランド・アイデンティティ

イ A：差別化　　B：知覚　　C：プレミアム価格　　D：ブランド・ロイヤルティ

ウ A：市場細分化　B：態度　　C：価格競争　　D：ブランド・アイデンティティ

エ A：市場細分化　B：知覚　　C：価格競争　　D：ブランド・ロイヤルティ

1 ブランドの機能

- 識別機能　→企業側は競合との差別化が可能です。
- 品質保証機能、出所表示機能　→顧客ロイヤルティにより安定した売上を確保できます。
- 意味付け・象徴機能　→消費者は自己実現や表現の手段とすることができます。

2 NB（ナショナルブランド）とPB（プライベートブランド）

①NB（ナショナルブランド）

メーカー（生産者）が製造した自社製品に付与するブランドです。

②PB（プライベートブランド）

小売業など流通業者が独自にコンセプトなどを開発した製品に付与するブランドです。

- 独自性を訴求できます。
- 卸売業などを介在させず、小売業がメーカーに直接依頼するケースが多く見られます。
- 広告費をかけないことにより、低価格の実現を図ることができます。
- メーカー側の生産力に余剰がある場合に導入されやすいため、未稼働の設備を活用することで規模の経済性の観点からも低価格を実現しやすくなります。

9 製品戦略

　ブランドは主に以下の7つの要素で構成されています。強いブランドを構築するには、個々の要素が記憶しやすく意味的に優れていることが重要であり、また要素間のバランスや相乗効果を生むような適切なマネジメントを行っていく必要があります。

要素	特徴
ネーム	ブランドの名称のことであり、短くて、発音しやすく、響きの良いネームが好まれます
ロゴ	ブランドのネームまたはその一部を独特の書体で描いたものです。聴覚だけでなく視覚に訴求することができます
シンボル	ブランドの価値やメッセージを象徴する視覚的要素のことです。Appleのリンゴやラルフローレンのポロ選手などが該当し、ブランド全体の象徴となります
パッケージ	独特なパッケージの形状や素材やデザインによって、ブランドのユニークさや存在感を演出することができます
スローガン	ブランドの価値や特徴を短いフレーズに圧縮したものです。広告キャンペーンと密接に結びつきます
キャラクター	架空あるいは実在の人物や動物などをかたどったものです。独自のキャラクターを有するブランドもあれば、芸能人などを利用するブランドもあります
ジングル	ブランドに関する音楽によるメッセージのことです。オリジナルの曲を制作する場合もあれば、既成曲を採用する場合もあります

✿ Keyword

▶ ブランド資産（エクイティ）

「ブランドの資産と負債の差し引き合計」とも表現され、ブランド資産価値のことであり、以下の４つの要素から構成されます。

① ブランドロイヤルティ…ブランドに対する忠誠心のことです。

② ブランド認知…ブランドがどの程度多くの人に知られているかということです。

③ 知覚品質…消費者がある製品を類似品と比べた際に知覚する、主観的に捉えた品質のことです。

④ ブランド連想…ブランドを通して連想できるイメージなど、ブランドに関するすべての思いを意味します。

▶ ブランド・イメージ

消費者側から、当該ブランドが「どのように知覚されているか」という結果論です。

▶ ブランド・アイデンティティ

企業側から、当該ブランドを「どのように知覚されたい（されるべき）」と考えるかという目標ないし理想像です。

▶ ブランド・ベネフィット

ブランドが顧客に与える便益のことであり、主に「機能的」「情緒的」「自己表現的」の３種類に大別されます。

① 機能的…そのブランドを所有または利用することで得ることができる便利さや効用のことです。（例）のどぬ〜る、ゴキブリホイホイ

② 情緒的…そのブランドによって顧客の感情に与える便益のことです。
（例）○○は爽快だ、△△は乗り心地が良い

③ 自己表現的…そのブランドを所有または利用することで、自己表現に役立つ便益のことです。（例）高級ブランドを利用することによるステータス

▶ ダブルチョップ

メーカーや流通業者（小売業や卸売業）が共同開発するブランドのことです。双方の企業ブランド名を併記することが、ＮＢやＰＢと異なる点です。

▶ コ・ブランディング

複数の有名ブランドを組み合わせて１つの製品にしたり、市場に送り出すことです。（例）銀行と航空会社の提携によるクレジットカード

9
製品戦略

☑チェック問題

アメリカ・マーケティング協会によって説明されるように、一般にブランドとは「ある売り手の財やサービスが、他の売り手のそれとは異なるものであることを識別してもらうための、名前、用語、デザイン、シンボル、およびその他のユニークな特徴」であるとされている。 ⇒○

MEMO

4 ブランド
ブランドの先発優位

このテーマの要点

ブランドは先発が優位？　それとも後発が優位？

「ブランドは先に出した方がよいか、後に出した
方がよいか」という問いに対して、マーケティング
競争においては、一般的に先に出した方が有利だと
いわれています。本テーマではブランド価値を把握
したのちに、ブランドの先発優位性について学習し
ます。また、後発でも絶対に不利になるというわけ
ではありません。見方によっては、後発の方が有利

【先発優位・後発優位】

な面もあります。本テーマでは、こうした論点を理解することで、新製品開発時の
ブランド戦略の基本や、ブランドの先発と後発の特徴について学習します。

過去問 トライアル	平成19年度　第36問
	ブランドの先発優位性
類題の状況	H24-Q30　H20-Q34　H16-Q36(3)

　ある製品カテゴリーにおいて、市場開拓に最初に成功したブランドは競争優位を
確保することができる。これに関して、最も不適切なものはどれか。

ア　このブランドから他へブランドスイッチすると、既に購入した関連商品を改め
て買い直すこともある。

イ　このブランドでその製品カテゴリーを初めて知った場合には、そのブランドの
属性が製品選択の基準を形成しやすい。

ウ　このブランドの使用体験や消費体験によって、そのブランドへのロイヤルティ
が形成されやすい。

エ　このブランドの持つ属性と類似の属性を持つ他社製品に接すると、その他社製
品は改良された優良なものであると知覚されやすい。

オ　このブランドは消費者に長期間露出されることになるので、想起集合に入りやすい。

1 ブランド価値

ブランド価値は、適正価格、品質への信頼感、販売シナジー、低コスト化がキーワードです。

- 競合との価格競争を回避できます。
- 品質への信頼感を与えることができます。
- ブランド拡張による販売シナジーを創出できます。
- マーケティングコストを低減できます。

2 ブランドの先発優位性

一般的に、先発製品が後発製品よりも有利な傾向があります。

(先発のメリット)

① 革新者層や早期採用者層に浸透することで、価格競争を回避できます。

　(革新者層や早期採用者層は、新製品に興味を持ち、価格に対してはあまり敏感ではない)

② 消費者の使用体験や消費体験によってブランドロイヤルティが形成されます。

　(例) 辛口なビール　→　スーパードライ

③ 消費者に長期間露出されるため、想起集合に入りやすくなります。

④ スイッチングコストが参入障壁となり、他ブランドへの流出を防ぎます。

　(例) ゲーム機

⑤ 後発品に比べて品質が高い(後発品はコピー製品)と思われやすいです。

⑥ メーカー側の経験効果により、生産量が増えるほど単位当たりコストを低減できます。

9

製品戦略

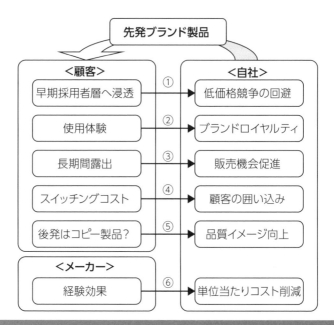

3 ブランドの後発優位性

後発ブランドでは何が新しいのか「1番になれるポイント」を訴求することが重要です。

(後発のメリット)

- 需要の不確実性を把握することで投資リスクを抑えられます。
- 先発ブランドが類似製品をPRしているため、広告宣伝のための投資を抑えられます。
- 研究開発コストを低く抑えられます(模倣コスト<イノベーションコスト)。

⚷ Keyword

▶ **イノベーションコスト**
   先発ブランドを開発するために必要なコストです。

過去問 トライアル解答 **エ**

☑チェック問題

マーケティングを遂行する上で、近年、特にブランド価値が注目されている。ブランド価値を高めることにより、価格競争が発生しても、そこに巻き込まれにくい、高品質のイメージによって高価格を設定できるといったメリットがある。

⇒○

9
製品戦略

5 ブランド
ブランドの基本戦略

学習事項 ブランドの基本戦略，ブランドの採用戦略，新製品のブランド戦略

このテーマの要点

ブランド戦略のセオリーを理解しよう！

ブランドの基本戦略として、ブランド名と市場の組み合わせによって、「ブランド強化、ブランド・リポジショニング、ブランド変更、ブランド開発」の４種類に分類されます。この基本戦略に基づき、どのような冠名を設定するかというブランドの採用戦略や新製品のブランド戦略が策定されます。

【ブランドの基本戦略】

既存ブランド・新ブランド
×
既存市場・新市場

本テーマは非常に重要な論点であるため、過去問の演習を中心に、十分な対策をとってください。また、本試験においては、問題文で与えられた設定が、どの戦略に当てはまるのかを十分に検討してください。

過去問 トライアル	平成17年度　第32問
	ブランド拡張の長所と短所
類題の状況	R05-Q34　R05-Q28(再)　R02-Q34⑴　H30-Q37　H28-Q31 H26-Q32　H20-Q28　H19-Q25　H18-Q33　H15-Q33

メーカーは一度確立したブランドを別の新しい製品群に利用することがある。これは、ブランド拡張と呼ばれている。このことについて最も不適切なものはどれか。

ア 消費者が既存ブランドに対して信頼感をもっているので、トライアルを獲得しやすい。

イ 消費者が既存ブランドのイメージをもっているので、別の新しい製品群の位置づけを容易にできる。

ウ 新製品が消費者の期待以下の場合には、既存の製品群にも悪影響がでる。

エ 新ブランドをゼロから立ち上げるよりも、コストを低く抑えられる。

オ 製品群を増やすと、既存ブランドの持っていた位置づけがより明確になる。

1　ブランドの基本戦略

　ブランド戦略を展開していく上で、ブランドと市場における既存と新規という組み合わせから、ブランドの基本戦略は4つに分類されます。この基本戦略を定めた後に、ブランドの採用戦略や新製品のブランド戦略などが採用されます。

【9-5-1　ブランドの基本戦略】

対象市場

		既存市場	新市場
ブランド名	既存のブランド名	ブランド強化	ブランド・リポジショニング
	新たなブランド名	ブランド変更	ブランド開発

(『マーケティング 第2版』 恩蔵直人　日本経済新聞出版社　p.137)

① ブランド強化

　パッケージやデザイン変更などを通じ従来のブランドを強化・延長することです。相対的にリスクが低く、市場への浸透の不足やブランドの鮮度の劣化、競争の激化などが生じた際に採用されます。

② ブランド・リポジショニング

　既存のブランドで新たな市場を狙う戦略です。ギフト用から業務用、女性用から男性用、子供用から成人用、といったように対象市場を新たに設定することで売上高の増加を狙います。

③ ブランド変更

　対象とするターゲットは変えずに、ブランドを新たなものに変更する戦略です。消費者に鮮度を訴求できるため、既存ブランドの値崩れが生じた際などに用いられます。一方、過去に築き上げてきた認知度やロイヤルティを放棄するため、相対的にリスクの高い戦略です。

④ ブランド開発

　新しいブランドで新しい市場を狙う戦略です。経験のない市場に認知度の低いブランドで参入するためリスクの高い戦略となります。先発優位性や後発優位性を意識した戦略が有効となります。

　ブランドの冠し方には、製品ライン間のイメージや競争地位の類似性や標的市場の類似性によって、下図のような採用戦略に分類されます。

【9-5-2　ブランドの採用戦略】

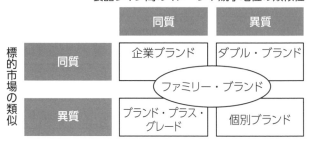

① **企業ブランド**

　あらゆる商品に同一ブランドをつけることです。コーポレートブランドとも呼ばれ、過去の製品で顧客がブランドの情報を得ているため、その商品のイメージを訴求するプロモーションコストが節約できますが、商品の操作方法や機能などの具体的な仕様面までを訴求することは困難です。

　（例）SONY、HONDA

② **ダブル・ブランド**

　企業名と個別ブランド（商品により変えるブランド）を組み合わせる方法です。同じターゲットに、企業名の共通ブランドを採用し、信用度や認知度を高め、個々の製品ラインではもう1つのブランドを追加することで市場浸透を行います。

　（例）アサヒ○○

③ **個別ブランド**

　既存の商品で培ったブランドイメージを活用しにくいため、新しい市場への進出するときなどに新しい個別ブランド・ネームを使用します。

　（例）ペディグリーチャム、カルカン、スニッカーズ

④ **ブランド・プラス・グレード**

　標的市場は異なりますが、消費者が受けるイメージは同じなので、共通ブランドをつけ、標的市場の違いはグレードで対応します。

　（例）○○・プラチナカード、○○・ゴールドカード

⑤ **ファミリー・ブランド**

　標的とする市場や製品ラインは重なりますが、事業ごとに個別のファミリー・ブランドを使用する場合に用います。

　（例）かつての松下電器産業株式会社（Panasonic、National、Technics）

3 新製品のブランド戦略

新製品のブランド戦略は、ブランドと製品カテゴリーにおける既存と新規という組み合わせから下図の4つに分類されます。なお、P.コトラーは下図をブランドの基本戦略と呼んでいます。

【9-5-3 ブランドの拡張戦略】

製品カテゴリー

		既存製品	新製品
ブランド名	既存のブランド名	ライン拡張	ブランド拡張
	新たなブランド名	マルチブランド	新ブランド

（『マーケティング原理 第9版』 P. コトラー /G. アームストロング
（和田充夫訳） ダイヤモンド社 p.367）

① ライン拡張

既存ブランドと同じ製品カテゴリー内で、新たなターゲットを狙った製品を投入します。例えば、同じカップラーメンで大盛りサイズを投入するなどです。従来とは別の市場に参入することになる場合、既存ブランドを活用していたとしても、マーケティング戦略を新規に構築する必要があります。

② ブランド拡張

既存製品で確立したブランドを別の新しい製品に利用することです。例えば、あるメーカーが、石鹸で使用するブランド名を、新たなボディソープ、シャンプー、ハンドソープなどの他製品に使用する場合が当てはまります。

メリットとして消費者が既存ブランドに対し信頼やイメージを持っているため、トライアルの獲得を行いやすく、またマーケティングコストを抑えられます。

一方、デメリットとして新製品が不振だった場合、既存の製品にも悪影響が生じたり、価格帯の低い製品ラインに既存ブランドを付けると、ブランドイメージの低下を招く恐れがあります。また、既存製品ラインのブランドから生じるハロー効果は限定的であるため、別の顧客層に対しては新製品を訴求しにくくなります。

③ マルチブランド

既存の製品群に対して、新しいブランド名をつけて新製品を投入することです。ブランド拡張のリスクを回避したものが、マルチブランドといえます。例えば、同じメーカーがシャンプー市場において、異なるブランド名をつけていくつかの種類の製品を発売する場合が当てはまります。

メリットとして、新製品が不振の場合でも既存のブランドへの悪影響を抑えるこ

9
製品戦略

とができる、企業イメージの分散やリスク分散が図れる、小売店の棚を確保しやすくなる、などがあります。

一方、デメリットとして自社製品内でカニバリゼーションを起こしてしまう恐れがあり、またハロー効果は得られません。

④新ブランド

新規の製品群に対して、新しいブランド名をつけて新製品を投入することです。

メリットとして、新しい企業イメージを創出できることや、新製品の成否による既存ブランドへの影響を抑えやすいことなどがあります。

一方、デメリットとして既存のブランドを活用しないためマーケティングコストを要することや、経営資源の分散を招きやすいことなどがあります。

♂ Keyword

▶ ハロー効果

人事考課の際にも使われる言葉です。マーケティングの場合、あるブランドを好む顧客層に対しては、ブランド拡張効果が見込めるという意味です。

▶ カニバリゼーション

自社の商品が自社の他の商品と売上を共食いしてしまう現象のことをいいます。新商品の導入による既存商品の売上減少は、この代表例です。

過去問 トライアル解答 ▶ **オ**

☑チェック問題

新規ブランドを採用すると、新しい製品ラインが失敗した場合に、すでに成功していたブランドに与える影響が少ない。　　　　　　　　　　　⇒○

価格戦略

価格戦略

1 各テーマの関連

価格戦略

価格設定 ── 10-1 価格設定戦略

10-2 新製品の価格設定戦略

「10−1・2」は「価格戦略」について、様々な価格設定の考え方を学習します。

2 出題傾向の分析と対策

① 出題傾向

#	テーマ	H26	H27	H28	H29	H30	R01	R02	R03	R04	R05
10-1	価格設定戦略	2	1	1	1	1	2	1	2	2	1
10-2	新製品の価格設定戦略										

② 対策

「価格戦略」は、毎年1〜2問ずつ出題がありますので、一通りの知識を過去問から補充するようにしてください。

特に心理的価格設定など、それぞれの価格設定手法とその内容について問われる問題が頻出であり、テキストの内容および過去問の論点を確実に整理しましょう。

また、価格の弾力性や参照価格、価格戦略については、経済学、運営管理でも問われる論点であるため、特に注意が必要です。

MEMO

価格設定
価格設定戦略

学 習 事 項 価格設定への影響要因，価格設定の3つの基本方針，製品ミックス価格設定，心理的価格設定

このテーマの要点

価格設定の基本を押さえよう！

まず、価格設定を行う場合の影響要因にはどのような
ものがあるかについて確認します。次に、価格設定の3
つの基本方針（コスト、需要、競合）について把握します。

最後に、価格設定戦略（製品ミックス価格設定、心理
的価格設定など）の特徴と効果を理解しましょう。

【価格設定】

価格設定への影響要因

⬇

価格設定の基本方針

⬇

価格設定戦略

過去問トライアル	平成30年度　第34問
	価格設定戦略
類題の状況	R05-Q25(再)　R04-Q29(1)(2)　R03-Q32(1)(2)　R02-Q29(2) R01-Q31(1)(2)　H29-Q28　H28-Q27　H27-Q28　H26-Q28(1) H26-Q31　H23-Q26　H22-Q24　H21-Q22　H20-Q33 H19-Q26　H18-Q24　H16-Q38　H15-Q36

価格に対する消費者の反応に関する記述として、最も適切なものはどれか。

ア　2つの価格帯を用意した場合と、それらにさらなる高価格帯を追加し3つの価
格帯を用意した場合のいずれにおいても、金銭的コストが最小となる低価格帯の
商品が選択されやすい。

イ　健康効果が期待される菓子について、一般的に価格が高いとされる健康食品と
して購入者が認識する場合のほうが、嗜好品として認識する場合よりも高い価格
帯で受容されやすい。

ウ　消費者は、切りの良い価格よりも若干低い価格に対して反応しやすい。これを
イメージ・プライシングと呼ぶ。

エ　マンションを購入した人は、家具や家電品をあわせて購入することが多い。高
額商品を購入した直後の消費者は、一般的に、支出に対して敏感になり、値頃感
のある商品を求めやすいことが心理的財布という考えで示されている。

1 価格設定への影響要因

企業の価格設定は、企業の内部要因および外部環境要因の双方の影響を受けます。

【10-1-1　価格設定に影響を与える要因】

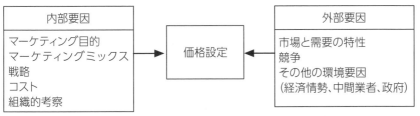

内部要因		外部要因
マーケティング目的 マーケティングミックス 戦略 コスト 組織的考察	価格設定	市場と需要の特性 競争 その他の環境要因 （経済情勢、中間業者、政府）

（『マーケティング原理 第9版』 P. コトラー／G. アームストロング（和田充夫訳）　ダイヤモンド社　p.443）

2 価格設定の基本方針

❶ コストに基づいた価格設定

- コスト・プラス法　……一定の利益率をコストにプラスして価格を設定する方法。
- 損益分岐点を用いた価格設定法　……損益分岐点を用いて、価格とその価格に対する目標販売数量を考慮しながら、価格を設定する方法。
- ターゲット・コスティング　……目標とする販売価格を設定し、そこから原価を企画する方法。

❷ 需要に基づいた価格設定

製品の価値に対する消費者の知覚に基づいて価格（知覚価格）を設定します。消費者がどの程度価値を感じるのか、どの程度需要があるのかをもとに価格を設定します。

❸ 競争志向型価格設定

競争製品に設定されている価格をもとに価格設定を行います。

- 実勢価格　……競争製品との力関係やブランド・イメージなどを考慮して、競争製品よりも高価格、低価格、同程度の価格を設定します。
- 入札価格　……販売者もしくは請負者を決定するために、競合する複数の企業が提示する価格のことです。最も安い価格を提示した企業が採用されます。

10

価格戦略

❶ 製品ミックス価格設定

個々の製品でバラバラに価格設定をするのではなく、扱っている製品全体として利益が最大となる価格を設定することを、製品ミックス価格設定といいます。

【10-1-2　製品ミックス価格設定の種類】

プライスライニング 戦略（例：化粧品）	抱き合わせ価格戦略 （例：朝食付き宿泊パック）	キャプティブ価格戦略 （例：プリンターとインク）
3000円、5000円、1万円のように価格をレベル分けする価格設定	複数の製品やサービスを組み合わせ、個別で販売するより安価な価格設定	基本となる製品と付随的な製品がある場合、基本となる製品の価格を安く設定し、付随する製品の価格を相対的に高く設定

❷ 心理的価格設定

消費者の心理面を考慮した価格対応で、以下の価格設定があります。

- 端数価格　（例：食品、衣料品など）
- 名声価格（威光価格）（例：高級宝飾品、高級腕時計など）
- 慣習価格　（例：清涼飲料水など）

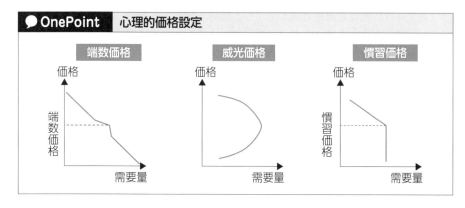

● **OnePoint**　心理的価格設定

⚔ Keyword

▶ **需要の価格弾力性**

価格の変化に対する需要の変化（反応度）の大きさを表します。

弾力性の公式は、$-\dfrac{需要の変化率}{価格の変化率}$で表され、1より大きい場合は弾力的で

あるといい、1より小さい場合は非弾力的といいます。例えば価格を10％減少させた場合に、需要が15％増加する場合の弾力性は1.5となり、弾力的であると判断できます。

▶ **価格の品質バロメーター機能**

消費者が価格以外で品質の判断がしにくい場合、「低価格＝低品質」、「高価格＝高品質」といったように、価格が品質を判断する基準となる機能のことです。

▶ **サブスクリプション**

定額料金による価格戦略をサブスクリプションといいます。「所有」ではなく「利用」に対して金銭が支払われ、動画配信や音楽配信サービスなどが典型例です。

▶ **ダイナミック・プライシング**

時価を表し、時期やタイミングに合わせて価格を動的に変化させる価格設定手法です。ピーク時には料金が高く、閑散時には料金が低いといったように、顧客の支払許容価格の変化に合わせて販売価格を設定し、収入の最大化を追求します。航空業界やホテル業界で採用されてきた戦略ですが、デジタル技術の進展に伴い、様々な分野に取り入れられています。

▶ **フリーミアム**

基本バージョンを無料で提供しながら、高性能（プレミアム）バージョンを有料で購入してもらう手法のことを指します。デジタル財は追加的コストがほとんどかからないことから、このような価格戦略が行いやすくなっています。

過去問 トライアル解答 ▶ **イ**

10 価格戦略

☑チェック問題

飲料メーカー B社は、高機能性の清涼飲料水の新製品を市場に導入する際に、流通チャネルにコンビニエンスストアだけを選択して、慣習価格よりも高い価格を設定した。このような方策を採用した理由の1つとして、コンビニエンスストアでは、弁当類と飲料とがセットで購入されることも多く、その場合、飲料の持つ高機能性を印象づけることが可能となることが挙げられる。　　　　⇒○

2 価格設定
新製品の価格設定戦略

学習事項 上澄み吸収価格戦略，市場浸透価格戦略

このテーマの要点

2つの価格設定を条件、効果、リスクから理解する

新製品導入時の代表的な価格設定戦略は、上澄み吸収価格戦略と市場浸透価格戦略です。右図の通り、上澄み吸収価格戦略のターゲットは、高価格でも良い製品であると思えば購入する、イノベーター層が中心です。また、市場浸透価格戦略のターゲットは、すでに存在する大きな市場か、ここから間違いなく大きくなる市場が対象であるため、浸透層がターゲットの中心です。

この2つの価格設定戦略の特徴を、条件、効果、リスクの面から理解しましょう。

【2つの価格戦略のターゲット】

- イノベーター層 ← 上澄み吸収価格戦略
- 追随層
- 浸透層 ← 市場浸透価格戦略

過去問トライアル	平成17年度　第29問
	上澄み吸収価格戦略と市場浸透価格戦略
類題の状況	H21-Q22　H17-Q30　H15-Q32

新製品を市場導入する際の価格決定方針としては、「市場浸透価格政策」と「上層吸収価格政策」の2つを考えることができる。この2つの価格決定方針の説明について、最も適切なものはどれか。

ア　上層吸収価格政策は、市場シェアの獲得を目指して採用されやすい。

イ　上層吸収価格政策は、補完的価格設定とともに採用されやすい。

ウ　市場浸透価格政策は、需要の価格弾力性が高いときに採用されやすい。

エ　市場浸透価格政策は、短期間で次の新製品を市場導入する予定のときに採用されやすい。

オ　市場浸透価格政策は、独自性の高い製品のときに採用されやすい。

1 上澄み吸収価格戦略（スキミング・プライシング戦略）

　新製品に高い価格を設定し、高価格でも購入する顧客を対象に、十分な利益を獲得しようとする戦略です。初期高価格政策、上層吸収価格政策ともいいます。

　特に、新技術による新製品を発表する企業は、「上澄み吸収の最大化」のために、高い価格を設定する傾向にあります。

❶条件
- 製品差別化が十分あり、競争の心配が少ない。
- イニシャル・コストが高いため、競合他社が参入しにくい。
- 高い価格は優れた製品、というイメージが醸成されやすい。

❷効果
- 短期間で大きな収益。開発コストの早期回収が見込める。
- ブランド・イメージを確立しやすい。
- 市場の良質な顧客層を獲得できる。
- 価格弾力性の小さい市場を開拓できる。

❸リスク
- 市場形成後、競合の参入を許してしまう。

2 市場浸透価格戦略（ペネトレーション・プライシング戦略）

　すばやく大きな市場シェアを勝ち取るために、新製品の価格を意図的に低く設定する戦略です。初期低価格政策ともいいます。

　販売量が多ければ単位コストが下がって、長期的な利益が上昇すると考えます。そこで、市場が価格に敏感だという前提のもと、低い価格を設定します。

❶条件
- 広い潜在市場が存在する。
- 価格弾力性が大きく、価格変動による需要への影響が大きい。
- 経験曲線効果により早期に投資の回収ができる。
- キャプティブ価格戦略を狙った場合の本体の価格として利用。
- 反復購買を期待できる。
- 競合からのブランドスイッチを狙う。

❷効果
- 早い時期に高い市場シェアを獲得できる。
- 低マージンのため競合他社の参入意欲を減退させる。
- 製品ブランドを広く消費者に認知させることができる。
- 莫大な利益を享受できる可能性を持つ。

10 価格戦略

③リスク

- 期待通り原価が下がるとは限らない。
- 設備投資や資金繰りにおいてリスクが大きい。
- 競合の参入を許してしまう。

なお、新製品の導入時だけ一時的に価格を下げる戦略のことを「導入価格戦略」といいます。一定期間を過ぎると本来の価格水準に引き上げます。

♂ Keyword

▶ お試し価格

発売当初に低い価格を設定することで、他社製品を使用している顧客を自社製品へ切り替えること（ブランドスイッチング）を狙います。中でも最寄品は購買頻度が高いため、「お試し価格」でブランドスイッチングに成功すれば、その後の利益が期待できます。

▶ ブランドスイッチング

ある商品カテゴリーの内で、消費者がそれまで購買してきたブランドとは異なる、競合ブランドを購買し始めることです。原因は、これまで購買してきたブランドへの不満、単なる気まぐれなどの消費者自身の心理的変化のみならず、低価格の魅力、小売店での陳列方法、販売員からの推奨など多岐にわたります。

過去問 トライアル解答　**ウ**

☑チェック問題

市場浸透価格政策は、市場シェアの獲得を目指して採用されやすい。また、市場浸透価格政策は、需要の価格弾力性が高いときに採用されやすい。　　⇒○

第**11**分野

プロモーション戦略

プロモーション戦略

1 各テーマの関連

プロモーション戦略

- プロモーションの全体像 ── 11-1 プッシュ戦略・プル戦略
- プロモーション戦略の構造 ── 11-2 プル戦略
  - 11-3 プッシュ戦略

「11-1・2・3」は「プロモーション戦略」について、「プル戦略」「プッシュ戦略」という概念を学習します。

2 出題傾向の分析と対策

① 出題傾向

#	テーマ	H26	H27	H28	H29	H30	R01	R02	R03	R04	R05
11-1	プッシュ戦略・プル戦略	1	1			2					1
11-2	プル戦略				1			1	2		1
11-3	プッシュ戦略		1								

② 対策

「プロモーション戦略」は、「広告」「パブリシティ」「販売促進」「人的販売」についての知識問題が中心です。過去問を通して、詳細知識の補強をしてください。

近年は、インターネットを活用したプロモーションが主流となりつつあり、「13-4 Webマーケティング」との関連を意識しながら学習しましょう。

第11分野　プロモーション戦略

プロモーションの全体像
1 プッシュ戦略・プル戦略

学 習 事 項 プロモーションミックス，プッシュ戦略，プル戦略

このテーマの要点

プッシュ戦略・プル戦略は組み合わせて実行！

プッシュ戦略は、メーカーが流通業者に対して働きかけ、流通業者を通じて自社製品を積極的に販売してもらう戦略です。顧客と双方向のコミュニケーションを行う人的販売や、流通業者、消費者、社内向けの販売促進が用いられます。

プル戦略は、メーカーが消費者に対して直接的に働きかけ、購買意欲を刺激する戦略です。広告やパブリシティが用いられます。

【プッシュ戦略とプル戦略】

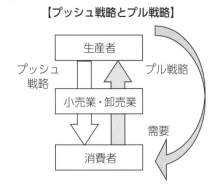

過去問 トライアル	平成18年度　第29問
	プッシュ政策とプル政策の違い
類題の状況	R05-Q33(再)　H30-Q35(1)(2)　H27-Q33　H26-Q27(1) H24-Q31

プロモーション政策は、プッシュ政策とプル政策とに類型化できる。これに関して、最も適切なものはどれか。

ア プッシュ政策は、生産者が消費者を対象として、広告で需要を喚起する。

イ プッシュ政策は、生産財より消費財に適している。

ウ プル政策では、卸売業者に向けて、人的販売を展開する。

エ プル政策とプッシュ政策は組み合わせて採用されることがある。

オ プル政策は、最寄品よりも高額の買回品において採用される。

1 プロモーションミックス（コミュニケーション・ミックス）

プロモーションミックスとは、広告、パブリシティ、販売促進、人的販売の4つを組み合わせて、適切なプロモーション戦略を展開することです。

【11-1-1　プロモーションミックス】

	プル戦略		プッシュ戦略	
	広告	パブリシティ	販売促進	人的販売
特徴	一方向、非人的、マス市場向け、有料	一方向、非人的、マス市場向け、無料	一方向、非人的、特定対象者向け	双方向、人的、販売員のスキルが必要
機能	認知、情報提供、リマインド	認知（信頼性が高い）	購入促進	購入促進、取引先のサポート、ニーズの吸収
効果	時間は要するが、効果は持続する	時間は要するが、効果は持続する	速効性はあるが短命	速効性はあるが短命
長所	幅広い消費者への訴求	信頼性高い、無償で効果大	対象を限定できる、短期的な効果、ブランドスイッチを狙える	個別対応可能、ニーズの吸収
短所	説得力は弱い、1回当たりのコストが高い	採用されるか不確実	効果が持続しにくい	販売員の固定的コスト、営業できる対象が限られる

2 プロモーションミックスの決定要因

❶製品タイプ

消費財、生産財に対するプロモーションミックスの重要度は以下の通りです。
※相対的な重要度を表しています。

- 消費財：広告　＞　販売促進　＞　人的販売　＞　パブリシティ
- 産業財：人的販売　＞　販売促進　＞　広告　＞　パブリシティ

②消費者の状態

消費者の状態における各手段の費用対効果は以下の通りです。

【11-1-2 消費者の状態における各手段の費用対効果】

	広告	パブリシティ	販売促進	人的販売
認知	高い	高い	低い	低い
理解	やや高い	やや高い	低い	低い
確信	低い	低い	低い	やや高い
注文	低い	低い	高い	高い
再注文	やや低い	やや低い	高い	高い

③製品ライフサイクル別のプロモーションミックスの考え方

(1) **導入期**：広告とパブリシティで、認知向上。販売促進で、試用促進。

(2) **成長期・成熟期**：販売促進や人的販売により、製品の特徴訴求や再購入を促進。

(3) **衰退期**：プロモーションを抑制。

♂ Keyword

▶ 最寄品、買回品、専門品

最寄品：食料品や日用雑貨など、購買頻度が高い消費財。

買回品：家電製品や家具など、比較・検討して購入する消費財。

専門品：高級自動車など、価格ではなくブランドや趣味性を重視する消費財。

▶ 消費財と生産財

消費財は、個人の消費を目的に使用される製品。

生産財は、企業や公共機関等の組織体を対象とした製品。

▶ 統合型マーケティングコミュニケーション（ＩＭＣ）

コミュニケーション・ミックス（混合）ではなく、さらに一歩進めたインテグレーション（統合）を進める考え方です。媒体間の横の連動だけでなく、認知、情動、行動といった複数段階における縦の連鎖に踏み込むことで、コミュニケーション効果の最大化を図ります。

過去問 トライアル解答　**エ**

☑チェック問題

プル政策は、生産財より消費財に適している。また、プル政策は、生産者が消費者を対象として、広告で需要を喚起する。　　　　　　　　　　⇒○

2 プロモーション戦略の構造
プル戦略

学習事項　広告，広告媒体別の特徴，パブリシティ

このテーマの要点

広告・パブリシティで指名買いを狙う！

消費者に強いブランド選好を抱かせ、小売店頭で指名購買を狙う戦略です。プロモーションミックスにおいては、マス媒体を中心とした広告・パブリシティが中心です。最寄品や買回品をはじめとした消費財の分野で志向されることが多く、製品差別化がなされている製品に対して有効に働くケースが多くあります。

【プル戦略】

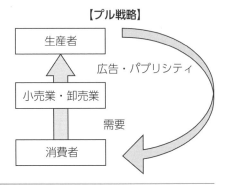

過去問 トライアル	平成15年度　第41問
	SP広告媒体の特徴
類題の状況	R05-Q33　R03-Q33　R03-Q35⑴　R02-Q30　H29-Q34⑵ H24-Q33　H23-Q30　H22-Q26　H20-Q30　H19-Q34 H17-Q34　H17-Q35　H16-Q53　H15-Q40　H15-Q43

広告には様々な媒体が利用されている。次に挙げる1～4の文章の空欄には、以下のa～dの4つの広告媒体のいずれかが入る（a～dは重複しないものとする）。その中で、空欄A、Bに入る媒体の組み合わせで最も適切なものを下記の解答群から選べ。

1. ＿＿＿は、様々なスペースの形態があり、地域のシンボルにもなる。ティーザー広告に向いている。

2. ＿＿＿は、セグメンテーションを個人単位で行うことができ、効果の測定も比較的容易である。

3. ＿A＿は、広告スペースが画一的であるので、基準料金の設定が可能である。

4. ＿B＿は、特定地域のカバレッジ力が強く、費用も安く、また効果がすぐにあらわれやすい。

（広告媒体）

   a   屋外広告

   b   折り込み広告

   c   ダイレクトメール

   d   中吊り広告

〔解答群〕

ア A：a   B：c

イ A：b   B：c

ウ A：b   B：d

エ A：d   B：a

オ A：d   B：b

1 広告

❶広告の種類

【11-2-1　広告の種類】

訴求内容による分類	製品広告…製品の属性や特性そのものを訴求する広告。
	企業広告…企業イメージを形成することを目的とする広告。企業理念や企業ロゴマーク、文化芸術活動の支援などを利用して訴求する。
訴求目的による分類	情報提供型広告…製品情報を訴求した広告。新製品の導入時に利用される。
	説得型広告…品質やコストなどが優れていることを訴えた広告。
	リマインダー型広告…自社ブランドを忘れさせないことを目的とした広告。主に成熟期に使われる。
	比較広告…自社商品と他社商品、自社の新商品と旧商品を比較し、自社商品の優位性を消費者に訴求する広告。
訴求対象による分類	流通広告…流通業者を対象。自社製品の仕入れ促進が目的。
	消費者広告…消費者を対象。購買意欲を高めることが目的。

❷ 広告媒体別の特徴

【11-2-2　広告媒体別の特徴】

	長所	短所
テレビ	・広いカバレッジ ・広いリーチ ・露出当たりの低いコスト	・セグメントしにくい ・絶対的に高いコスト ・メッセージが短命
ラジオ	・低いコスト ・セグメント可能 ・製作が比較的容易	・音のみの利用 ・メッセージが短命
雑誌	・セグメント可能 ・多くの情報を提供 ・メッセージが長命	・視覚だけによる訴求 ・広告変更などにおける柔軟性が低い
新聞	・信用度が高い ・記憶性が高い ・広いカバレッジ ・高い柔軟性	・視覚だけによる訴求 ・メッセージが短命
ダイレクトメール	・対象者の絞り込み可能 ・多くの情報を提供 ・効果測定がしやすい	・接触当たりの高いコスト
屋外広告	・高い反復率 ・高い注目率	・特定の地点に限定 ・少ない情報を提供
インターネット広告	・効果測定がしやすい ・情報の更新が容易 ・セグメント可能 ・双方向性	・情報が多すぎて埋もれしまう危険性 ・信頼性の判断が難しい

🔑 Keyword

▶　マスコミ4媒体

　テレビ、ラジオ、雑誌、新聞の総称です。

　2023年の総広告費は、7兆3,167億円、前年比103.0％となりました。上半期は、コロナ禍からの回復に伴う行動制限の緩和や、北京2022冬季オリンピック・パラリンピックなどにより好調でした。下半期は、ウクライナ情勢や欧米の金融政策の転換による経済環境の大きな変化、新型コロナの再拡大などの影響を受けたものの、社会・経済活動の緩やかな回復に伴い「外食・各種サービス」「交通・レジャー」を中心に広告需要が高まりました。

　また、マスコミ４媒体の事業者が主体となって提供するインターネットメディア・サービスにおける広告を意味する「マスコミ４媒体由来のデジタル広告費」が2018年の推計開始以来、４年連続で二桁成長を続け、2023年には1,294億円となりました。

▶　クロスメディア

　ある媒体からある媒体へと誘導することにより、それぞれの媒体の長所を活用しつつ短所を補う手法です。テレビＣＭからネットや新聞の折り込みチラシに誘導するケースなどが該当します。

● OnePoint　インターネット広告

　株式会社電通が2024年２月に発表した「2023年　日本の広告費」によると、インターネット媒体の広告費は、2023年で3兆3,330億円（前年比107.8％）と、1996年の推計開始以降一貫して成長を続けています。2009年に初めて新聞広告媒体の広告費を上回り、2019年には媒体別のシェアでテレビ媒体を超え第１位となり、2021年にはマスコミ４媒体の合計（2兆4,538億円）を初めて上回りました。

2　パブリシティ

　パブリシティとは、マス媒体に新製品情報などを提供し、媒体側がニュース価値を認めた場合、情報として取り上げるものです。広告と似たような形で消費者には伝達されます。パブリシティは基本的に無料で、消費者からの信頼性は高いですが、企業はコントロールが難しいといえます。

過去問　トライアル解答　**オ**

☑チェック問題

　新聞・雑誌といった印刷媒体は、広告変更の柔軟性は高いが、メッセージの寿命は短い。　　⇒×

▶　新聞は、広告の変更の柔軟性が高く、メッセージの寿命は短い。逆に雑誌は、制作リードタイムが長いこともあり、変更の柔軟性は低く、メッセージの寿命は長い。

3 プロモーション戦略の構造
プッシュ戦略

学習事項 販売促進（セールスプロモーション，ＳＰ），人的販売

このテーマの要点

セールス・パーソンによる積極的な説得活動！

　販売促進は、メーカーが流通業者に働きかけ、流通業者側がこれを受けて単独、もしくはメーカーと共同で消費者の購買を喚起するものです。販売促進は広告によって高まった消費者の関心を購買に結びつける意図を持ち、比較的即時性が高いといえます。

　人的販売は、営業担当者や販売員による営業販売活動のことです。顧客に直接アプローチし、会話や製品説明、提案、交渉などを通じて双方向のコミュニケーションを行います。

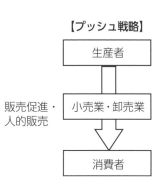

【プッシュ戦略】

過去問トライアル	平成15年度　第42問
	販売促進
類題の状況	H27-Q27　H25-Q27　H25-Q30　H20-Q31　H20-Q37 H19-Q37　H17-Q25　H17-Q40　H16-Q45　H15-Q47

　マッカーシーの４Ｐの１つであるプロモーション活動の要素として広告、人的販売、パブリシティ、販売促進（ＳＰ）がある。販売促進に関して最も適切なものはどれか。

ア　販売促進は広告よりも新規顧客を開拓しやすい傾向がある。

イ　販売促進は広告よりも短時間で効果が発揮される傾向がある。

ウ　販売促進は広告よりも長期的に効果が持続する傾向がある。

エ　販売促進は広告よりもブランドロイヤルティを形成する傾向がある。

1 販売促進（セールスプロモーション、ＳＰ）

❶流通業者向け販売促進

　リベートや報奨金などの価格面に関する販売促進から、販売員の派遣やディスプレイ・棚割りの提案、研修プログラムや販売コンテスト、展示会の協賛などがあります。

【11-3-1　流通業者向け販売促進の種類】

値引き	期間を限定したものや数量に応じたものがあります。注意すべき点として、特定の流通業者のみ値引きをすると、他の流通業者への転売やチャネルコンフリクトの原因となります。
建値制	メーカーが流通業者に対して、卸売価格、標準小売価格を指定し、流通業者にリベートを支払う制度のことです。現在では、独占禁止法で再販売価格維持行為は禁止されており、リベートがメーカーの利益を圧迫することから、オープン価格制に移行しつつあります。

❷消費者向け販売促進

　ポイント提供やクーポン、景品、値引き、サンプル提供などの価格に訴求したものから、カタログなどの配布、POP、発表会、実演などの情報提供、イベントのスポンサーシップなどがあります。

【11-3-2　消費者向け販売促進の種類】

ポイント制度	購入金額に応じて、ポイントを付与し、一定のポイントがたまると、商品や景品と交換ができる制度です。 優良顧客の囲い込み、来店頻度向上を目的としていますが、昨今はどこでもポイント制度を導入しているため、差別化することが重要で、単なる値引きにならないように注意する必要があります。カード作成時に購入者属性が収集できたり、電子的にポイントを管理すると顧客の購買履歴情報を得ることができます。
クーポン	ある製品に対して一定の値引きが可能な割引券のことです。顧客維持や関連購買の促進に役立ちます。
プレミアム	おまけのことです。プレミアムをおとりにして対象製品の購入を促すことができます。

❸社内向け販売促進

　社内の販売意欲向上、販売スキルの向上を目的に、以下のような社内向けの販売促進があります。セールスマニュアルの提供、研修やセミナーの開催、セールスコンテスト、社員割引。

▶ チャネルコンフリクト

　チャネル内において、様々な要因から生じる企業間の衝突や対立のことです。チャネルコンフリクトには、異なる段階間で起こる「垂直的な衝突」と、同一段階で起こる「水平的な衝突」があります。

▶ オープン価格制

　流通業者が自由に商品価格を設定する制度です。メーカーが希望卸売・小売価格を設定する建値制と異なり、基準価格が提示されないため、乱売や二重価格表示の防止に役立つ反面、流通業者や消費者の商品知識や鑑識眼が重要となります。

▶ リベート

　特定の製品に限定せず流通業者との長期的な協力関係を維持するために用いられます。正規の価格で販売した後に売り上げの一部を払い戻します。つまり、取引条件を事後に変更するということです。その条件は流通業者ごとに異なる場合も多く見受けられます。

2 人的販売

　単に製品を売り込むだけでなく、競合他社の情報や顧客ニーズを把握し、関係部署にフィードバックすることも重要です。そのために、営業担当者・販売員の訓練が必要です。販売員の形態は以下の通りです。

【11-3-3　販売員の形態】

オーダーゲッター	潜在需要を掘り起こし、新規顧客を開拓する販売員
オーダーテイカー	すでにある取引関係の維持を目的とする販売員
カスタマーエンジニア	自社が導入した情報システム等のサポートやメンテナンスを行うエンジニア
コミッションマーチャント	メーカーや卸業者から委託を受けて商品仕入と販売を行う販売員
ミッショナリー・セールスパーソン	新商品の機能や使い方など専門知識を使って説明する販売員

🔑 Keyword

▶ アローワンス

　メーカーが特定の自社製品を優先的に扱う流通業者に対して実施する割引のことです。例えば、メーカーの意図に沿った仕入、広告や特別陳列に流通業者が協力する場合があります。

過去問 トライアル解答 **イ**

☑チェック問題

　消費者向けのクーポン配布は、新聞や雑誌などのマス媒体で行われることが多い。この方法に加えて、ＰＯＳレジスターと印刷機を連動させて、購入商品に応じて、特定の企業のクーポンをその場で印刷発行する方法がある。このようなクーポンは、自社のマーケティングプランに応じて、対象となる消費者に的確に配布される。また、自社商品の購入者にクーポンを発行すると、顧客維持の強化を図ることができる。　　　　　　　　　　　　　　　　　　　　　⇒○

チャネル戦略

チャネル戦略

1 各テーマの関連

```
チャネル戦略
    └─ チャネル戦略の基本類型 ── 12-1 流通チャネルの意義
                             └─ 12-2 流通チャネルの分類
```

「12−1・2」は「チャネル戦略」においての流通チャネルの意義や分類について学習します。「9・10・11・12」の4つの分野で、マーケティングミックスの諸要素について、詳細の理解を深めることとなります。

2 出題傾向の分析と対策

① 出題傾向

#	テーマ	H26	H27	H28	H29	H30	R01	R02	R03	R04	R05
12-1	流通チャネルの意義	2	1			1					2
12-2	流通チャネルの分類	1		1	1	1				1	

② 対策

「チャネル戦略」は、毎年のように1〜2問ずつ出題がありますので、一通りの知識を過去問から補充するようにしてください。

特にチャネル政策の基本戦略である、「開放型チャネル」、「選択的チャネル」、「専売的チャネル」のそれぞれの特徴について確実に理解し、過去問演習を通じてケース問題にも対応できる応用力を身につけていきましょう。

第12分野　チャネル戦略

1 チャネル戦略の基本類型
流通チャネルの意義

学 習 事 項 取引最小化，チャネルの長さ

このテーマの要点

チャネルとは流通経路のことです！

チャネルとは、小売店や卸売企業などの流通業者を通じて、製品を顧客に届ける流通経路のことです。

他のチャネルメンバーとの役割関係の計画づくりや調整、維持などを図る必要があります。

【流通チャネル】

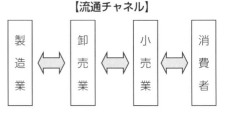

製造業 ⇔ 卸売業 ⇔ 小売業 ⇔ 消費者

過去問 トライアル	平成18年度　第27問
	卸売業の機能
類題の状況	R05-Q31(1)　R05-Q26(再)　H30-Q28　H27-Q29　H26-Q2 H26-Q27(1)　H15-Q37

卸売業が有する機能に関して、<u>最も不適切なもの</u>はどれか。

ア 委託販売の際、卸売業者が仕入先に返品できなくても、販売先からの返品を受け入れる所有権移転機能。

イ 小売業者に向けて、経営指導を行う情報伝達機能。

ウ 自社の販売先からの受取手形のサイトが、仕入先への支払手形のサイトよりも長い場合の金融機能。

エ 小規模な産業需要者へ、セールスパーソンが自ら配達する物流機能。

オ 見込み客に関する一般的な情報を収集・分析し、メーカーに伝える情報伝達機能。

1 流通チャネルの意義

流通チャネルの機能は、以下の図表にまとめることができます。

【12-1-1 流通チャネルの機能】

機能	説明
取引最小化	流通業者が介在することによる取引数の最小化、取引の効率化、新たな顧客の獲得
情報	必要なマーケティング情報の収集と伝達
プロモーション	広告、販売活動の促進、人的販売
接触	潜在的購買者の発掘とコミュニケーション
適合	購買者のニーズに合わせて、包装、組み合わせ、メンテナンスなどを行うこと
交渉	価格やその他の取引条件に合意し、所有権や所有の移転を成立させること
物流	製品の輸送や在庫管理
財務	売上回収、流通に必要な資金調達と融資
リスク分担	チャネル機能の遂行に関連するリスクの負担

【12-1-2 取引最小化】

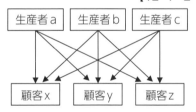

流通業者がいない取引

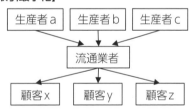

流通業者を通じた取引

⚙ Keyword

▶ 委託販売

メーカーが所有権を持ったまま、小売業者等の販売業者に販売を委託する販売方式です。

2 チャネルの長さ

流通チャネルの段階数のことを、チャネルの長さといいます。チャネルの長さが短いと直販となり、チャネルの長さが長いと多くの小売店、消費者へ販売すること

ができます。チャネルの長さは、価格、目標販売量、製品分類、販売地域、購入頻度などをもとに設定されます。

【12-1-3　チャネルの長さ】

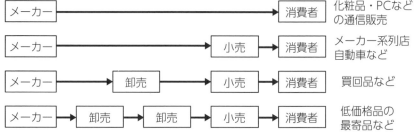

【代表例】

メーカー → 消費者		化粧品・PCなど の通信販売
メーカー → 小売 → 消費者		メーカー系列店 自動車など
メーカー → 卸売 → 小売 → 消費者		買回品など
メーカー → 卸売 → 卸売 → 小売 → 消費者		低価格品の 最寄品など

🔑 Keyword

▶　所有権移転機能

　商品の交換を通じて所有権を移転する機能です。一般的には「製造業者→卸売業者→小売業者→消費者」の順に所有権が移転します。

3　投機と延期の理論

　製品の生産・流通においては需要変動や消費者ニーズの変化といった不確実性への対応が重要になります。そのような不確実性への対応が不十分な場合、売れ残りや欠品といったロス（市場リスク）が発生します。

　投機と延期の理論とは、市場リスクに対応するために、生産量や在庫量の意思決定を、流通経路内のどの段階で、またどのタイミングで行うのかを示す理論のことです。

❶ 投機

　投機とは、実需が発生する消費者の購買時点を基準として、流通経路内の川上側で、実需の発生に対して前倒して生産と在庫投資の意思決定を行うことです。例として見込み型の大量生産が該当し、規模の経済性により製造コストを削減できるとともに、欠品による機会損失を抑制できます。また、需要を見込んで在庫しているため納品リードタイムが短い一方で、売れ残りによる市場リスクが増大します。

❷ 延期

　延期とは、実需が発生する消費者の購買時点に近い、流通経路内の川下側まで、生産や在庫投資の意思決定を遅らせることです。例として受注生産が該当し、生産

と在庫投資の意思決定を実需に対応させることで、売れ残りによる市場リスクを抑制できます。また、原則、在庫は持たないので、納品リードタイムが長期化するとともに、生産や流通が非効率的になるデメリットがあります。

よって、図表12-1-4のように投機と延期には、一方のメリットを取ろうとすると他方のメリットが失われるといったトレードオフの関係が成立します。半製品を在庫し、受注とともに完成品に仕上げるBTO（Build To Order）などは、投機と延期の双方のバランスをとった生産体制であるといえます。

【12-1-4　投機と延期のトレードオフ】

	メリット	デメリット
投機	効率的 少ない欠品 短い納品リードタイム	市場リスクが大きい
延期	市場リスクが小さい	非効率的 多い欠品 長い納品リードタイム

❸ 投機の延期化

近年では顧客ニーズの多様化などにより、製品ライフサイクルの短縮化が進んでいます。よって、寿命を終えた商品は、新しい商品に入れ替えを行う必要があり、かつての効率性を最優先した大量生産・大量販売では供給過多となり、不良在庫の発生リスクが高まっています。また、情報技術の進展やSCM（Supply Chain Management）の普及により、小売店側の販売情報が流通経路内で共有されるようになったため、市場動向に合わせた延期的な生産や流通が求められるようになっています。

トヨタ生産方式に代表されるJIT（Just In Time）や、CVSの流通における多頻度小口配送は、生産・流通の延期化の流れの中で発展したものです。

過去問 トライアル解答　ア

☑チェック問題

流通チャネルには、当事者の間の所有権の移転と代金授受の機能とともに、プロモーション機能がある。　⇒○

2 チャネル戦略の基本類型
流通チャネルの分類

学 習 事 項　伝統的流通チャネル，垂直型マーケティング・システム，流通系列化，フランチャイズ・チェーン

このテーマの要点

各種チャネル構造を理解する！

流通チャネルを大別すると、以下の2つがあります。

まず、生産者、卸売業者、小売業者のそれぞれ単独で利益を最大化しようとするチャネルを伝統的流通チャネルといいます。

一方、垂直型マーケティング・システム（VMS）とは、生産者、卸売業者、小売業者を組織化して全体の利益を最大化しようとする

【伝統的流通チャネルと垂直的マーケティング・システム】

	伝統的流通チャネル	垂直型マーケティング・システム
目的	個別企業の売上・利益の最大化	チャネル全体の利益最大化
取引関係	個別の取引ごと	長期的な取引関係
その他	チャネル・リーダーはいない	チャネル・リーダーがいる

流通チャネル組織をいいます。チャネル・リーダー（チャネル・キャプテン）と呼ばれる、リーダーシップを持ってチャネルを設計・管理する企業が存在します。

過去問 トライアル	平成17年度　第38問
	新製品のチャネル政策
類題の状況	R04-Q30　H30-Q32(1)　H29-Q2　H28-Q26　H26-Q29(1) H25-Q28　H24-Q32　H22-Q25　H20-Q32　H17-Q28 H16-Q39　H15-Q38

メーカーが流通チャネルのメンバーの数をどういう方針で決定するかには、3つの方法があり、開放的チャネル政策、専属的チャネル政策、選択的チャネル政策がある。このうち、選択的チャネル政策について、最も適切なものはどれか。

ア 競争企業の製品の取り扱いをさせない。

イ 自社の製品をどこでも買ってもらえるようにする。

ウ 市場カバレッジは広いが、チャネルコントロール力が低い。

エ 新規事業で流通業者を探しているときに採用される。

オ メーカーと流通業者の間で強い結びつきが必要である。

1 チャネル政策の基本類型

企業が選択するチャネル政策の基本類型は、以下の図表の通りです。なお、この分類は、伝統的チャネル政策の考え方に基づいています。

【12-2-1　チャネル政策の基本類型】

	開放的チャネル	選択的チャネル	専売的チャネル
目的	・店頭露出の拡大 ・シェア拡大	・ブランドイメージの 　確保 ・シェア拡大	・ブランドイメージの 　確保 ・サービス提供
商品	最寄品 (食料、日用雑貨品)	買回品 (家電、化粧品、衣料品)	専門品 (自動車、住宅、高級 ファッションブランド)
流通業者 の数	多い	中間	少ない
統制	弱い	中間	強い

2　垂直型マーケティング・システム（VMS）

❶垂直型マーケティング・システムの分類

　垂直型マーケティング・システムは、企業システム、契約システム、管理システムの3つに分類できます。

【12-2-2　垂直型マーケティング・システムの分類】

名称	説明	メリット・デメリット
企業システム	特定企業の資本のもとに流通チャネルを統合します。例えば、メーカーが卸売部門や小売部門を持ったり、小売企業が製造部門を持ったりすることです。	<メリット>チャネル・リーダーのコントロール力が強い<デメリット>投資が必要。環境変化に対応しづらい
契約システム	資本の異なる企業間が契約を締結し、チャネルを統合します。卸主宰ボランタリー・チェーン、小売主宰コーペラティブ・チェーン、フランチャイズ・チェーンなどがあります。	メリット・デメリットは、企業システムと管理システムの中間
管理システム	資本の異なる企業間が厳密な契約を締結しないで、緩やかに統合します。	<メリット>投資負担が少ない、戦略変更が容易<デメリット>チャネル・リーダーのコントロールが弱い

❷流通系列化

　メーカーが卸売業者や小売業者（系列店）を組織化することにより、価格や販売ルートなどを管理・統制することです。メーカーと系列店には特に資本関係はありません。

- メリット　……流通チャネルの効率化や専門知識に基づく販売が可能になります。
- デメリット　……流通チャネル間の競争を阻害する恐れがあります。競合メーカーの商品を扱いにくいことによる、商品構成の偏りが生じます。

3　フランチャイズ・チェーン（FC）

❶フランチャイズ・チェーン（FC）

　一般社団法人日本フランチャイズチェーン協会の定義※では、「フランチャイズとは、事業者（フランチャイザー）が他の事業者（フランチャイジー）との間に契約を結び、自己の商標、サービスマーク、トレード・ネームその他の営業の象徴となる標識、および経営のノウハウを用いて、同一のイメージのもとに商品の販売そ

の他の事業を行う権利を与え、一方、フランチャイジーはその見返りとして一定の
対価を支払い、事業に必要な資金を投下してフランチャイザーの指導および援助の
もとに事業を行う両者の継続的関係をいう」としています。

　※出典：一般社団法人日本フランチャイズチェーン協会ＨＰより

② フランチャイズによるメリットとデメリット

　フランチャイズを活用することによる、フランチャイザーとフランチャイジーの
メリットとデメリットは以下の通りです。

【12-2-3 フランチャイズのメリット・デメリット】

	メリット	デメリット
フランチャイザー（本部）	・加盟店の経営資源を活用することができ、少ない投資費用で事業拡大できる ・加盟金やロイヤルティ徴収により安定した経営が図れる ・店舗数の増加によりスケールメリットが得られる	・加盟店の管理や指導に労力を要する ・加盟店の職務能力が乏しい場合には、ブランドイメージの低下が懸念される
フランチャイジー（加盟店）	・フランチャイザーが持つ営業ノウハウやブランドイメージを活用できるため、独自に開業する場合と比較してリスクが低い ・フランチャイザーが持つスケールメリットを利用することで、低コストの仕入れが可能になる ・フランチャイザーによる指導やアドバイスを享受できる	・加盟金やロイヤルティの支払いが発生する ・品揃えやサービスが画一的になりやすく、店舗運営の自由度が低い ・フランチャイザーの業績低下や他の加盟店の不祥事によるイメージダウンなど、チェーン全体の経営環境の変化による影響を受ける

③ 加盟金・ロイヤルティの支払い方式

　加盟金やロイヤルティとは、営業ノウハウや商標などを使用することに対する一
定の対価であり、フランチャイジーがフランチャイザーに対して支払います。主な
支払い方式は以下の通りです。

・粗利益分配方式

　加盟店の粗利益に対して一定の割合をフランチャイザー側に支払う方式のこと
です。主にコンビニエンスストアなどで使われています。

・売上歩合方式

　加盟店の売上に対して一定の割合をフランチャイザーに支払う方式のことで
す。多くの業種で使われています。

・定額方式

　加盟店の売上や利益に関係なく、一定の金額で支払う方式のことです。

▶ **オープンテリトリー制**

メーカーが、流通チャネルに対して特定の販売地域を与えずに、自由に競争させる制度です。

▶ **抱き合わせ販売**

複数の製品を組み合わせて販売することです。よく売れる製品と売れ行きの悪い製品を組み合わせることが多いです。

▶ **店会制**

メーカーが自社製品を扱う流通業者を組織化する制度です。

▶ **一店一帳合制**

メーカーが小売業者に対して、自社製品の仕入先を特定の卸売業に限定する制度です。

▶ **ボランタリー・チェーン（VC）**

小売業や卸売業が商品の共同仕入れなどを目的として、自発的に結成した組織のことです。加盟店同士の結びつきが強いことが特徴です。

▶ **スーパーバイザー（SV）**

チェーンストアなどにおいて、複数店舗の管理・指導を担当する人のことです。本部と店舗の橋渡しを行う役割を担っており、主にエリア別や業態別などで分担され、店舗への巡回を行いながら店舗責任者（店長など）への指導を行います。

過去問 トライアル解答 　**エ**

☑チェック問題

委託販売とはメーカーと販売店の間で商品の所有権の移転が行われない取引形態である。　　　　　　　　　　　　　　　　　　　　　　　　⇒○

その他のマーケティング

その他のマーケティング

1 各テーマの関連

その他のマーケティング

- サービスマーケティング ─── 13-1 サービス財の特性
                              └─ 13-2 サービス業のマーケティング戦略
- 顧客関係性マーケティング ─── 13-3 CRM
- Webマーケティング ─── 13-4 Webマーケティング
- ソーシャル・マーケティング ─── 13-5 ソーシャル・マーケティング

「13−1・2」以下は、「サービスマーケティング」など、いわゆる応用マーケティングについて学習します。

2 出題傾向の分析と対策

① 出題傾向

#	テーマ	H26	H27	H28	H29	H30	R01	R02	R03	R04	R05
13-1	サービス財の特性				1		1			3	1
13-2	サービス業のマーケティング戦略	1	2			1	1	1			
13-3	CRM				1	1	1	2	1	2
13-4	Webマーケティング	1			1	1		1		
13-5	ソーシャル・マーケティング			1				1		2

② 対策

「サービスマーケティング」は、サービス財の特性を中心とした出題が多いため、それぞれの特徴および対応策について確実に整理しましょう。また、サービス・プ

ロフィット・チェーンは2次試験の解答の糸口として活用できる内容となります。「Webマーケティング」では、ネット広告分野などの新しい用語を普段からチェックしておきましょう。

1 サービスマーケティング
サービス財の特性

学習事項 無形性, 品質の変動性, 不可分性, 消滅性, 需要の変動性, サービスの需要管理, サービスの供給管理, サービスの満足度

このテーマの要点

サービス財の特性と対応策を理解する！

サービスとは、行為・プロセス・役務のことで、本質的に無形であり、長期的に所有することができないものです。

サービスは以下の3つの基準で分類できます。

①設備ベース／人ベースの分類

　サービスの提供が設備をベースにしているのか、人をベースにして提供しているのか、で分類します。

　・設備ベースの例：自動販売機、映画館、航空会社など

　・人ベースの例：警備、人材派遣、法律事務所など

②サービスへの顧客のかかわり合いによる分類

　サービス提供時に顧客がその場にいる必要性の有無で分類します。

　・顧客がその場にいる必要がある例：美容院、マッサージなど

　・顧客がその場にいなくてもよい例：時計の修理、クリーニングなど

③受け手と行為の本質による分類

　サービスの受け手が人であるか／物であるか、サービス行為の本質が有形であるか／無形であるか、で分類します。

【サービス財の特性】

サービス財				
無形性	品質の変動性	不可分性	消滅性	需要の変動性

過去問 トライアル	平成23年度　第32問　（設問1）
	サービス財の特徴
類題の状況	R05-Q27(再)　R04-Q32(1)(2)　R04-Q37　R01-Q33(1)　H29-Q36 H19-Q28　H18-Q26　H18-Q32　H16-Q51　H15-Q34 H14-Q26

次の文章を読んで、下記の設問に答えよ。

　ある地方の山間部の温泉地で旅館を経営しているB社は、当該温泉地を代表する老舗高級旅館で、高サービス・高価格を特徴としている。その主要な顧客層は比較的裕福な中高年層であるが、景気の悪化の影響もあり、ここ数年来客数が減少しており、客室稼働率の低下に悩まされている。このような状況への対策として、同社は顧客満足度の向上に取り組もうとしていた。

（設問）
　物財と比べたときのサービス財の一般的特徴に関する記述として、最も不適切なものはどれか。

ア サービス財の場合、買い手がその生産に関与し成果に影響を及ぼす。

イ サービス財は需要の変動が大きいため、物財よりも多くの在庫をもたなければならない。

ウ サービス財は生産と消費を時間的・空間的に分離して行うことができない。

エ サービス財は物財と比べて品質を標準化することが困難である。

オ サービス財は無形であるため、物財に比べ、利用前にその品質水準を評価することが難しい。

有形財とは異なり、サービス特有の特性がいくつかあります。サービスの特性を理解した上で、その対策を行うことが大切です。

サービスの特性には、無形性、品質の変動性、不可分性、消滅性、需要の変動性の5つがあります。それぞれの特性と対応策は、以下の図表の通りです。

【13-1-1　サービスの特性と対応策】

特性	対応策
無形性	
・購入前に、見たり、味わったり、触れたり、聞いたりすることができません。	・サービスの有形性を高めること。
品質の変動性	
・同一品質を継続して提供しつづけるのが困難です。 (その結果、消費者のリスクと不安を高めてしまいます)	・品質管理を徹底すること。
不可分性	
・基本的に、生産と消費が同時に行われます。 ・基本的に、売り手からサービスを切り離せません。	・サービス提供者の印象や施設内の雰囲気に気をつけること。 ・消費者と近い立地にすること。
消滅性	
・提供されている時点で消滅し、在庫することができません。	・需要と供給の管理をすること。
需要の変動性	
・需要量は、季節・週・時間帯によって変動します。	・需要と供給の管理をすること。

① サービスの需要管理

サービスの消滅性、需要の変動性を吸収するために、以下の需要管理が必要です。

- ピーク時の需要を非ピーク時へ移動させる（非ピーク時の割引）。
- 非ピーク時の需要を活性化させる（ホテルのゴルフパック等）。
- 補完的なサービスを開発（レストランのカクテルラウンジ等）。
- 予約システムの導入。

② サービスの供給管理

供給面の対策は以下の通りです。

- パートタイムの従業員を活用する。
- 供給効率を高める（例：飲食店の非ピーク時の清掃・仕込み、ピーク時の接客等）。

- 消費者のサービスへの参加を高める（セルフサービス等）。
- 供給設備を共有する。拡張を狙って投資する。

③ サービスの満足度

サービスの満足度は、顧客によって主観的に判断されます。具体的には、事前の期待と実際の知覚を比較し、実際の知覚が大きければ満足、小さければ不満となります。

有形財のように客観的に数値で表現するのは困難です。

✐ Keyword

▶ 無形性への対応策の例
  ・パンフレットの作成
  ・サービス提供者の強調（親切なフライトアテンダント）
  ・会員カードの作成など

▶ 品質の変動性への対応策の例
  ・慎重な採用活動
  ・教育プログラムやマニュアルの作成
  ・機械の導入、定期的な顧客満足度調査

▶ サービススケープ
  サービスを提供する物理的環境のことです。例えば、店舗の外装や内装、ＢＧＭ、ソファ、照明などが当てはまります。サービスを受ける前の期待やサービスを受けた後の満足度に影響を与えます。

13
その他のマーケティング

過去問 トライアル解答　**イ**

☑チェック問題

マニュアルを作成し、浸透させることによって、サービス品質の人による差異を減少させることができる。　　　　　　　　　　　　　　⇒○

---

2 サービスマーケティング
サービス業のマーケティング戦略

学習事項 インターナル・マーケティング，エクスターナル・マーケティング，インタラクティブ・マーケティング

このテーマの要点

サービスマーケティングの3機能と関係性を理解しよう！

サービス業のマーケティングでは、企業・従業員・顧客、各々の関係から以下の3つのマーケティングが重要です。

①インターナル・マーケティング

企業と従業員（顧客との接点を持つ従業員）とのマーケティングです。顧客満足度を高めるために、従業員を訓練し、意欲の向上を図るとともに、サービス提供者としての自覚を持たせることが必要です。

②エクスターナル・マーケティング

企業と顧客との通常のマーケティングのことです。

③インタラクティブ・マーケティング

顧客と従業員とのマーケティングです。サービスの品質は、売り手と買い手の相互作用に大きく依存しているため、従業員が顧客に対して十分な対応ができるように努力する必要があります。

【サービス業のマーケティング】

過去問 トライアル	平成27年度　第34問
	サービスマーケティング
類題の状況	R02-Q37⑵　R01-Q33⑵　H30-Q32⑵　H27-Q35　H26-Q29 H23-Q32⑵　H20-Q27　H14-Q26

サービスと、その品質評価や顧客満足に関する記述として、最も適切なものはどれか。

ア SERVQUALでは、信頼性、対応性、確実性、共感性、有用性の5つの側面からサービス品質を評価する。

イ 顧客が、直接、サービスを提供される場面をサービス・スケープといい、重要

性から「真実の瞬間」と称されることがある。

ウ サービス・プロフィット・チェーンは、従業員の満足を高めることが顧客満足
や顧客ロイヤルティの向上につながるという考え方を示している。

エ 提供するサービスが顧客の期待水準に達すれば、確実に顧客は高い満足を得る。

1 インターナル・マーケティング

顧客満足度を高めるために、特に以下の内容に取り組むことが重要です。

【13-2-1 インターナル・マーケティング】

取組内容	経営ビジョンや価値観の共有	従業員教育やマニュアル化
効果	・経営者が打ち出す経営ビジョンや価値観が、従業員と共有されていることにより、サービス提供における実行力が向上する ・戦略と戦術の一貫性が確保される	・従業員の意欲が向上する ・顧客とのインタラクティブな場面での基本的行動が向上する ・サービス提供の仕組みが向上する

2 エクスターナル・マーケティング

エクスターナル・マーケティングの役割は、主に「事前評価を高める」ことです。
目的は見込み客や顧客の誘引です。

具体的には、サービスそのものの開発、価格設定、プロモーション、流通施策などがあります。

3 インタラクティブ・マーケティング

インタラクティブ・マーケティングでは、主に、「サービスの特性」と「サービスの品質」の視点が重要です。

① サービスの特性

サービスの顧客への提供内容・提供方法は、サービスの特性である無形性、品質の変動性、不可分性、消滅性、需要の変動性と密接に関係しています。インターナル・マーケティングによって提供内容・提供方法のレベルアップを図ることで、消費者の満足度を高めることができます。

② サービスの品質

サービスの品質を決めるのはあくまで、顧客です。具体的には、事前の期待と実際の知覚を比較し、事後の評価が高ければ満足となり、低ければ不満となります。

エクスターナル・マーケティングで見込み客や顧客を誘引した後、集客した顧客に事前の期待以上の満足感を与えることが、大変重要となります。

インターナル・マーケティング
による、サービスのレベルアップ

↓

従業員

エクスターナル・マーケティング
による、事前期待の向上

↓

顧客

🗝 Keyword

▶ **サービス品質の５つの決定要因（ＳＥＲＶＱＵＡＬ）**

　ＳＥＲＶＱＵＡＬとは、ServiceとQualityからなる造語であり、顧客側から判断したサービスの品質測定尺度のことです。

　①信頼性：約束したサービスを確実かつ正確に行う能力

　②対応力（反応性）：顧客の役に立ち、迅速な応対をしようという気持ち

　③安心感（確実性）：従業員の知識や礼儀、そして信頼と安心を与える能力

　④感情移入（共感性）：顧客１人ひとりに対する気遣い

　⑤有形性：施設、設備、従業員、コミュニケーション資料など、形あるものの印象

▶ **サービス・プロフィット・チェーン**

　インターナル・マーケティングなどにより従業員満足度（ＥＳ）を高めることが、サービス品質の向上につながり、サービス品質の向上が顧客満足度（ＣＳ）や顧客ロイヤルティの向上につながり、それにより企業利益の向上につながるといった連鎖のことです。

---

4 サービスのマネジメント

サービスのマネジメントのポイントは以下の通りです。

- サービスのリニューアルは、継続して実施する。
- インターネットの活用により、サービス内容や提供方法の高度化を図る。
- 専門的サービスの提供が行えるように、人材育成を図る。
- 顧客ニーズの変化に対応できるよう、小回りのきく組織づくりを意識する。

5 サービスマーケティングミックス（7P理論）

サービス財の特性（無形性、品質の変動性、不可分性、消滅性、需要の変動性）を考慮すると、4Pからなるマーケティングミックスでは対応が不十分です。よって、マーケティングミックスの4PにPeople（人）、Process（プロセス）、Physical evidence（物的証拠）を加えた7Pからなるサービスマーケティングミックスが提唱されています。

- People（人）…サービスを提供する人材にアプローチすることです。
- Process（プロセス）…サービスを提供するプロセスや、顧客管理を行う仕組みのことです。
- Physical evidence（物的証拠）…品質を保証する、目に見える証拠（パンフレットやロゴなど）のことです。

過去問 トライアル解答　ウ

13
その他のマーケティング

☑チェック問題

ある地方の山間部の温泉地で旅館を経営しているB社は顧客満足度の向上に取り組もうとしていた。B社の顧客満足度向上に向けた具体的施策として、従業員の研修を徹底し、接客技術・知識の向上を図ることや、従業員の表彰制度などを導入して、従業員のモチベーションを高めることは適切である。　⇒○

3 顧客関係性マーケティング
CRM

学習事項 顧客生涯価値,データベース・マーケティング,RFM分析,ロイヤルティ・マーケティング,ダイレクト・マーケティング

このテーマの要点

顧客との継続的な取引関係の構築と維持を目指すCRMについて学びます!

CRMとは、カスタマー・リレーションシップ・マネジメントのことであり、顧客との関係強化を重要視した顧客中心型のマーケティング手法です。顧客情報を収集し、顧客の識別を行い、識別した顧客へ適切な対応を行っていきます。

具体的には、顧客データベースを活用して、ランク付けの1つであるRFM分析により、優良顧客を選別します。

優良顧客のより一層の支持を得るために、ロイヤルティ・マーケティングを展開

【CRMの流れ】

して超優良顧客を育成します。そして超優良顧客は、将来的には口コミの伝道者となり、新たな顧客を呼び込む主体の1人となります。

過去問 トライアル	平成19年度　第30問
	FFP、ポイント制の特徴
類題の状況	R05-Q31(2)　R05-Q31(再)　R04-Q31　R03-Q38(1)(2) R02-Q37(1)　R01-Q26　H30-Q36(1)　H23-Q32(2)　H22-Q26 H22-Q28　H21-Q27　H21-Q28　H20-Q31　H20-Q34 H17-Q27

航空会社は、搭乗距離によるフリークエント・フライヤーズ・プログラム（FFP）を取り入れている。それと類似の、購買金額によるポイント制度（例えばフリークエント・ショッパーズ・プログラム）が小売業においても、多く採用されている。これに関して、<u>最も不適切なものはどれか</u>。

ア クレジットカード利用客に向けて、ポイント付与率を現金客より低く設定することによって、両者の販売にかかるコストの差を縮小できる。

イ 小売店にとってポイント制度は競争手段であり、他社によって模倣されにくく、競争優位を維持することができる。

ウ 顧客の実質的支払い金額は低くなっても、販売価格それ自体は大幅な値引きをしていないことになる。
エ 他店とポイント連携をすると、新規顧客の獲得に有利に働く一方、自店のポイントを他店で活用され、自店の売上増加につながるとは限らない。
オ 販売価格そのものの割り引きは、顧客の固定化に結び付きにくいが、これに対し、ポイント制度は次回の来店を促し、顧客の固定化に結び付けることができる。

1 顧客生涯価値

顧客生涯価値（ライフタイムバリュー：LTV）とは、顧客が新規に購入してから生涯を通じて、その企業にもたらす利益の総和のことです。顧客生涯価値を最大化するためには、CRMによる顧客との継続的な関係性向上が重要となります。LTVが重視される背景には、以下の点が考えられます。
- 市場が成熟化して新規顧客の獲得が難しくなってきている点
- 企業と顧客との力関係が変化している点
- 新規顧客を獲得するコスト＞顧客を維持するコスト
- IT技術の進展

2 CRM

①データベース・マーケティング

データベース・マーケティングとは、自社の顧客属性や購買履歴を顧客データベースとして蓄積・管理し、そのデータベースの分析に基づいて個々の顧客に合わせたマーケティングに活用するプロセスです。

トライアル客のリピート、そしてロイヤルユーザーへの育成を、顧客データに基づいて継続的かつ効率的に展開するのが目的です。

②RFM分析（⇒優良顧客へ）

最終購入日（Recency）、購入頻度（Frequency）、購入金額（Monetary）の頭文字をとった、顧客ランク付けの手法です。これらの3変数をもとに優良顧客を選別していきます。

③ロイヤルティ・マーケティング（⇒超優良顧客へ）

優良顧客向けの特典施策です。この施策により、優良顧客のロイヤルティをさらに高めます。主に、商品割引、自社イベントへの優先招待、会報誌の発行、ノベルティの提供などがあります。

13 その他のマーケティング

3 CRMを活用したマーケティング　〜ダイレクト・マーケティング〜

❶ダイレクト・マーケティング

　小売や卸売業者を介さずメーカーが直接消費者に商品を販売することです。カタログ、ＤＭ、インターネットや電話、テレビなどを利用した通信販売が一般的な販売形態です。近年ではインターネットの発展とともに、企業が顧客との直接的なコミュニケーションを図り、関係性を強化するために積極的に利用しています。

❷ダイレクト・マーケティングの特徴

　ダイレクト・マーケティングの特徴として、購買者、販売者の観点から以下の特徴があります。

【13- 3 - 1　ダイレクト・マーケティングの特徴】

購買者の観点	販売者の観点
・いつでも、店舗に出向くことなく購入ができる。 ・製品、企業、競合他社などの情報を多く入手できる。 ・双方向のコミュニケーションができる。	・顧客との関係性を強化できる。 ・見込み客に適切なタイミングでアプローチできる。

⚲ Keyword

▶ 　ワン・トゥ・ワン・マーケティング

　顧客や消費者１人ひとりの価値観やニーズ、購買履歴の違いなどを認識・把握し、個々のニーズに合わせて、それぞれ別個にアプローチする手法のことです。顧客と企業が、擬似的あるいは実質的に１対１の関係を築くというもので、ＣＲＭの手法によく似た概念です。広く大衆に向けてマーケティング活動を行うマス・マーケティングの手法と対をなす概念であり、新規顧客の開拓よりも、既存の顧客のロイヤルティを高める効力を持った手法です。

▶ 　ＦＳＰ（Frequent Shoppers Program）

　小売店が高い利益をもたらす優良顧客を識別・維持していく手法です。顧客カードなどを作成し、顧客情報（購買情報、顧客属性など）を収集するとともに、購買金額に応じたポイントを付与し、ポイントに応じて割引やプレゼントなどを行います。航空業界ではＦＦＰ（Frequent Flyers Program）といいます。

▶ 　テレマーケティング

　ダイレクト・マーケティングの１つの形態としてテレマーケティングがあります。テレマーケティングは電話を使って、商品を販売するものです。

▶ ID-POS

　ID-POSとは、顧客カードなどと連動させることにより、POSの購買データに購買者属性（ID）を付与し、データベース・マーケティングに活用するPOSシステムのことです。

過去問　トライアル解答

☑**チェック問題**

　ある地方の山間部の温泉地で旅館を経営しているB社は顧客満足度の向上に取り組もうとしていた。B社の顧客満足度向上に向けた具体的施策として、料理、客室の調度品や寝具、温泉施設などに関する顧客の苦情やリクエストなどをデータベース化することや、料理の特徴・楽しみ方や温泉の効能・利用方法などを顧客にわかりやすく説明することは適切である。　　　　　　　　　　⇒○

13

その他のマーケティング

4 Webマーケティング
Webマーケティング

学 習 事 項 オムニチャネルとO2O，トリプルメディア，インターネットとプロモーション

このテーマの要点

Webマーケティングの内容は多岐にわたる！

Ｗｅｂマーケティングとは、ＷｅｂサイトやＷｅｂ技術を応用したマーケティング手法のことをいいます。つまり、インターネット上で行うマーケティング活動全般のことで、内容は多岐にわたります。

ここではプロモーションとチャネルに関連する活動を中心に学習します。

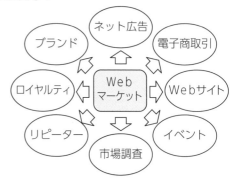

過去問 トライアル	平成23年度　第30問　（設問2）（改題）
	Ｗｅｂマーケティング
類題の状況	R03-Q31　R01-Q30⑵　H30-Q29　H26-Q28⑵　H25-Q27⑵ H24-Q33　H22-Q26　H19-Q38　H16-Q43　H14-Q30

コミュニケーション戦略に関する記述として、<u>最も不適切なもの</u>はどれか。

ア　ＣＧＭ（Consumer Generated Media：消費者生成型メディア）の普及に伴って、消費者が企業のマーケティング活動の成果に及ぼす影響は大きくなっている。

イ　インターネット広告は、成果に応じた報酬を支払う取引が行われるため、費用対効果を追求する広告主のニーズに適合している。

ウ　検索サイトで検索されたときに、検索結果の上位に表示されるよう自社のウェブページの内容を調整することをアフィリエイト・プログラムという。

エ　ニュースサイトやブログ、マスコミ報道や消費者のクチコミなどは、企業やブランドに対する信用や評判を得ることができるため、「アーンド・メディア（earned media）」と呼ばれている。

オ　複数の広告媒体を活用し、パソコンや携帯電話を通じてインターネットでの検索や購買といった効果を発揮させることを目的とした媒体戦略は、クロス・メディアと呼ばれる。

1 Ｗｅｂマーケティングの意義

　Ｗｅｂマーケティングとは、次のような活動を含みます。

　Ｗｅｂ広告による自社のＷｅｂサイトや商品の告知宣伝、Ｗｅｂサイトで展開する商取引活動（いわゆる電子商取引）、Ｗｅｂサイトを窓口とした顧客との継続的な双方向の情報交換、消費者参加型の商品企画イベントの開催、また、事業内容に関連する市場調査やマーケティングリサーチにＷｅｂサイトやＷｅｂ技術を応用することなどがＷｅｂマーケティングに含まれます。

　消費者への自社ブランドの印象づけや、顧客ロイヤルティの獲得、リピーター確保などに効果が高く、うまく使いこなせば他メディアより低いコストで極めて効果の高いマーケティング効果を得ることができます。

2 インターネットを利用したビジネスモデル：オムニチャネルと「Ｏ２Ｏ」

① オムニチャネル

　オムニチャネルとは、実店舗やオンラインストアをはじめとするあらゆる販売チャネルや流通チャネルを統合すること、および、そうした統合販売チャネルの構築によってどのような販売チャネルからも同じように商品を購入できる環境を実現することです。

② Ｏ２Ｏ（Online to Offline）

　「インターネット（オンライン）の活動を実店舗（オフライン）に活かすこと」を意味します。商品を買いに行く前に価格比較サイトなどを調べて購入する店舗を決めるといった行動や、メールマガジンや携帯サイトで割引クーポンを発行して来店を促す施策などが含まれます。

13

その他のマーケティング

トリプルメディアとは、Ｗｅｂマーケティングで利用される３つのマーケティングチャネルのことです。

オウンドメディア (owned media)	自社が所有しているメディアのこと。自社で管理・運営するWebサイトやメールマガジンといった、比較的コントロールが利きやすいメディアです。
アーンドメディア (earned media)	評判や信用などを獲得するメディアのこと。主にＣＧＭ（Consumer Generated Media：消費者生成型メディア）が分類されます。特にソーシャルメディアなどを利用したコミュニケーションによって、ブランド認知向上や商品売り上げに効果が期待されています。
ペイドメディア (paid media)	支払いを必要とするメディアのこと。広告出稿により利用できるメディアです。費用をかけることが、効果を高めることにつながりやすいです。主として、マス４媒体や、バナー広告といったものが分類されます。

4 インターネットとプロモーション

インターネット広告の広告費は右肩上がりで年々上昇を続け、2019年に２兆円を超え、テレビ広告を抜いて第１位の広告媒体となっています。また、2021年には、インターネット広告がマス４媒体（テレビ、新聞、雑誌、ラジオ）の合計を上回る市場規模となっています。

❶ インターネット広告のメリット

ターゲットを 限定しやすい	例えばリスティング広告を活用した場合、キーワード検索を行った人にアプローチができ、興味関心を持つターゲットを絞り込むことができます。
ネット販売と連動させることで購買につなげやすい	他の媒体の広告では、関心を持った商品を購入する際には、実際に店舗に来店する必要がありますが、ネット販売と連動させることで、Ｗｅｂ上で直接商品を購入することができます。
広告の効果測定 を行いやすい	ログなどを解析することによって、クリックを通じた訪問数や購買数といった効果を測定することができます。
費用対効果が高い	アフィリエイト広告など成果報酬型の広告を活用した場合、成果に応じて広告費を支払えばよいため、費用対効果の高い広告を行うことができます。

② インターネット広告の種類

ディスプレイ広告 (バナー広告)	Ｗｅｂサイトの上部や右側にリンクが貼られた画像を表示させる広告手法です。インターネット広告が普及し始めた初期の頃から活用されている手法です。
検索連動型広告 (リスティング広告)	検索エンジンにキーワードを入力して検索を行うと、そのキーワードに関連性の高い広告が検索結果のページ上に表示される広告手法です。関心を持つターゲットにアプローチしやすいメリットがあります。
興味関心連動型広告 (行動ターゲティング広告)	インターネットユーザーの興味関心に連動して表示される広告です。インターネットの閲覧履歴や過去のキーワード検索履歴などから、そのユーザーが興味関心を持つと思われる広告をＷｅｂサイト上に表示させる手法です。例えば、直近で賃貸住宅について検索を行った人に対し、検索したエリアの物件情報を掲載した不動産会社の広告が表示されるような仕組みです。
成果報酬型広告 (アフィリエイト広告)	運営者の個人サイトやブログ内に広告を掲載し、クリック数や資料請求数といった成果に応じて広告主が運営者に広告費を支払う手法です。広告主にとって費用に見合った効果が期待できます。

③ インターネット広告が普及する背景

　前述の通り、インターネット広告は近年右肩上がりで市場規模を拡大しています。その背景としては、スマートフォン市場の成長や、動画配信サイトの普及、キュレーションメディアの発展などが挙げられます。特に、スマートフォンの普及はSNSを通じたソーシャルメディア広告の発展を促し、動画配信サイトの普及は、動画広告による消費者への効果的な訴求を可能としています。キュレーションメディアの発展は、検索連動型広告のような機械的な処理ではなく、人が収集し、整理した情報を提示することにより、口コミと同じような信頼性を持った広告を可能にしています。

⚷ Keyword

▶　パーミッション・マーケティング

　顧客や消費者の許可を得て行うマーケティング活動のことです。あらかじめ承認を受けた顧客や消費者に対してのみ勧誘や販売をするため、レスポンス率が高く強引さを感じさせないという特徴があります。企業と顧客の間に長期的な友好関係を築くのに有効な手法です。現在、最も一般的なパーミッション・マーケティングとして、消費者があらかじめ自分の趣味や嗜好を登録し、それに関連した企業からのメッセージを受け取ることを許可した上で配信される「オプトインメール」と呼ばれるダイレクトメール広告が挙げられます。

▶ CGM（Consumer Generated Media）

　インターネットなどを活用して消費者が内容を生成していくメディアのことです。ＳＮＳ、ブログや口コミサイトなどがあります。

▶ キュレーションメディア

　キュレーションとはインターネット上の情報をまとめることであり、あるテーマに沿って情報を収集し整理したメディアのことです。例として「まとめサイト」が該当します。

▶ ショールーミング

　「店舗で商品の実物を確認した上で、その場では買わずにネットショップで、より低価格で購入する購買行動のこと」です。店舗側としては、顧客サービスの強化を行うなど店舗自体のロイヤルティを向上し、顧客のショールーミングの回避につなげるといった活動が展開されています。

過去問 トライアル解答 **ウ**

☑チェック問題

　インターネット広告は、テレビＣＭなど他の広告媒体と比較して必ずしも高いとはいえず、大企業ばかりではなく、中小企業も出稿しやすい媒体である。

⇒○

ソーシャル・マーケティング
ソーシャル・マーケティング

学習事項 社会志向のマーケティング，ＣＳＲマーケティング，コーズ・リレーテッド・マーケティング、ＣＳＶ

このテーマの要点

マーケティングと社会とのかかわりを考える

マーケティングと社会とのかかわりを考えるソーシャル・マーケティングには、非営利組織のマーケティングと、社会志向のマーケティングという２つの流れがあります。

非営利組織のマーケティングは、４Ｐをはじめとするマーケティングの諸概念・諸技法を教会や病院といった非営利組織にも適用していこうとするものです。

【ソーシャル・マーケティング】

非営利組織のマーケティング	
社会志向の マーケティング	社会責任のマーケティング
	社会貢献のマーケティング
ＣＳＲマーケティング	

社会的責任を果たすことを目的とした従来型ＣＳＲから、社会的価値と経済的価値の両立を通して、高い収益性の実現を目指すＣＳＶへと発展

社会志向のマーケティングとは、４Ｐを中核とする企業のマーケティング活動（マネジリアル・マーケティング）に、社会的責任や社会倫理といった社会的視点を付与していこうとするものです。

さらに、従来のマネジリアル・マーケティングとソーシャル・マーケティングを統合し、対象市場を社会的顧客に拡大し、社会的価値を提供しようとするＣＳＲマーケティングも普及しています。

過去問 トライアル	平成28年度　第30問　（設問3）（改題）
	ソーシャル・マーケティング
類題の状況	R05-Q36(1)(2)　R02-Q35　H24-Q25(2)

マーケティング概念に関する以下の記述のうち、最も適切なものはどれか。

ア CSRは、法令遵守を中核とする受動的な考え方であり、その中において企業の社会的責任が、本業と関連性のないチャリティとして遂行されるとする考え方である。

イ かつて近江商人の間で実践されていた「三方よし」（売り手よし、買い手よし、世間よし）の考え方は、CSV（Creating Shared Value）の基本コンセプトであるポジショニング概念の基礎となった。

ウ ソサイエタル・マーケティング（societal marketing）の考え方に従うと、マーケターは企業の利益を最大化することで、地域社会や国民経済への貢献を図ることが求められている。

エ マイケル・ポーターが提唱するCSV（Creating Shared Value）の考え方は、社会的価値と経済的価値の両立をうたうものであり、高い収益性の実現を重視するものである。

1 社会志向のマーケティング

ソーシャル・マーケティングは非営利組織のマーケティングと社会志向のマーケティングの2つに大別されます。非営利組織のマーケティングは教会や病院といった非営利組織が行うマーケティング活動であり、中小企業診断士試験では企業の行う社会志向のマーケティングについて出題されます。

社会志向のマーケティングは社会責任のマーケティングと社会貢献のマーケティングに分かれます。

①社会責任のマーケティング

企業が果たすべき社会的な責任をマーケティング活動に盛り込むことです。つまり、消費者保護の観点より、製品の安全性、環境問題対応、情報公開といった責任を果たしていくことをマーケティング活動の1つとして位置づけていくことが重要となります。

②社会貢献のマーケティング

社会責任のマーケティングが企業が果たすべき基本的責任を扱うのに対し、社会貢献のマーケティングは企業が果たすことのできるプラスアルファの貢献を扱うものです。代表的な社会貢献として、メセナとフィランソロピーが挙げられますが、マーケティング戦略の視点から捉えると、それらはコミュニケーション戦略の構成要素として考えられます。例えば、スポーツでの冠大会を含めた冠イベントの支援活動はPR活動となり、コミュニケーション戦略の1つに位置づけることができます。

2 CSRマーケティング

マネジリアル・マーケティング（いわゆる利益追求型のマーケティング）とソーシャル・マーケティングを統合していく概念としてCSR（Corporate Social Responsibility）マーケティングがあります。

マーケティングとは、「顧客」への「価値」の提供と考えられていますが、CSRマーケティングでは、「顧客」が「社会的顧客」に、また、「価値」が「社会的価値」にまで拡大していきます。

13
その他のマーケティング

例えば次ページの図表において、既存の顧客に社会的価値を提供する場合（ＣＳＲマーケティング①）は、ブランド戦略において、機能的価値・情緒的価値に加えて、社会的価値（環境対応など）を付与することや、チャネル戦略における、環境負荷の低いモーダルシフトの推進などが挙げられます。

新規の社会的顧客に新規の社会的価値を提供する場合（ＣＳＲマーケティング②）では、食品メーカーにおける食育の取り組みを行うような、本業とは異なる社会的活動を指します。

新規の社会的顧客に、既存の経済的価値を提供するマーケティング（ＣＳＲマーケティング③）では、災害などの被災地への現物緊急援助や、様々な団体への寄付活動が該当します。

【13-5-1　ＣＳＲマーケティング】

顧客		価値	
		既存（経済的）	新規（社会的）
	既存（経済的）	従来型マーケティング	ＣＳＲマーケティング①
	新規（社会的）	ＣＳＲマーケティング③	ＣＳＲマーケティング②

（『マーケティング戦略　第5版』　有斐閣アルマ）

⚔ Keyword

▶ コーズ・リレーテッド・マーケティング

　特定の主義主張に対する企業の貢献と、顧客が直接または間接的にかかわる企業との営利的な取引を結びつけるマーケティングのことです。代表的なものとして、利益の一部を社会的団体に寄付するものがあります。特徴としては単なる慈善活動ではなく、コーズ・リレーテッド・マーケティングによって企業のイメージアップや収益拡大につなげていくことを目的としている点が挙げられます。

▶ ＣＳＶ（Creating Shared Value：共通価値の創造）

　マイケル・ポーターの提唱した概念です。従来型のＣＳＲの概念は、企業が「果たすべき」社会的責任といった側面が強かったのに対し、ＣＳＶはステークホルダーや消費者との共通価値の創造により、社会的価値と経済的価値の両立を通して高い収益性の実現を重視するものです。自動車業界におけるハイブリッド車の普及は、環境負荷の少ない自動車を作るという社会的課題の解決が、新たな市場の創出につながっており、ＣＳＶの例として挙げられます。

過去問 トライアル解答　**エ**

☑チェック問題

　特定の主義主張に基づき展開されるコーズ・リレーテッド・マーケティングは、企業のイメージアップを目的としたものであり、業績の拡大にはつながらない。

⇒×

▶　コーズ・リレーテッド・マーケティングは企業のイメージアップだけでなく、売上拡大などの業績拡大につながるため誤りである。平成24年度2次試験の事例Ⅱでは、コーズ・リレーテッド・マーケティングが業績拡大や地域ブランドの育成に寄与した点が問われており、注意したい論点である。

13

その他のマーケティング

索　引

た

2025年版 出る順中小企業診断士
FOCUSテキスト&WEB問題 **3** 企業経営理論

2014年 4 月10日　第 1 版　第 1 刷発行
2024年 7 月25日　第11版　第 1 刷発行

編著者●株式会社　東京リーガルマインド
　　　　LEC総合研究所　中小企業診断士試験部

発行所●株式会社　東京リーガルマインド
　　　　〒164-0001　東京都中野区中野4-11-10
　　　　　　　　　　アーバンネット中野ビル
　　　　LECコールセンター　☎ 0570-064-464
　　　　　　受付時間　平日9：30〜20：00/土・祝10：00〜19：00/日10：00〜18：00
　　　　　　※このナビダイヤルは通話料お客様ご負担となります。
　　　　書店様専用受注センター　TEL 048-999-7581 / FAX 048-999-7591
　　　　　　受付時間　平日9：00〜17：00/土・日・祝休み
　　　　www.lec-jp.com/

　　　　印刷・製本●倉敷印刷株式会社

LEC中小企業診断士講座のご案内

1次2次プレミアム1年合格コース

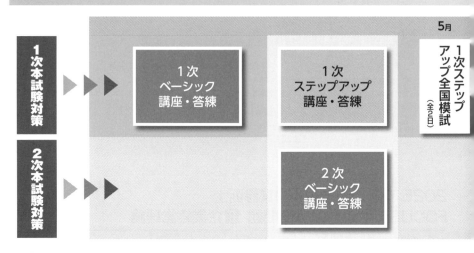

POINT 1　頻出テーマに絞りコンパクトに学習する!

1次試験は科目数も多く、その範囲は広大です。
一方で、過去の試験の出題を分析してみると、理解しておくべき重要な論点は、毎年のように出題されているのが分かります。LECでは、出題頻度で学習テーマを絞り込み、段階的に、試験までに万全な対策をとるカリキュラムを採用しています。

POINT 2　3ステップ学習でムリなく修得できる!

ベーシックで基礎知識を、ステップアップでは応用知識の上積みを、アドバンスで最新の出題傾向を踏まえた総仕上げを行います。3つの時期、段階に分けることで反復効果による知識定着を図りつつ、ムリなく知識を修得できます。

POINT 3　早期の2次対策で1次との融合学習を狙う!

1次試験と2次試験を別の試験と考えがちですが、1次の知識をいかに応用できるかが、2次試験です。2次試験に関連性が強い1次試験科目の学習を終えた段階で、早期に2次対策を始めることで、1次試験の復習をしつつ、2次試験の学習期間が確保できるようになっています。

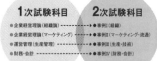

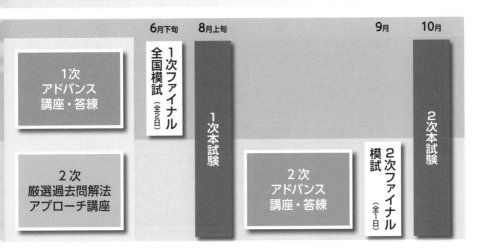

	6月下旬	8月上旬		9月	10月

1次アドバンス講座・答練

1次ファイナル全国模試（全2日）

1次本試験

2次厳選過去問解法アプローチ講座

2次アドバンス講座・答練

2次ファイナル模試（全1日）

2次本試験

 POINT 4 受験を知り抜いた講師陣が合格へと導く！

1次試験は7科目あり、合格者の中でも得意、不得意があるのも事実です。LECでは実務家講師がそれぞれ専門の科目を担当します。また、2次対策はゼミ形式の講義で、受講生同士が互いに切磋琢磨できる環境になっています。講師自らが添削をするので、個々の改善点を見つけ出していきます。

POINT 5 充実のフォロー制度で合格に近づく！

通学には通信教材が付き、予習、復習がしやすくなっています。初級講座の1次重要科目に「Web講座講師フレックス制」を採用、また、生講義のzoom配信により、講師の選択の幅が広がり、2人目、3人目の講師で理解の深堀が可能です。「Web動画ダウンロード」「15分1テーマ講義スタイル」「ぽち問」でスキマ時間の活用、「教えてチューター」で質問など、多彩な学習環境を提供しています。

※本カリキュラムは、本書発行日現在のものであり、講座の内容・回数等が変更になる場合があります。予めご了承ください。

LEC中小企業診断士講座のご案内

2次上級合格コース ～テクニックじゃない！

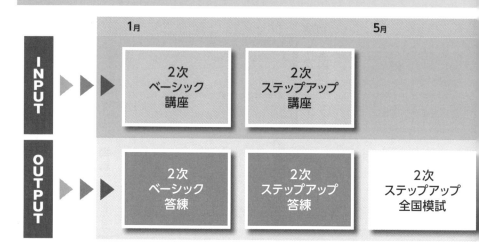

POINT 1 LECメソッドを学ぶ

2次試験の解答は、いうなれば「経営診断報告書」です。与件文を「環境分析の資料」、設問文を「診断先企業の課題」として捉えることが肝要です。ベーシックレベルでは、①与件の整理・把握②問題点の深堀り③事例企業の方向性検討を中心に、LECオリジナルツール「事例整理シート」の使い方、「設問構造図」の考え方などを学びます。

①与件を整理・把握　②問題点を深掘　③方向性を立案

LECオリジナル「事例整理シート」

POINT 2 ストーリー展開と1.5次知識の整理を図る

与件文には、事例ごとに特徴が存在します。また、同じ事例においてもストーリー展開に合わせた切り口、着眼点が必要となります。ステップアップレベルでは、事例ごとのストーリー展開を分析、また、解答するうえで必要な1.5次知識（2次試験で必要な1次知識）のセオリー化を図ります。

LECオリジナル「設問構造図」

POINT 3 1次試験後の総仕上げ

ベーシックレベルでは「方向性の立案」、ステップアップレベルでは「切り口、着眼点の整理」を中心に学習してきました。アドバンスレベルでは、ベーシック、ステップアップの内容を再確認するとともに、直近の試験傾向から見られる注意点を盛り込みながら最後の仕上げを行います。

本質的な実力を養成する〜

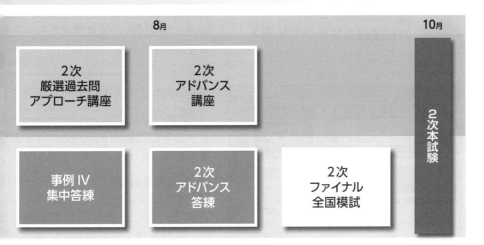

POINT 4　事例Ⅳの重点強化！

事例Ⅳは苦手とする受験生が多い一方で、学習量に比例して実力が伸びやすい科目です。
LECではこの科目を戦略科目と位置づけ、演習量を他の事例より増やすことで効率的に得点力を上げ、他の受験生との差別化を図ります。

POINT 5　2次厳選過去問アプローチ講座の更新！

「過去問に一度は触れたことがある」という学習経験者の方でも、その分析がまだまだ不十分なケースが少なくありません。本講座は、良質な過去問を厳選し、その問題のさまざまな評価の再現答案を見ることができるようになっています。どうすれば高評価を得られるのかを徹底的に分析・解明します。

POINT 6　もちろん！LECの答練・模試はすべてオリジナル新作問題！

カリキュラムを考慮しつつ、基本問題から最新傾向を踏まえた本試験レベルの問題までご用意しています。
過去のLECオリジナル問題や本試験問題から良問を厳選し、問題文、与件文、設問等を加筆修正した問題を出題する場合があります。触れたことがある問題であっても、試験での対応力がしっかり試せる問題になっています。

LEC Webサイト ▷▷▷ **www.lec-jp.com**

情報盛りだくさん！

 資格を選ぶときも，
講座を選ぶときも，
最新情報でサポートします！

>最新情報
各試験の試験日程や法改正情報，対策
講座，模擬試験の最新情報を日々更新
しています。

>資料請求
講座案内など無料でお届けいたします。

>受講・受験相談
メールでのご質問を随時受付けており
ます。

>よくある質問
LECのシステムから，資格試験につい
てまで，よくある質問をまとめまし
た。疑問を今すぐ解決したいなら，ま
ずチェック！

>書籍・問題集（LEC書籍部）
LECが出版している書籍・問題集・レ
ジュメをこちらで紹介しています。

充実の動画コンテンツ！

 ガイダンスや講演会動画，
講義の無料試聴まで
Webで今すぐCheck！

>動画視聴OK
パンフレットやWebサイトを見て
もわかりづらいところを動画で説
明。いつでもすぐに問題解決！

>Web無料試聴
講座の第1回目を動画で無料試聴！
気になる講義内容をすぐに確認で
きます。

LEC 全国学校案内

*講座のお問合せ，受講相談は最寄りのLEC各校

LEC本校

■ 北海道・東北

札　幌本校　☎011(210)5002
〒060-0004 北海道札幌市中央区北4条西5-1　アスティ45ビル

仙　台本校　☎022(380)7001
〒980-0022 宮城県仙台市青葉区五橋1-1-10　第二河北ビル

■ 関東

渋谷駅前本校　☎03(3464)5001
〒150-0043 東京都渋谷区道玄坂2-6-17　渋東シネタワー

池　袋本校　☎03(3984)5001
〒171-0022 東京都豊島区南池袋1-25-11　第15野萩ビル

水道橋本校　☎03(3265)5001
〒101-0061 東京都千代田区神田三崎町2-2-15　Daiwa三崎町ビル

新宿エルタワー本校　☎03(5325)6001
〒163-1518 東京都新宿区西新宿1-6-1　新宿エルタワー

早稲田本校　☎03(5155)5501
〒162-0045 東京都新宿区馬場下町62　三朝庵ビル

中　野本校　☎03(5913)6005
〒164-0001 東京都中野区中野4-11-10　アーバンネット中野ビル

立　川本校　☎042(524)5001
〒190-0012 東京都立川市曙町1-14-13　立川MKビル

町　田本校　☎042(709)0581
〒194-0013 東京都町田市原町田4-5-8　MIキューブ町田イースト

横　浜本校　☎045(311)5001
〒220-0004 神奈川県横浜市西区北幸2-4-3　北幸GM21ビル

千　葉本校　☎043(222)5009
〒260-0015 千葉県千葉市中央区富士見2-3-1　塚本大千葉ビル

大　宮本校　☎048(740)5501
〒330-0802 埼玉県さいたま市大宮区宮町1-24　大宮GSビル

■ 東海

名古屋駅前本校　☎052(586)5001
〒450-0002 愛知県名古屋市中村区名駅4-6-23　第三堀内ビル

静　岡本校　☎054(255)5001
〒420-0857 静岡県静岡市葵区御幸町3-21　ペガサート

■ 北陸

富　山本校　☎076(443)5810
〒930-0002 富山県富山市新富町2-4-25　カーニープレイス富山

■ 関西

梅田駅前本校　☎06(6374)500
〒530-0013 大阪府大阪市北区茶屋町1-27　ABC-MART梅田ビ

難波駅前本校　☎06(6646)691
〒556-0017 大阪府大阪市浪速区湊町1-4-1
大阪シティエアーターミナルビル

京都駅前本校　☎075(353)953
〒600-8216 京都府京都市下京区東洞院通七条下ル2丁目
東塩小路町680-2　木村食品ビル

四条烏丸本校　☎075(353)253
〒600-8413　京都府京都市下京区烏丸通仏光寺下ル
大政所町680-1　第八長谷ビル

神　戸本校　☎078(325)051
〒650-0021 兵庫県神戸市中央区三宮町1-1-2　三宮セントラルビ

■ 中国・四国

岡　山本校　☎086(227)500
〒700-0901 岡山県岡山市北区本町10-22　本町ビル

広　島本校　☎082(511)700
〒730-0011 広島県広島市中区基町11-13　合人社広島紙屋町アネク

山　口本校　☎083(921)891
〒753-0814 山口県山口市吉敷下東 3-4-7　リアライズⅢ

高　松本校　☎087(851)341
〒760-0023 香川県高松市寿町2-4-20　高松センタービル

松　山本校　☎089(961)133
〒790-0003 愛媛県松山市三番町7-13-13　ミツネビルディング

■ 九州・沖縄

福　岡本校　☎092(715)500
〒810-0001 福岡県福岡市中央区天神4-4-11　天神ショッパー
福岡

那　覇本校　☎098(867)500
〒902-0067 沖縄県那覇市安里2-9-10　丸姫産業第2ビル

■ EYE関西

EYE 大阪本校　☎06(7222)365
〒530-0013　大阪府大阪市北区茶屋町1-27　ABC-MART梅田ビ

EYE 京都本校　☎075(353)253
〒600-8413　京都府京都市下京区烏丸通仏光寺下ル
大政所町680-1　第八長谷ビル

【LEC公式サイト】www.lec-jp.com/　　スマホから簡単アクセス！

LEC提携校

＊提携校はLECとは別の経営母体が運営をしております。
＊提携校は実施講座およびサービスにおいてLECと異なる部分がございます。

■ 北海道・東北

戸中央校【提携校】　☎0178(47)5011
31-0035　青森県八戸市寺横町13　第1朋友ビル　新教育センター内

前校【提携校】　☎0172(55)8831
36-8093　青森県弘前市城東中央1-5-2
よびの森　弘前城東予備校内

田校【提携校】　☎018(863)9341
110-0964　秋田県秋田市八橋鯲沼町1-60
式会社アキタシステムマネジメント内

■ 関東

戸校【提携校】　☎029(297)6611
110-0912　茨城県水戸市見川2-3092-3

沢校【提携校】　☎050(6865)6996
359-1141　埼玉県所沢市くすのき台3-18-4　所沢K・Sビル
司会社LPエデュケーション内

京駅八重洲口校【提携校】　☎03(3527)9304
03-0027　東京都中央区日本橋3-7-7　日本橋アーバンビル
ランデスク内

本橋校【提携校】　☎03(6661)1188
03-0025　東京都中央区日本橋茅場町2-5-6　日本橋大江戸ビル
式会社大江戸コンサルタント内

■ 東海

津校【提携校】　☎055(928)4621
410-0048　静岡県沼津市新宿町3-15　萩原ビル
netパソコンスクール沼津校内

■ 北陸

潟校【提携校】　☎025(240)7781
950-0901　新潟県新潟市中央区弁天3-2-20　弁天501ビル
式会社大江戸コンサルタント内

沢校【提携校】　☎076(237)3925
920-8217　石川県金沢市近岡町845-1　株式会社アイ・アイ・ピー金沢内

井南校【提携校】　☎0776(35)8230
918-8114　福井県福井市羽水2-701　株式会社ヒューマン・デザイン内

■ 関西

歌山駅前校【提携校】　☎073(402)2888
640-8342　和歌山県和歌山市友田町2-145
G教育センタービル　株式会社KEGキャリア・アカデミー内

■ 中国・四国

松江殿町校【提携校】　☎0852(31)1661
〒690-0887　島根県松江市殿町517　アルファステイツ殿町
山路イングリッシュスクール内

岩国駅前校【提携校】　☎0827(23)7424
〒740-0018　山口県岩国市麻里布町1-3-3　岡村ビル　英光学院内

新居浜駅前校【提携校】　☎0897(32)5356
〒792-0812　愛媛県新居浜市坂井町2-3-8　パルティフジ新居浜駅前店内

■ 九州・沖縄

佐世保駅前校【提携校】　☎0956(22)8623
〒857-0862　長崎県佐世保市白南風町5-15　智翔館内

日野校【提携校】　☎0956(48)2239
〒858-0925　長崎県佐世保市椎木町336-1　智翔館日野校内

長崎駅前校【提携校】　☎095(895)5917
〒850-0057　長崎県長崎市大黒町10-10　KoKoRoビル
minatoコワーキングスペース内

高原校【提携校】　☎098(989)8009
〒904-2163　沖縄県沖縄市大里2-24-1
有限会社スキップヒューマンワーク内

※上記は2024年6月1日現在のものです。

書籍の訂正情報について

このたびは，弊社発行書籍をご購入いただき，誠にありがとうございます。
万が一誤りの箇所がございましたら，以下の方法にてご確認ください。

1 訂正情報の確認方法

書籍発行後に判明した訂正情報を順次掲載しております。
下記Webサイトよりご確認ください。

www.lec-jp.com/system/correct/

2 ご連絡方法

上記Webサイトに訂正情報の掲載がない場合は，下記Webサイトの
入力フォームよりご連絡ください。

lec.jp/system/soudan/web.html

フォームのご入力にあたりましては，「Web教材・サービスのご利用について」の
最下部の「ご質問内容」に下記事項をご記載ください。

> ・対象書籍名（○○年版，第○版の記載がある書籍は併せてご記載ください）
> ・ご指摘箇所（具体的にページ数と内容の記載をお願いいたします）

ご連絡期限は，次の改訂版の発行日までとさせていただきます。
また，改訂版を発行しない書籍は，販売終了日までとさせていただきます。

※上記「2ご連絡方法」のフォームをご利用になれない場合は，①書籍名，②発行年月日，③ご指摘箇所，を記載の上，郵送
　にて下記送付先にご送付ください。確認した上で，内容理解の妨げとなる誤りについては，訂正情報として掲載させてい
　ただきます。なお，郵送でご連絡いただいた場合は個別に返信しておりません。

　送付先：〒164-0001 東京都中野区中野4-11-10 アーバンネット中野ビル
　　　　　　　　　株式会社東京リーガルマインド 出版部 訂正情報係

> ・誤りの箇所のご連絡以外の書籍の内容に関する質問は受け付けておりません。
> 　また，書籍の内容に関する解説，受験指導等は一切行っておりませんので，あらかじめ
> 　ご了承ください。
> ・お電話でのお問合せは受け付けておりません。

講座・資料のお問合せ・お申込み

LECコールセンター ☎ 0570-064-464

受付時間：平日9:30～20:00/土・祝10:00～19:00/日10:00～18:00

※このナビダイヤルの通話料はお客様のご負担となります。
※このナビダイヤルは講座のお申込みや資料のご請求に関するお問合せ専用ですので，書籍の正誤に関
　するご質問をいただいた場合，上記「2ご連絡方法」のフォームをご案内させていただきます。